郑逸芳　卓越　主编

公共行政学新论

中国社会科学出版社

图书在版编目（CIP）数据

公共行政学新论 / 郑逸芳，卓越主编 . —北京：中国社会科学出版社，2019.6
ISBN 978-7-5203-4659-7

Ⅰ.①公… Ⅱ.①郑… ②卓… Ⅲ.①行政学—教材 Ⅳ.①D035

中国版本图书馆 CIP 数据核字（2019）第 128608 号

出 版 人	赵剑英
责任编辑	孔继萍
责任校对	冯英爽
责任印制	郝美娜

出　　版	中国社会科学出版社
社　　址	北京鼓楼西大街甲 158 号
邮　　编	100720
网　　址	http://www.csspw.cn
发 行 部	010-84083685
门 市 部	010-84029450
经　　销	新华书店及其他书店

印刷装订	环球东方（北京）印务有限公司
版　　次	2019 年 6 月第 1 版
印　　次	2019 年 6 月第 1 次印刷

开　　本	710×1000　1/16
印　　张	21
插　　页	2
字　　数	320 千字
定　　价	118.00 元

凡购买中国社会科学出版社图书，如有质量问题请与本社营销中心联系调换
电话：010-84083683
版权所有　侵权必究

前　　言

我国恢复行政学的教学和研究已有三十多年了，多年来，学界对现行的政府管理基础理论体系颇有微词，不少学者也在试图厘清一个更为明晰的思路。

笔者曾经时隔五年，两次采用同样的方法，以行政学（公共行政学、公共管理学、行政管理学）教材作为研究样本，进行文本分析。通过编制数据表，将百余本行政学教材做成清单；以出版社、主编职称、作者人数、出版年代、教材名称、字数、区域等作为分析单元，并辅之以不同的甄别类型；在此基础上对文本对象中的篇章进行主题分析和结构统计。结果发现，现行的行政学教材研究主题比较集中在行政职能、行政组织、行政决策、人事行政、行政领导、行政监督、财务行政等方面。现行的教材体系主要研究的是政府对自身的管理，或者说，现行的教材更像是管理行政学，而不是行政管理学，大量缺乏政府管理的内容。

现行的教材无法反映政府管理实践中的诸多热点问题，例如，政府审批制度改革是新时期政府改革力度最大、频度最高，社会反响最强烈的改革举措，但是，现行的教材体系找不到这类改革的理论归因。为什么原国家工商管理总局每年要主办3·15晚会？这种颇受社会欢迎的政府专题活动形式有什么理论依据？在现行的教材体系中仍然找不到踪影。现行的教材较少反映政府工具的内容，例如，依法行政是政府管理最基本的工具，但是，现行的教材相当缺乏有关法律的章节安排。近年来，一些教材采用了战略管理、危机管理、绩效管理作为研究主题，在一定程度上体现了教材构建的时代性，但是，为什么要采用这些主题，这些主题与以往的研究主题究竟是一个怎么样的逻辑关系？这仍然是一个需要厘清的问题。如此种种、不一而足。总之，现行的教材无法走进真实的行政管理世界，理论与实践较为脱节。行政管理专业的学生经过系统的学习，完成规定的学分，仍然无法了解真实的政府管理实践运作，与其他学科的学生相比，缺乏真正的学科竞争力。

本书以新论为题，力图重构政府管理的研究逻辑，本书以威尔逊的思想作为公共行政学基础理论的研究框架，以政府职能和政府工具作为公共行政学理论框架的基本模块。公共行政学研究发展公共经济、维护公共安全、提供公共服务、调控公共资源和加强自身建设等基本的政府职能；研究法律、政策和制度工具，行政执法工具、综合性的政府工具和理论、方法、技术工具等基本的政府工具。区别于行政管理、行政学的命名方式，本书以公共行政为题，旨在突出政府管理的公共性质，彰显政府管理的公平、正义、民主等价值导向，强调政府管理的公共利益、公共服务和公共目标。

本书由福建农林大学公共管理学院郑逸芳教授、卓越教授担任主编，负责策划全书的逻辑架构、编排全书写作大纲，组织写作力量，担任全书第一稿的具体指导，对全书进行统稿、定稿。本书各章的作者为：卓越、罗敏（第一章）；黄安胜（第二章）；田富俊（第三章）；郭玉辉（第四章）；黄森慰（第五章）；陈建平（第六章）；郑逸芳、陈吉利（第七章）；陈吉利（第八章）；李婵（第九章）。

本书得到"福建农林大学出版基金资助"项目的大力支持；在本书初稿的写作过程中，福建农林大学公共管理学院公共管理专业2017级全体研究生付出了诸多的努力；本书的出版得到中国社会科学出版社的积极帮助，孔继萍编审为编辑此书提供了不少创意，借此机会一并表示由衷的谢意。

郑逸芳、卓越
2019年2月18日

目　录

第一章　绪论 …………………………………………… (1)
  第一节　公共行政学的研究逻辑 ……………………… (1)
    一　公共行政学的价值导向 ……………………… (1)
    二　公共行政学的基本架构 ……………………… (11)
    三　公共行政学的基本内容 ……………………… (12)
  第二节　政府职能与主题型政府 ……………………… (15)
    一　政府职能与责任型政府 ……………………… (15)
    二　政府职能与有限型政府 ……………………… (18)
  第三节　政府工具与主题型政府 ……………………… (20)
    一　政府工具与绩效型政府 ……………………… (21)
    二　政府工具与能力型政府 ……………………… (21)
    三　政府工具与创新型政府 ……………………… (24)

第二章　发展公共经济 ………………………………… (27)
  第一节　发展公共经济概述 …………………………… (27)
    一　公共经济的内涵 ……………………………… (27)
    二　发展公共经济的目标与意义 ………………… (34)
  第二节　公共经济的基本领域 ………………………… (35)
    一　公共财政 ……………………………………… (35)
    二　政府固定资产投资 …………………………… (38)

三　公共企业 …………………………………………………… (41)
四　招商引资 …………………………………………………… (43)
五　宏观调控 …………………………………………………… (45)
第三节　发展公共经济的前沿主题 ………………………………… (47)
一　政府与市场 ………………………………………………… (48)
二　公共经济与质量经济、效益经济 ………………………… (53)
三　共享经济时代下的公共经济发展 ………………………… (56)

第三章　维护公共安全 …………………………………………… (60)
第一节　维护公共安全概述 ………………………………………… (60)
一　公共安全的内涵 …………………………………………… (60)
二　公共安全与相关概念的辨析 ……………………………… (65)
三　维护公共安全的意义与途径 ……………………………… (71)
第二节　公共安全的基本领域 ……………………………………… (75)
一　国防安全 …………………………………………………… (76)
二　信息安全 …………………………………………………… (77)
三　生产安全 …………………………………………………… (78)
四　食品安全 …………………………………………………… (80)
五　卫生安全 …………………………………………………… (81)
六　社会治安 …………………………………………………… (83)
第三节　公共安全危机管理 ………………………………………… (85)
一　公共安全危机管理的内涵 ………………………………… (86)
二　公共安全危机管理的类型与分级 ………………………… (88)
三　公共安全危机管理的阶段及过程 ………………………… (90)
四　转型期我国公共安全危机管理新变化 …………………… (93)

第四章　提供公共服务 …………………………………………… (98)
第一节　提供公共服务概述 ………………………………………… (98)
一　公共服务的内涵分析 ……………………………………… (98)

二　公共服务与相近概念比较分析 …………………………… (101)
　　三　提供公共服务的价值分析 ……………………………… (104)
　第二节　公共服务的基本领域 …………………………………… (107)
　　一　教育公共服务 …………………………………………… (107)
　　二　卫生公共服务 …………………………………………… (111)
　　三　文化公共服务 …………………………………………… (115)
　　四　社会保障公共服务 ……………………………………… (117)
　　五　就业公共服务 …………………………………………… (121)
　第三节　提供公共服务的前沿主题 ……………………………… (123)
　　一　公共服务的供给 ………………………………………… (124)
　　二　公共服务均等化 ………………………………………… (130)

第五章　调控公共资源 …………………………………………… (134)
　第一节　调控公共资源概述 ……………………………………… (134)
　　一　公共资源的内涵分析 …………………………………… (134)
　　二　公共资源的比较分析 …………………………………… (138)
　　三　调控公共资源的价值分析 ……………………………… (140)
　　四　公共资源管理的模式选择 ……………………………… (142)
　第二节　公共资源的基本领域 …………………………………… (145)
　　一　土地资源 ………………………………………………… (145)
　　二　矿产与能源资源 ………………………………………… (149)
　　三　水和环境资源 …………………………………………… (151)
　　四　森林和草原资源 ………………………………………… (154)
　　五　海洋资源 ………………………………………………… (156)
　第三节　公共资源管理前沿主题 ………………………………… (159)
　　一　公共资源管理与生态文明建设 ………………………… (159)
　　二　公共资源管理与可持续发展 …………………………… (163)
　　三　公共资源交易管理 ……………………………………… (165)

第六章　加强自身建设 (170)

第一节　政府自身建设概述 (170)
　　一　政府自身建设的内涵 (171)
　　二　政府自身建设、行政现代化与行政改革 (173)

第二节　政府自身建设的基本要素 (177)
　　一　行政组织 (177)
　　二　政府人力资源管理 (181)
　　三　行政领导 (189)
　　四　行政监督 (194)

第三节　加强自身建设的前沿主题 (198)
　　一　信息化时代的行政组织变革 (198)
　　二　以技术方法为特征的政府人力资源管理发展趋势 (200)
　　三　新时代中国行政监察体制改革 (203)

第七章　法律、政策与制度工具 (206)

第一节　法律工具 (206)
　　一　法律工具的内涵与特征 (206)
　　二　法律工具与依法行政的关系 (209)
　　三　法律工具的基本类型 (210)
　　四　政府法律工具的基本过程 (214)
　　五　政府适用法律工具的基本要求 (216)

第二节　政策工具 (218)
　　一　政策工具的基点分析 (218)
　　二　政策工具的基本运用过程 (221)
　　三　政策工具的选择 (222)

第三节　制度工具 (224)
　　一　制度工具概述 (224)
　　二　制度工具的基本内涵 (229)
　　三　政府制度工具的主要领域 (230)

第八章　行政执法工具 (233)

第一节　行政执法工具概述 (233)
　　一　行政执法的概念 (233)
　　二　行政执法与相关概念的区别 (237)
　　三　行政执法工具界定 (239)

第二节　行政执法工具的主要类型 (241)
　　一　行政许可 (241)
　　二　行政处罚 (247)
　　三　行政强制 (252)
　　四　行政征收征用 (258)
　　五　行政调查 (262)

第三节　行政执法工具的运用 (264)
　　一　工具运用基本原则：严格规范公正文明执法 (265)
　　二　建立权责统一、权威高效的行政执法体制 (266)
　　三　行政执法工具运用的机制创新 (267)
　　四　注重执法工具之间以及执法工具与非执法工具的优化组合 (270)
　　五　完备完善行政执法工具运用规范 (271)

第九章　综合性的政府工具 (273)

第一节　市场化工具 (273)
　　一　市场化工具概述 (273)
　　二　市场化工具的基本类型 (277)
　　三　政府运用市场化工具的辩证思考 (282)

第二节　社会化工具 (285)
　　一　社会化工具概述 (285)
　　二　社会化工具的基本类型 (288)
　　三　社会化工具的辩证思考 (292)

第三节　道德教育工具 (294)

一　道德教育工具概述 …………………………………（295）
　　二　道德教育工具的类型 ………………………………（298）
　　三　道德教育工具的辩证思考 …………………………（301）
第四节　文化宣传工具 ……………………………………（304）
　　一　文化宣传工具概述 …………………………………（305）
　　二　文化宣传工具的基本类型 …………………………（307）
　　三　文化宣传工具的辩证思考 …………………………（310）

参考文献 ……………………………………………………（315）

第一章

绪 论

公共行政学以公共性作为基本的价值导向，以政府职能和政府工具作为基本的模块构成。研究政府职能，可以更好地促进有限政府、责任政府和廉洁政府建设，研究政府工具，可以进一步加强绩效政府、能力政府和创新政府建设。

第一节 公共行政学的研究逻辑

公共行政学以公共性作为基本的价值导向，以政府职能和政府工具作为基本的模块构成。

一 公共行政学的价值导向

1. 政府公共性的理论溯源

（1）经典思想中的政府公共性。在古希腊和古罗马时期，思想家、哲学家们以道德为出发点，认为城邦社会所呈现的"公共生活"便是"公共性"的思想来源，即城邦具有实现和维护正义的公共性。亚里士多德指出："当一个政府的目的在于整个集体的好处时，它就是一个好政府；当它只顾及自身时，它就是一个坏政府。"① 西塞罗则认为，"国家乃人民之事业，但人民不是人们某种随意聚合的集合体，而是许多人基于

---

① ［英］伯特兰·罗素：《西方哲学史》，何兆武译，商务印书馆2001年版，第245页。

法的一致和利益的共同而结合起来的集合体"①。公共性作为公共领域的核心概念，在伊曼努尔·康德看来，"公共的东西就是与国家相关的东西，在努力吸收'公共性'这个词曾经具有广泛的意义时，那个概念必须服从于国家的权力"②。公共性意味着言论的公开与自由，它不仅是一种公开批判的理性，还是公意和合法性的基础。总之，在康德看来，从公共性的要求来看，政治是与道德、国家政治权力与社会民众公意相一致的。在汉娜·阿伦特看来，公共性意味着公开展现性，"它在公共领域中展现的任何东西都可为人所见、所闻，具有最广泛的公共性"③。也就是说，阿伦特认为公共性不仅体现的是公民在公共领域中能够平等对话、共同参与政治事务，进而容易促使公民达成社会共识，还体现在公民在行动中实现了自由，促进了社会的进步与发展。尤尔根·哈贝马斯考察了公共性的起源，并认为"在私人领域之中诞生了公共领域，才有了真正意义上的公共性"④。在哈贝马斯的视野里，公共领域具有公开开放性、理性批判性与公共利益性等三大特点，公共领域谋求的是公共利益而非私人利益，社会公众可以自由表达自己的意见，平等协商解决问题。约翰·罗尔斯则提出"公共性只存在于政治关系中，只适合于公共政治领域，其主题重点关注政治正义问题的公共善"⑤。在罗尔斯的世界里，这种公共的善包括自由和机会、收入和财富以及自尊的基础，从他对公共善的释义可以看出，政府公共性体现的是让社会更加充满公正、公平与正义。可见，经典政治哲学将政府公共性视为连接自由、平等、正义等价值和平等、对话、参与等现实政治制度安排之间的桥梁。

---

① [古罗马]西塞罗：《论共和国、论法律》，王焕生译，中国政法大学出版社1997年版，第39页。

② [美]约翰·克里斯蒂安·劳尔森：《颠覆性的康德："公共性"和"公共性"的词汇》，载于[美]詹姆斯·斯密特《启蒙运动与现代性——18世纪与20世纪的对话》，徐向东、卢华萍译，上海人民出版社2005年版，第259—260页。

③ [德]汉娜·阿伦特：《人的条件》，竺乾威译，上海人民出版社1999年版，第38页。

④ [德]尤尔根·哈贝马斯：《公共领域的结构转型》，曹卫东译，学林出版社1999年版，第32页。

⑤ [美]约翰·罗尔斯：《万民法——公共理性观念新论》，张晓辉译，吉林人民出版社2001年版，第143页。

(2)政府公共性：政府与公民的共在性。从某种意义上来说，对于政府公共性的讨论需要落脚于公共行政的理论与实践过程中。基于对宪政民主的理论思考，德怀特·沃尔多对政府的公共性深入探讨揭开了"新公共行政运动"的序幕。此后，伍德罗·威尔逊、弗兰克·约翰逊·古德诺、罗伯特·达尔、赫伯特·西蒙等知名学者关于政府公共性的研究使得"公共性"成为行政学领域研究的重点。沃尔多认为公共行政的"公共"有三种释义[①]：①从国家或政府的角度来定义，"公共"涉及主权、合法性、普通福利等法律、哲学、政治学的概念与理论；②从社会中人们的认识经验来定义，包括政府公共职能和公共活动；③从政府所执行的职能或活动的常识性方法来定义。H.乔治·弗雷德里克森认为"公共行政"的内涵应该分解为"公共"和"行政"两层含义进行解读，并且提出了"公共性理论"，"其核心构成要件包括宪法、品德崇高的公民、对集体和非集体的公共诉求的回应机制、乐善好施的公民精神等四项内容"[②]。文森特·奥斯特罗姆也对政府公共性进行了深入探究，他以政治与行政的分离为研究基础，倡导从官僚制行政走向民主制行政，目的是要在新的社会条件下对行政组织与社会关系加以调整，实现政府公共性的回归。阿尔伯特·赫希曼则认为，"公共包括公共行动、追求公共利益及公共幸福的行动，这也是政治领域中的所有行动，以及公民参与公共社区事务的行动"[③]。在高度复杂性和高度不确定性的现代社会，政府已经不再是单一地完成这种公共行动的主体，非政府部门和市场等都可以作为这一公共行动的主体，这也是政府公共性的集中体现。正如戴维·马修斯所言："政府是公众集体行动的工具。政府是公共的财产。公共与政府的不同之处在于公众之间的政治关系是横向的（人与人之间的关系），而在政府，这种政治关系则通常是一种垂直关系（从权威到下级

[①] Dwight Waldo, *The Study of Public Administration*. New York: Doubleday, 1955, p.15.
[②] ［美］H.乔治·弗雷德里克森：《新公共行政》，丁煌译，中国人民大学出版社2011年版，第5—7页。
[③] Albert O. Hershman, *Shifting Involvements: Private Interest and Public Action*. Princeton, N.J.: Princeton University Press, 1982, p.6.

的关系)。"① 总之，政府公共性是公共行政活动中所表现出来的一种社会属性，是在政府追求公共价值的过程中形成的政府与公民的共在性，体现了政府与公民之间的相依性。

(3) 政府公共性：一种公共性价值。"公共性"作为政府的基本属性，它可以理解为是对"私人性"的理性超越。"在公共生活向后工业、后现代转型的过程中，公共事务的多元共治不仅是物质—功利主义层面的嬗变，而且更主要体现为公共性理念和价值在现代民族国家治理体系中的扩展。"② "公共性是公共行政的根本性质，它决定着政府的目标和行政行为的取向。"③ 从公共性来源来说，政府公共性既是公共行政内在合理性的来源，又是政府合法性的基础。"政府公共性是现实的、属人的公共性，而非抽象的、物的公共性。"④ 实际上，公共性集中体现在"公共行政主体即政府部门的'公共性'，管理手段即公共权力的'公共性'，公平、正义、民主等价值观的'公共性'，管理目标即公共利益的'公共性'四个方面"⑤。那么，公共行政的价值追求就应当突破"合法性"的框架转向"公共性"，即"由政府单一式统治的合法性向社会多中心治理的公共性转变，将公共性确立为再造政府、重塑政府角色、评价政府绩效的基本规范和价值"⑥。这就说明，政府对社会进行的管理是一种典型的公共管理，"其'公共'对'管理'的限定集中体现了政府管理的公共性特征和维护社会公正的责任确定"⑦。简言之，政府公共性是一种公共价值理念，即公平、正义、责任等公共价值的集中体现。

---

① ［美］戴维·马修斯：《公民政治》，载［美］H. 乔治·弗雷德里克森《公共行政的精神》，张成福等译，中国人民大学出版社2012年版，第13页。
② 孔繁斌：《公共性的再生产——多中心治理的合作机制建构》，江苏人民出版社2008年版，第11页。
③ 张康之：《论"公共性"及其在公共行政中的实现》，《东南学术》2005年第1期。
④ 何颖：《政府公共性与和谐社会的构建》，《社会科学战线》2005年第4期。
⑤ 丁煌、张雅勤：《公共性——西方行政学发展的重要价值趋向》，《学海》2007年第4期。
⑥ 孔繁斌：《公共性的再生产——多中心治理的合作机制建构》，江苏人民出版社2008年版，第228页。
⑦ 陈国权、徐露辉：《论政府的公共性及其实现》，《浙江社会科学》2004年第4期。

2. 作为公共行政基本导向的公共性

公共性是人类在生产生活实践活动中所呈现出来的一种社会属性，"建构公共性，就要求公共组织（政府）将公共性社会关系的建构作为基本任务"①，它是在人类的利己性与利他性的相互整合中所形成的人类生存的共在性，主要体现了人与人之间的依附性。也就是说，在公共行政过程中，政府既要不断地为自身的生存创造条件，又要不断地实现自身价值和提升为民服务的能力，推动经济社会的发展。作为一种公共行政基本导向的公共性更多地体现在人们的政治生活中，通过政府与公民之间有序互动的政治交往过程而表现出来。

（1）作为公共行政目标的公共性。从公共行政目标来看，公共行政是以公共性作为基本导向的。公共性是政府与生俱来的本质属性。"政府公共性，即政府产生、存在和发展是为了公共利益、公共目标、公共服务。"② "正是由于政府具备公共性的特征，那么政府就需要为社会提供具有公共性的物品；反过来，政府因为提供了具有公共性的物品而获得公共性和进一步增强其公共性"③。为公民提供优质的公共服务或公共物品是政府职责的首要任务，这也是政府得以存在的重要原因。从本质上来说，公共行政权来源于人民并且服从于人民，这就决定了公共行政必须要以公共性作为基本导向。政府行为即是公共行为，公共行政权力是国家政治权力的重要组成部分，公共行政权力行使的首要原则，即为公民服务。政府在依法行政过程中，若想实现行政法治则就必须以民为本、为民服务，而政府追求公共利益则是公共行政目标公共性的集中体现。公共性意味着公共利益、共同参与，只有政府追求的利益与最广大公民的利益相一致时，政府才越接近它与生俱来的本质——公共性。

（2）作为公共行政行为的公共性。从公共行政行为来看，公共行政是以公共性作为基本导向的。一般认为，公共行政行为是以强制性手段（国家暴力）为后盾，具有凌驾于其他一切非政府部门之上的强制力和权

---

① 周庆智：《重构公共政治文化的治理意义》，《人民论坛》2018年第31期。
② 周庆智：《在政府与社会之间——基础治理诸问题研究》，中国社会科学出版社2015年版，第19页。
③ 张康之：《论公共性的生成及其发展走向》，《青海社会科学》2018年第3期。

威性。当然，公共行政行为的规范和监督，行政体制和程序的设计都需要公民的共同参与，即公共行政行为不仅受到宪法的约束，还受到广大人民群众的监督和反馈，是一种公共性的行政过程。此外，"公共行政行为的公共性，要求政府对社会利益的划分以社会整体利益为前提，并以此安排社会的基本结构和分配权利义务"①，着眼于资源的汲取、社会的动员。然而，相对于基层政府而言，"公共性贯穿于基层政权建设，不仅关系政权存在的合法性，还关系政权性质的社会基础"②。可以说，政权的建设既是公共行政行为合法性的来源，又是政府获得社会"公共性"认同的发展逻辑。

（3）作为公共行政领域的公共性。从公共行政领域来看，公共行政是以公共性作为基本导向，公共行政领域主要发生在社会的公共领域。公共性作为公共领域的核心理念，是一个国家生产生活不可或缺的关键，"国家往往就是最大、最复杂、目标最多重、最需要多种技术并最难协调的组织，用公与私的尺度来衡量，就是公共性最大的组织"③，任何一个孤立的公民都无法逾越公共性的社会环境。事实上，公共行政领域涵盖了政治、经济、文化等社会的各个层面，在经济调节、服务供给、市场监管和社会管理等领域发挥着公共性的作用。当然，"由于公共产品外包服务的存在，造就了社会治理主体多元化的局面，也引发了公共性的扩散以及社会公共性的出现"④，这就需要政府从全社会的角度加以引导、调节和管理。但不管怎样，在公共领域中，公共行政更多地需要社会组织和公民的有效参与，从行政领域延伸至其他社会公共领域，形成一种平等对话、协商、互动的公共空间。

（4）作为公共行政价值的公共性。从公共行政价值来看，公共行政是以公共性作为基本导向。如果公共行政中的公共性被理解为一种公共价值精神，那么政府的公平、民主、正义、责任感和公共行政人员的伦

---

① 陈国权、王勤：《论社会公正与政府的公共性》，《政治学研究》2004年第4期。
② 周庆智：《基层政权的公共性建构：一个历史制度主义视角》，《哈尔滨工业大学学报》（社会科学版）2017年第4期。
③ 蓝志勇：《公共管理中的公共性问题》，《中国行政管理》2006年第7期。
④ 张康之：《论公共性的生成及其发展走向》，《青海社会科学》2018年第3期。

理道德、公共精神等就应当被赋予公共性的行政价值。首先，政府的公共性蕴含着这样一种基本的预设，"即政府是属于大众的，政府存在的合法性行政价值在于维护和实现公共利益"①，"维护公共利益就成为公共行政最根本的伦理要求"②。20世纪80年代，行政伦理的学者们从道德伦理层面的角度对公共行政进行研究，认为"公共性"是每一个公共行政人员的职业态度、观念和信仰，要求行政人员以此信念全心全意地为公民服务，"政府部门与行政人员的行为必须在道德上、伦理上满足公共性的基本价值要求，并在政策制定与执行过程中防止政府部门和行政个人利益的驱动"③。其次，"政府是一个天生的垄断性权威组织，正义与否的问题只涉及现实的并且被公平有效地管理着的制度"④，而这种制度在很大程度上而言，必须通过政府的强制性手段得以维持。政府与公民平等地互动、公平地交流是作为民主政治的必要条件，也就是说，公平、正义、民主等行政价值是公共行政不懈追求的理想。再次，政府应该以"行政为民"为行政价值或行政责任，按照特里·L.库伯的说法，责任这一概念的两个方面是：客观责任和主观责任，客观责任包括：对法律负责；对上级和下级负责；对公民负责。"而主观责任是指由于公共行政人员的内心情感、良知的驱动所认为应该承担的责任。"⑤ 毋庸置疑的是，对公平、民主、正义等公共价值的追求理应成为公共行政的起码要求，这种社会公共性价值的集中体现，表明公共行政始终是以公共性作为自身的基本价值导向。

3. 政府公共性：回归公共价值

政府公共性是一种公共价值理念。从作用客体的角度看，政府公共性表明政府要以公共利益为出发点和落脚点，以实现社会公平与正义、

---

① 陈国权、徐露辉：《论政府的公共性及其实现》，《浙江社会科学》2004年第4期。
② 张康之：《公共管理伦理学》，中国人民大学出版社2003年版，第159页。
③ 张雅勤：《公共行政的公共性：思想回顾与研究反思》，《上海行政学院学报》2011年第6期。
④ [美] 约翰·罗尔斯：《正义论》，何怀宏等译，中国社会科学出版社2014年版，第55页。
⑤ [美] 特里·L.库伯：《行政伦理学：实现行政责任的途径》，张秀琴译，中国人民大学出版社2001年版，第74页。

为社会供给优质的公共物品与公共服务，创造具有公共价值的意识形态为核心要义。从行政主体的角度看，政府的公共性还体现为一种伦理关系，即政府与公民之间的道德伦理关系，这种道德伦理关系的延伸，表现为对公共行政人员本身的行为规范与社会监督，体现为公共性对公共行政内在道德的约束性。政府公共性是一个历史范畴，在不同历史阶段表现出不同的内在逻辑，它经历了公共性丧失与重建的历史过程。在古希腊时期，政府公共性体现着人类对自身提出的一种道德要求；近代以来，政府公共性表现为一种法律责任与义务，"政府公共性的根据在于法律的权威性与合理性的法治过程；现当代以来，政府的公共性表现为对公共利益与公共精神的维护与追求"①。换句话说，在高度复杂和高度不确定性的社会治理过程中，公共行政的公共性集中体现在对公共价值的追求，即公共行政的价值是其公共性的根本目标，"目标的公共性是公共行政最根本的公共性"②。政府公共性的实现程度与公共价值的实现程度是相得益彰的，具有内在逻辑的一致性。

"公共性是现代治理话语中最核心的概念之一，公共性被确立为政府的基本价值原则是治理体系的重心从政治转向行政的一个结果。"③ 在西方的公共价值理论视野里，"公共价值来源于服务、结果、信任"④，其基本主张包括："关注集体偏好；重视政治的作用；推行网络治理；重新定位民主与效率的关系；全面应对效率、责任与公平问题。"⑤ 简单地说，政府公共性作为一种理念时刻体现着对公共价值的追求，并蕴含着平等、民主、公正、法治、负责等公共行政的公共价值。

一是政府的公共性体现着平等的公共价值。"平等意味着每个有能力

---

① 何颖：《政府公共性与和谐社会的构建》，《社会科学战线》2005 年第 4 期。
② 夏志强、谭毅：《公共性：中国公共行政学的建构基础》，《中国社会科学》2018 年第 8 期。
③ 张乾友：《作为合理偏狭的公共性——兼论现代治理的价值导向》，《国家行政学院学报》2018 年第 5 期。
④ Gavin Kelly, Geoff Mulgan and Stephen Muers, *Creating Public Value: An Analytical Framework for Public Service Reform*, 2002 (5): pp. 1-35.
⑤ 何艳玲：《"公共价值管理"：一个新的公共行政学范式》，《政治学研究》2009 年第 6 期。

说话和行动的人都可以参与公共事务的讨论,每个人都可以质疑任何主张,提出新的主张,表达其态度、欲望、需求及偏好,任何人或机构都不可借由内部或外部的强制力来阻止参与说话的权利。"① 政府与公民就共同关注的社会现象展开平等的协商和对话,是一个极具包容性和沟通性的社会民众民主参与的形式,孕育着政府与民众之间的双向互动而产生的一种公共理性,体现着平等对话、民主协商、有序互动的政府公共性特征。

二是政府的公共性体现着民主的公共价值。"民主和效率是伙伴关系:民主的输入贯穿于分配效率和技术效率之中,民主嵌入在整个公共价值管理过程之中。"② 民主行政的理念是现代政府公共性主张的首要理念,"它昭示着人民的意愿是政府合法性的唯一来源,政府的一切行政行为必须符合并维护人民的利益"③。事实上,"民主的目的就在于形成共识,而共识的形成则意味着差异的消除"④。无论是公共行政人员还是普通社会公民,都必须遵守法律规定,追求法律面前人人平等的公共价值,在责任和义务履行面前体现出同等的地位,这便是公共行政公共性的集中体现。

三是政府的公共性体现着公正的公共价值。在霍克希尔德的著作里"公正"指的是"在社会和政治领域中机会、成本和利益分配上的更加平等"⑤。从某种意义上来说,"政府的公共性表现在公共行政的主要内容应该体现政府对社会公民提供更加优质的公共服务"⑥,并且积极推动不同地区之间公共服务均等化,实现整个社会的公平与正义,即公正。总之,"政府需要构建组织与公共之间的良好关系,为了组织也为了公众,促进

---

① 杨仁忠:《公共领域论》,人民出版社2009年版,第237页。
② 董礼胜、王少泉:《穆尔的公共价值管理理论述评》,《青海社会科学》2014年第3期。
③ 何颖:《政府公共性与和谐社会的构建》,《社会科学战线》2005年第4期。
④ 张康之、向玉琼:《政策问题建构:从追求共识到尊重差异》,《社会科学研究》2015年第5期。
⑤ 参见[美]H. 乔治·弗雷德里克森《公共行政的精神》,张成福等译,中国人民大学出版社2012年版,第98页。
⑥ 李景鹏:《论政府政策的公共性》,《天津社会科学》2002年第6期。

公共利益这一不断变化着的观念发展"①，促进社会的公正。

四是政府的公共性体现着法治的公共价值。"法治政府在限制公共权力、维护公共利益、提供社会正义方面蕴含并彰显着'公共性'价值。"② 可见，法治是公共行政公共性的基本诉求。"法治是防止国家专制、维护社会利益、保障公民政治资源的重要途径，是实现国家与社会均衡的制度安排"③，是社会寻求民主自由和维护公民权益对国家提出的公共性政治诉求。"法治是一个文明社会的核心观念"④，对法治的理解和认同，就是对国家法律的敬畏和遵守，是公共行政最重要的公共性基础。法治的根本目的和公共性价值是要通过法律界定和制约公共行政权力，以整个社会的公共价值为归属，公共行政要服从社会共同的意志，任何公共行政人员都必须接受法律和社会公民的监督。

五是政府的公共性体现着负责的公共价值。政府公共性的核心问题是责任问题，责任行政是政府公共性的一种价值追求，负责的政府必须对公民的诉求及时、有效地进行回应，积极履行国家赋予的责任和义务，主动承担政治的、法律的、道德的、伦理的相应责任。可以说，政府公共性的体现必须是对公共价值的实现具体负责，即"政府应当以公民为本位、维护公共利益、提供公正公平的公共服务，要行事公正、诚实守信、积极负责"⑤。政府作为负责的权力主体，意味着始终秉承为民服务的理念，可以说"负责的政府必然是一个品德崇高的政府，而品德崇高的政府必然会培育出品德崇高的公民，这种品德崇高体现在不论何时何地，当政体的价值遭受损害时，品德崇高的公民都必须行动起来，捍卫政体的价值"⑥。简单来说，政府是公共服务的提供者，品德崇高的公民

---

① [美] H. 乔治·弗雷德里克森：《公共行政的精神》，张成福等译，中国人民大学出版社2012年版，第35页。

② 张雅勤：《论法治政府构建的公共性向度》，《浙江学刊》2016年第4期。

③ 陈国权：《社会转型与有限政府》，人民出版社2008年版，第74页。

④ [美] 萨缪尔·P. 亨廷顿：《文明的冲突与世界秩序的重建》，周琪等译，新华出版社1998年版，第61页。

⑤ 王雅琴：《治理视野下的行政公共性》，《中国行政管理》2015年第9期。

⑥ [美] H. 乔治·弗雷德里克森：《公共行政的精神》，张成福等译，中国人民大学出版社2012年版，第31页。

则应该尊重、关心和爱护公共服务，这既是公共行政负责的公共精神，又是公民担责的价值体现。

二 公共行政学的基本架构

1887年，伍德罗·威尔逊（Woodrow Wilson）在行政管理学的开山之作《行政学之研究》中明确指出："行政学研究的目标在于了解：首先，政府能够适当地和成功地进行什么工作。其次，政府怎样才能以尽可能高的效率及在费用或能源方面用尽可能少的成本完成这些适当的工作。在这两个问题上，我们显然更需要得到启示，只有认真进行研究才能提供这种启示。"[①] 很明显，他的这两个问题就是政府要做什么的职能问题和政府如何才能做好的工具问题。公共行政学就是研究政府应该做什么和如何做好的理论。按照威尔逊这样一个思路，公共行政学的基础理论研究应该由政府职能和政府工具两大模块构成。

我们以世界银行的研究为例可以发现，威尔逊的前瞻性思想在当代得到了积极呼应。1991年世界银行定义了政府管理的三方面内容："即：政治制度的形式；在管理国家经济和社会过程中行使权力的程序；政府设计、制定、执行政策，以及履行职责的能力。"[②] 从中我们已经可以看到政府职能和政府工具的明晰表述。接下来，世界银行在《1997年世界发展报告：变革世界中的政府》中进一步指出："在世界各地，政府正成为人们注目的中心。全球经济具有深远意义的发展使我们再次思考政府的一些基本问题：它的作用应该是什么，它能做什么和不能做什么，如何最好地做这些事情。"[③] 这个定义不仅与威尔逊的思想实质甚至在文字表述方面都非常一致了。在更为基础的学科领域，管理学也是这样定义管理的内涵，例如，管理学思想家德鲁克就把"做正确的事"和"正确地做事"作为管理的两大核心任务。

---

① ［美］伍德罗·威尔逊：《行政学之研究》，李方译，《国外政治学》1987年第6期。
② 世界银行编：《1991年世界发展报告：发展面临挑战》，中国财政经济出版社1991年版，第8—11页。
③ 世界银行编：《1997年世界发展报告：变革世界中的政府》，中国财政经济出版社1997年版，第1页。

威尔逊的公共行政由政府职能与政府工具融合构成的思想言简意赅、内涵丰富，本书即以威尔逊的思想作为公共行政学基础理论的研究框架。当然，在此基础上，如何进一步展开研究，政府职能应该有哪些具体内容？政府职能的构建逻辑是什么？现行的政府职能内容有哪些改进的空间？面对真实的政府管理世界，已有的政府工具在类型识别方面还有哪些距离？能否有一个更为明晰的识别分类途径？如此等等，需要做大量的研究探索。

1989年世界银行在《撒哈拉以南非洲：从危机到可持续发展》报告中将政府管理定义为："为管理国家事务而行使政治权力。"[①] 为了更好地回应社会，解决公共问题，在不同的时代、不同的国家，实践中的政府管理会形成不同的发展重点，理论上的研究也会以此形成不同的主题类型，如民主政府、责任政府、创新政府等。作为政府管理基本构成的政府职能和政府工具分别在这些主题政府中发挥更符合自身特点的特殊作用。

三 公共行政学的基本内容

公共行政学研究发展公共经济、维护公共安全、提供公共服务、调控公共资源和加强自身建设等五项基本政府职能，研究法律、政策和制度工具、行政执法工具、综合性的政府工具等三类基本的政府工具。

1. 五项基本职能

从不同的角度，可以对政府职能进行不同的定位和划分。本书以政府"要做什么"，即政府的职责和任务作为标准，将政府职能归纳为以下五项内容。

一是发展公共经济需要讨论市场经济与公共经济的关系，需要了解国外，特别是美国、德国和日本三种典型的国外公共经济发展模式。公共经济涉及公共财政、政府固定资产投资、公共企业、招商引资和宏观调控等五个基本领域。在发展公共经济的前沿主题方面，比较突出的有如何处理政府与市场的关系，包括政府与市场的一般关系、国外政府与市场的关系、中国政府与市场的关系等；如何发展质量经济与效益经济；

---

① 世界银行编：《撒哈拉以南：从危机到可持续发展》，中国财政经济出版社1989年版。

面对目前共享经济所存在的问题如何在共享经济的背景下发展公共经济。

二是公共安全与国家安全、社会安全、社会稳定有密切联系又不尽相同。维护公共安全涉及国防安全、信息安全、生产安全、食品安全、卫生安全和社会治安等六大基本领域，公共安全需要重点了解国防安全的构成要素、信息安全的威胁与管理、生产安全管理与衡量指标、食品安全的内容及其管理、卫生安全威胁的主要类型、影响社会治安的因素等内容。公共安全危机管理是公共安全的重点类型，常规性的分析需要了解内涵、类型与分级、阶段与过程，结合转型期我国公共安全危机管理新变化、新特点和新问题，有必要重点探索优化转型期我国公共安全危机管理的路径，促进我国公共安全体系的构建。

三是公共服务与公共产品、公益服务、社会服务、公共事业（公用事业）、私人服务等相关概念可以进行比较分析，公共服务具有满足人的公共需要、具有社会和经济效益的公共价值，可以成为提高人的可行能力的重要条件，可以成为维护社会公平的基本途径。在国外，英国、美国、新加坡等国家的公共服务模式比较具有典型意义。公共服务包括教育、卫生、文化、社会保障和就业等五大基本领域，它们具有比较确定的内涵、种类和内容。在前沿主题方面，公共服务有主要供给模式和供给创新方式，公共服务均等化等几个热点问题。

四是公共资源和公共物品、社会资源、行政资源等相关概念有密切关系，合理调控自然资源配置对经济发展、可持续发展都具有促进作用，调控公共资源可以形成以政府为主导的公共资源科层制治理模式、以市场为主导的公共资源市场机制治理模式、以社区为主导的公共资源自主组织治理模式以及多中心的公共资源网络治理模式。公共资源包括土地资源、矿产与能源资源、水和环境资源、森林和草原资源、海洋资源等五大基本领域，从静态和动态的角度，可以对五大基本领域的内部机构与重点研究趋势进行分析；调控公共资源和生态文明建设、可持续发展有密切关系，政府监管公共资源交易有不同的模式，政府机构改革触发了改革公共资源管理的紧迫要求。

五是政府自身建设事关与行政现代化、行政改革的关系，政府自身建设涵盖行政组织、政府人力资源管理、行政领导和行政监督等基本要素。行政组织结构形态的扁平化与虚拟化、行政组织运行程序的开放化、内涵的智能化、成本的最小化是信息化时代行政组织变革的基本特征;以技术方法为特征的政府人力资源管理最新发展侧重体现在部分功能外包、信息化和柔性化发展等方面;行政领导发展趋势可以集中体现在信息化时代的网络领导、风险社会境遇中的前瞻性领导、复杂性治理实践中的跨界领导、助推生态文明建设的绿色领导等方面;在新时代,中国行政监察体制改革展现了全新的面貌。

2. 三类基本工具

广受欢迎的"模型思维课"主讲人斯科特·佩奇教授在其经典名作《多样性红利:工作与生活中最有价值的认知工具》①创造性地提出多样性视角、启发式、解释和预测模型四个认知工具箱框架,并得出惊人结论:一个人是否聪明不是由智商决定的,而取决于认知工具的多样性!政府工具就是政府为履行职能而直接作用于政府管理和服务对象之间的中介手段和方式,具有多种构成。

法律、政策与制度工具三者有着不同的内涵与外延。法律工具与依法行政有密切关系,虽然法律工具并非依法行政的内在要求,但依法行政原则对政府运用法律工具提出了法治要求;政府法律工具包括选定合法有效的法律根据、确定具体法律权利义务、法律权利义务的实现、法律监督与权利救济等基本过程。法律工具的选择需要遵循政府适用法律工具的基本要求。讨论政策工具重点需要了解其内涵、基本运用过程及其选择;政府制度工具的主要领域涉及政府组织规范、体制规范、政府资源规范、政府行为规范和监督与救济规范等五大部分。

行政执法工具是维护社会公平与正义的基本手段。行政执法与政策执行、行政强制执行和政府规制有密切的关系。行政执法工具包括行政许可、行政处罚、行政强制、行政征收征用以及行政调查等主要类型,行政执法工具运用需要遵循特定的基本原则,在权责统一、权威高效的框架里运用;通过行政执法公示制度、全过程记录制度及重大执法决定

---

① [美] 斯科特·佩奇:《多样性红利:工作与生活中最有价值的认知工具》,贾拥民译,浙江教育出版社2018年版。

法制审核制度等三个层面,可以促进行政执法工具运用的机制创新;行政执法工具的运用和规范化水平的提升必须注重执法工具之间以及执法工具与非执法工具的优化组合,需要进一步完善行政执法工具运用规范。

综合性的政府工具有四种类型,基于政府与市场、社会的关系,可以分为市场化工具和社会化工具;从内容与形式的角度,可以分为道德教育工具和文化宣传工具。市场化工具主要包括民营化、用者付费、合同外包、特许经营、凭单制、产权交易、内部市场、税式支出、公私伙伴关系;社会化工具主要包括社区治理、社会组织、社会工作者、个人与家庭、志愿者服务、公众参与;道德教育工具主要包括爱国主义教育、思想政治教育、职业道德教育;文化宣传工具可以按照文化阵地、文化载体和文化活动三个标准进行分类。分析不同类型的工具需要辩证思考工具运用的局限性,重点探索优化或拓展不同工具运用的实践途径。

第二节 政府职能与主题型政府

通常,政府职能的研究对促进有限政府、责任政府更为直接一些。1999年世界银行提出"当前,善治应着重解决以下问题:责任和义务、透明度、腐败、参与政府事务、法律和司法改革",并认为"管理不善对政府非常有害,扶贫计划之所以受到破坏就是因为缺乏公开责任制、腐败和缺乏受益者的参与"①。这里提到的责任政府、廉洁政府等问题就是与那些年世界银行对政府职能的研究和重视直接相联系的。从政府职能的内涵价值来看,责任政府建设表现为政府"有所为";从政府职能的结构属性来看,有限政府建设表现为政府"有所不为"。

一 政府职能与责任型政府

1. 公共性:责任政府建设的根源

政府职能内涵价值本身就蕴藏着相应的政府责任,政府以发展公共

---

① 世界银行编:《1999/2000年世界发展报告:迈进21世纪》,中国财政经济出版社2000年版,第101—111页。

经济、维护公共安全、提供公共服务、调控公共资源、加强自身建设等作为基本职能，它就必须对这些方面承担一定的责任。责任政府建设始终是以政府职能内涵价值为导向，这也是现代政府建设的必然选择。伍德罗·威尔逊指出："在任何情况下，我们都必须有一批受过充分训练的官员以良好的态度为我们服务。……良好的态度就是对于他们所为之服务的政府的政策具有坚定而强烈的忠诚。"① 显然，在威尔逊看来，政府官员要为赋予他们公权力的公民负责，而这种责任是基于政府官员对良知、忠诚、认同的信仰，并非是出于宪法或者法律的强制要求，而是来自政府职能的内涵价值所衍生出的使命感。政府与生俱来的"公共性"职能内涵，其最终目的是实现公共利益最大化，源自国家公权力赋予政府的神圣职责。换言之，"责任政府就是为公共利益而负责的政府"②，这便是政府职能内涵价值在责任政府建设过程中的集中体现。责任政府建设必须要克服政府职能的"异化"，保证其"公共性"内涵价值。"政府公共性，即政府产生、存在和发展是为了公共利益、公共目标、公共服务。"③ 通常，政府职能的"异化"表现在政府的"内部性"上，即政府追求的并非公共利益最大化，而是部门利益最大化。诚如查尔斯·沃尔夫所言："内部性的存在意味着'私人的'或组织的成本和利润很可能支配了公共决策者的计算……这种内部性决定了公共官僚机构的行为和运行。"④ 因而，怎样确保政府职能内涵价值所体现的"公共性"特征，实现和保护公共利益，同破坏政府追求公共利益最大化的"官僚利益集体"作斗争是责任政府建设的一项重要内容。

2. 公平性：责任政府建设的核心

责任政府建设强调政府在发展公共经济、维护公共安全、提供公共服务、调控公共资源、加强自身建设等职能方面应该担负什么样的责任，

---

① ［美］伍德罗·威尔逊：《行政学之研究》，李方译，《国外政治学》1987年第6期。
② 曹闻民：《政府职能论》，人民出版社2008年版，第125—139页。
③ 周庆智：《在政府与社会之间——基础治理诸问题研究》，中国社会科学出版社2015年版，第19页。
④ ［美］查尔斯·沃尔夫：《市场或政府——权衡两种不完善的选择/兰德公司的一项研究》，谢旭译，中国发展出版社1994年版，第60页。

体现在政府对民主、平等、公平等政府职能内涵的追求与对公民偏好和需求的回应性职能价值层面。从本质上来说，政府回应性体现了政府对权力来源的尊重和责任，体现了政府职能的担当是以公民需求为导向，而不以自身的意志、欲望为导向，当然这离不开政府自身建设、绩效考核、责任追究等机制的约束性。无疑，一个缺乏责任的政府很有可能堕落成一个专制的政府，甚至可以称之为"不人道"的政府。

3. 回应性：责任政府建设的关键

公平与回应作为责任政府的价值诉求，意味着政府要"有所为"，即政府与公民之间要建立一种平等对话的沟通机制，并且政府要能够客观、及时、公正、有效地回应民众诉求。正如罗伯特·B. 登哈特和珍妮特·V. 登哈特所言："政府是有回应力的，否则就不会有政府，政府存在的目的在于满足公众的需求，否则就不会有政府。"① 简单地说，政府和民众之间的关系类似于企业与消费者之间的关系，企业必须对消费者的需求做出动态的反应，那么政府就必须对民众的需求做出相应的反应，政府也必须是以"市场（民众）"为导向的，从"市场（民众）"的角度出发，当一个政府回应并且满足"市场（民众）"的需求时，政府便是有责任的。政府回应性体现了社会民主与平等、公平与正义的政府职能内涵的价值取向，表现为"政府职能"对"政府责任"的有效选择，孕育着责任政府的建设。责任政府表现为"政府是行使有限权力、负有限责任的'有限责任政府'，而且每一级政府都应当是有限责任政府"②。可见，责任政府并不是无所不能的"全能政府"，包揽一切却疲于应对，名义上是对人民负责，管了很多管不了也管不好的事情，但却可能造成政府职能"越位"，事实上是"不负责任"的表现，因为它没有把政府应该发挥的职能价值有效体现出来。从这个层面来讲，政府应该是"有所为"和"有所不为"的，显然，责任政府还是一种有限政府。

---

① ［美］罗伯特·B. 登哈特、珍妮特·V. 登哈特：《新公共服务：服务，而不是掌舵》，丁煌译，中国人民大学出版社 2004 年版，第 8 页。

② ［英］约翰·穆勒：《政治经济学原理及其在社会哲学上的若干应用》（下卷），胡企林、朱泱译，商务印书馆 1991 年版，第 539—540 页。

二　政府职能与有限型政府

1. 政府能力的有限

西方有句谚语：属于上帝的，就让上帝去管；属于恺撒的，就归恺撒来管。这句话延伸至政府、市场和社会关系的处理中，可以理解为只要是市场和社会能做好的事情，政府就应该放权给市场和社会去做，政府只要充当好"消防员"的角色即可。当市场或社会出现"失灵"的时候，政府才发挥其应有的职能，采取相应的措施，纠正相应的"失灵"现象，而不是简单地谁替代谁，只有各司其职、各负其责才能建立真正的"善治"政府，而这种"善治"政府是以有限政府为前提的。对有限政府的认识，从政府职能结构属性的角度出发，可以将有限政府理解为：（1）政府的职能是有限的，即政府能力是有限的，可以说政府权力行使范围是有限的，政府管理社会公共事务只能在法律允许的框架下进行相关活动；（2）政府的权力是有限的，简单来说，即政府的权力是取之于民，用之于民，不能超越人民赋予的权力界限；（3）政府的规模是有限的，即政府的能力是有限的，表现为政府不是"全能型政府"，不可能包揽对所有公共事务的治理，这就意味着政府"有所不为"。

2. 政府权力的有限

任何形式的政府都应当以"公共性"的基本属性，以追求社会公共利益最大化为宗旨。正如约翰·穆勒所言，政府"一般应实行自由放任原则，除非某种巨大利益要求违背这一原则，否则违背这一原则必然会带来弊害"①。如果政府过多地干预市场和社会正当行为，那么长此以往就会压制市场的活力以及打压公民的积极主动性，造成市场和公民对政府的依附性，这并不是构建有限政府的初衷。公共资源的稀缺性和配置效率共同决定了有限政府无法承担无限的政府职能。由于政府能力的有限性，有限政府的建设旨在让政府集中力量担负起政府最为核心的职能，弥补市场失灵、志愿失灵，为社会提供市场和社会无法提供的公共产品，

---

① ［英］约翰·穆勒：《政治经济学原理及其在社会哲学上的若干应用》（下卷），胡企林、朱泱译，商务印书馆1991年版，第539—540页。

如国防、教育等，把市场和社会不能办或办不好的事情办好，坚持"有所为、有所不为"。在法律框架的制度下，转变政府职能结构，将可由市场和社会直接承担的政府职能"转嫁"给市场和社会，充分发挥市场和社会的能动性，进而促进政府真正地做到"有限、有为、有效"。从政府职能结构属性来看，政府能力是有限的，政府职能和政府能力是一种互动关系。如果说政府职能是政府"有所为、有所不为"，表现为政府对社会民众所担负的职责和义务，那么，政府能力则是指政府"能做什么""会做什么"，表现为政府职能产生的实际效能。在有限政府建设的过程中，政府必须聚焦其核心职能，既要进一步加强政府发展公共经济、维护公共安全的职能，还要提高政府提供公共服务、调控公共资源和加强自身建设的职能，避免政府受"有限"思维的固化而导致"缺位"，真正实现构建一个"有效"的有限政府。

3. 政府规模的有限

政府权力必须受到一定的约束和限制，这是有限政府建设的基本特征，尤其是要通过法律和简政放权的方式规避政府利用权力进行损害公共利益活动的可能。简政放权，既要"减"，又要"放"。政府权力的"减"与"放"可谓是一把"双刃剑"，"它既能用以办好事，也可用以办坏事；既能用以发展壮大自己，也能毁灭自己。关键在于是否用之得法、用之得当，是否正义"①。按照政府公共性的属性，维护社会公平正义是政府不可推卸的责任，但政府并不可能维护整个社会绝对的公平正义，即政府是有限政府。"如果说，政府的权力曾经一度受到限制的话——政府除了保护法律和秩序，保护私人自由、私人财产，监督合同、保护本国不受侵略之外，没有别的权力——那个年代早已过去；今天认为政府机构干涉我们生活中'从生到死'全过程的各个方面的看法是很平常的。……看来政府的职责是无限的，而我们每天都给政府增添新任务。"② 实际上，这些新任务就是人们日益增长的美好生活需要对政府职

---

① 余绪新：《权利与义务、权力与责任》，中国政法大学出版社2014年版，第53页。
② ［美］托马斯·戴伊：《谁掌管美国》，梅士、王殿宸译，世界知识出版社1980年版，第66页。

能提出的时代要求，它使得政府职能在表面上呈现出不断扩展的趋势，但在现实的情形下，这并不意味着政府职能是无限扩展的，由于政府的能力和权力都是有限的，因而政府在承担"有所为"职能的同时也必须遵循"有所不为"的原则。

有限政府既是限制政府权力运行、控制政府规模的逻辑结果，也是有效规范和监督政府行为的必然诉求。政府职能结构属性是影响政府规模的重要因素，政府职能的有限性决定了政府机构设置的精简化。目前，"上下对口"几乎依然是各级地方政府机构设置的重要依据，被认为是从中央政府到地方政府职能一致性和连贯性的重要表征。虽然中国政府机构改革出现"精简—膨胀—再精简—再膨胀"的"怪圈"，但从整体上而言，政府职能在不断缩小，由"全能"向"有限"转变，政府权力在不断下放，政府规模也在不断变小，正朝着精简、高效、有限的方向发展。据官方数据显示，在政府机构改革方面，国务院所属部门由1982年的100个裁减、合并为2018年的26个；在简政放权方面，近年来国务院取消、下放行政审批事项至少700项、取消的职业资格高达272项、被宣布失效的国务院文件达489件。无论是政府机构改革推行的大部制改革还是政府推行简政放权，都是有助于政府职能向着更加精干高效的方向转变，是政府职能、权力和规模适度与政府能力和政策有效的结合，即有限政府。

在描述有限政府的时候，西方自由主义经济学家们甚至提出"最小的"政府就是"最好的政府"的论断。然而，政府职能、权力、规模并不是越小越好，只要是"小"到能够促进政府更多地为社会提供更优质的公共产品和公共服务的时候，这个有限政府才是"最佳政府"。简言之，有限政府并不是"小政府"的简单替代，更不是"弱政府"或"低效政府"的"代名词"，它是一种精干、负责、高效、清廉的责任政府和廉洁政府。

第三节　政府工具与主题型政府

与上述的政府职能作用相比较，政府工具的研究对建设绩效政府、能力政府和创新政府的作用更明显一些。

一 政府工具与绩效型政府

1. 工具选择的标准设立与绩效型政府

建设绩效政府是现代政府的必然选择。政府为社会提供公共服务，不仅要从公共服务的供给方面、数量方面加大投入，更要有公共服务的质量保障机制。绩效政府关注组织的使命与愿景，从组织的战略层面关注如何才能制定出"好"的目标，关注服务的使命性产出；绩效政府以提高政府效能为目的，从关注"花多少钱，办多少事"到"钱怎么花，达成什么效果"，只有高绩效的政府，才能有高质量的公共服务。政府工具的研究和发展有助于建设绩效政府。工具选择在整个政府工具运用过程中属于承前启后的重要环节，为什么选择这一种政府工具而不是另一种？实际上，选择需要依据一定的标准，标准的设立有其共同的规律。也就是说，选择的过程也是一个评估的过程。

2. 工具选择的基本思路与绩效型政府

一些学者从政府工具的特征来阐释选择问题，其中，可接受性特征强调具有立场倾向的选择主体在类型选择时要尽可能符合行为对象的利益与倾向，尽可能考虑行为对象的自主发展；可见性特征要求工具选择要尽可能被公众理解。绩效管理以公民导向、顾客导向为基本理念，强调评估的使命价值。很明显，政府工具选择的基本思路与绩效管理的基本导向是内在一致的。

二 政府工具与能力型政府

1. 政府工具运用与政府治理能力

建设能力型政府旨在提升通过公共权力与制度将政府意愿转变成现实能力的可能程度，提升能够"做什么"的实力。建设能力型政府包括决策能力、执行能力、协调沟通能力等一系列的内容，一般意义上，建设过程要求政府注重决策制定的科学化、民主化和法治化；保证执行的坚定性、畅通性和有效性；加强协调沟通的多向性、灵活性和便捷性等。建设能力型政府，需要政府工具的全面介入，例如，制度是与法律、政策同一层面的政府工具，加强制度建设，及时修正落后的管理体制，不断完善创新管理机制,加强专家咨询制度、行政听证制度、行政责任追究制度等等,都是提升政府能力的有效之举。

党的十八届三中全会通过的《中共中央关于全面深化改革若干重大问题的决定》将"完善和发展中国特色社会主义制度,推进国家治理体系和治理能力现代化"作为全面深化改革的总目标,这被视为继农业、工业、国防以及科学技术之后的"第五个现代化"。国家治理现代化是一个完整的体系,政府治理现代化是其中至关重要的部分,在由低到高、由传统向现代的发展转型过程中,在治理的框架下,建设能力政府面临新的机遇和挑战,需要不断创新政府工具。政府要善于运用一系列法律、政策和制度对公民、企业以及社会组织的各种活动进行引导、控制和规范,整合社会资源,开展政府与社会的合作共治、协同治理,使用社区治理、志愿者服务以及公私伙伴关系;善于运用多元、民主、合作的社会化治理工具来管理社会,最大化地撬动各类社会资源,最大限度地增进公共利益。政府要善于运用市场化的激励措施和工商管理技术,将市场机制引入政府改革之中,用市场和社会力量推进公共服务市场化。例如,在市政服务和管理中,积极运行 BOT 模式、TOT 模式、PPP 模式、TOD 模式、SOD 模式以及合资模式、并购模式和民营模式等"特许经营制度"有效运作资源,不断提升能量,有效实现政府目标。

2. 政府工具选择过程与政府能力

过程服从于结果,运用政府工具是为了更好地达成管理目标效果,同时,过程也很重要,从某种程度上说,过程决定结果,有好的过程才能有好的结果。工具的选择运用是一个过程:关于如何以最有效的方式操作这些工具以实现目标。核心问题包括:有哪些人员参与了政府工具的应用;这些人员对各种后续过程发挥了什么样的影响;在不同参与者之间的合作是如何实现的。这样的关于政府工具的应用的研究是对政策效果评估的一种补充,研究日益集中在政策实施的过程,而不是在政策结果本身。[①] 在整个过程中,为何选择?如何选择?实际上,工具选择表

---

① [美] B. 盖伊·彼得斯、弗兰斯·K. M. 冯尼斯潘:《公共政策工具——对公共管理工具的评价》,顾建光译,中国人民大学出版社 2007 年版,第 23 页。

现出来的是作为主体的智慧和能力。也就是说，选择是一种能力。对此，我们可以从以下两个方面理解。

其一，工具选择不是一个现成、直接的过程，需要从解决公共问题的管理目标，从广泛的背景和复杂的环境中发现问题，发现工具选择面临的各种影响因素是非常重要的能力表现。无论是胡德所说的替代性、环境适应性、伦理性和经济性四种影响因素，还是彼得斯和尼斯潘讲的政府目标、工具特性、工具应用背景、以前的工具选择和意识形态等五种主要因素，或是萨拉蒙具体从政治制度视角分析的观念、机构、利益、个人和国际环境等因素，讲的都是这个意思。政府工具研究中的权变主义理论之所以能够显现出与古典途径不同的时代色彩，就是因为这种理论试图在理解工具特征的基础上具体分析工具选择应用的环境变数来解释工具的运作。这种理论特别强调工具选择应用中的实施组织、目标群体及其他利益相关者的环境变数，特别关注工具选择应用与具体案例背景需要的匹配性。

其二，工具选择不是一个简单的非此即彼的对立选择过程。在政府实践过程中，政府工具经常是以集群、组合的方式出现，几种政府工具并行和谐的应用是可行的，不同工具的综合利用可能产生更好的效益。当然，不同的工具如何优化组合？如何更好地发挥工具优势叠加作用？不同工具之间如何取长补短，避免单项工具？这在很大程度上考验政府的能力和智慧。政府工具的优化组合首先是顺序性组合，因为活动属性不同，几种政府工具的使用顺序不同，甚至可能正好相反。例如，公益性的社会活动和突发性的社会事件，都会涉及社会化的自愿性工具、政府间接提供公共服务相关的非强制性工具、政府直接提供公共服务相关的工具等，它们运用的顺序正好相反；因为活动的时段不同，几种常用的政府工具使用顺序也会不同，在公共突发事件的处理中，前、中、后期工具使用差别很大，前期的稳定和协调工作极为关键，后期的心理调适、重建经济工作就要优先考虑了。结构性组合也是政府工具优化组合的常用方式，并行结构组合讲的是多样化方式，比如，城市公共卫生管理可以同时运用合同外包、社区服务、志愿者服务等多种工具组合，鼓励不同服务生产者之间的竞争；分解结构组合以特定领域的同一种整体活动为对象，实验性地进行分解，比如义务教育以外的教育事业，可以作为整体分别用合同外包、部分用凭单、部分用个人与家庭服务来进行。最能够体现政府能力的工具优化组合方式当属灵活性组合，这种组合意味着选择运用政府工具的全新思考，摆脱路径依赖和约定俗成，排除基于部门利益的特定偏好。灵活性组合程度与工具强制性程度负相关，政府能力强，组合灵活性程度高，选择自愿性较强的政府工具概率就高。

三 政府工具与创新型政府

1. 政府工具运用的发展特征与政府创新

或者是工具本身不断地更新发展，或者是工具选择运用的方式策略发生变化，政府工具有多样性和动态性特征，可以说政府工具的工具箱并不是固定的，它会因新工具的产生、国家与国际社会发展和超国家机构的干预而随时间有所改变。[①] 学界归纳的政府工具研究途径的发展变化提供了一条可见的基本线索，从传统的工具主义途径到过程主义、权变主义，再到建构主义的演进，从工具特性的研究到工具适用情境分析，再到不同环境下政府工具的选择与运用研究递进。更为重要的是，随着时代的发展，政府工具与时俱进的阶段性特征非常突出，政府面向的结构变化非常明显。传统的政府工具主要集中在组织性工具和规制性工具方面，政府侧重通过选择施展权威、执行命令的方式，通过选择规制性工具来管理社会。这一时期的政府工具基本上是政府内部性质的。

新公共管理运动开展以后，政府重视企业精神，重视管理效率，规制性工具有所弱化，放松规制成为一个积极的改革信号。非规制工具明显介入，市场化工具是这个阶段旗帜性的抓手。市场化工具不仅在政府内部管理方面大显身手，引入市场机制和工商管理技术，开展绩效评估、标杆管理和全面质量管理，有效提高政府的创造性和管理效率；同时，在政府为社会提供公共服务的过程中，特许经营、凭单制、用户付费、收费等大量的市场化工具引入政府，也就是说，这一时期政府工具的面

---

① ［美］莱斯特·M. 萨拉蒙：《政府工具：新治理指南》，肖娜等译，北京大学出版社2016年版，第515页。

向,既有政府内部的也有政府外部的。

20世纪90年代以来,治理成为一种新的范式,政府非规制性工具的作用进一步加强,政府的外部面向倾向进一步凸显,政府工具的研究焦点转向更加注重与社会互动,服务社会,提高公共效率的价值取向。萨拉蒙明确指出他关注的焦点在于对社会产生直接影响的外部工具,而不只是政府部门内部管理手段的创新。[①] 这一时期政府与社会弹性互动的外部性面向有两个重要特征。其一是重视外部主体性的工具,重视发挥第三部门、非营利组织、社区的作用,加强公民参与的程度,重视信息的公开,强调自愿机制和自我服务机制。国外的一些学者试图从理论的层面回应这个问题,如库尔哈斯、阿伦森等从政策网络的角度探讨政府行为主体在其中的关系,强调行为主体与行为对象、执行主体与其他主体之间的相互影响和相互依赖。其二是重视外部方法性的工具。伴随治理理念的深化推广,"后现代工具""第二代工具""新政策工具"等概念屡被提及。这一类新的政府工具更加注重具体的柔性的方法技术,强调诱因性、沟通性和契约性等机制。相比传统的以权威、财政、组织和信息等资源为基础的政府规制性工具,新的政府工具类似一种程序性工具,也有学者说是间接性工具,或者说是一种网络化工具。新的政府工具强调使用过程中的混合多元,综合考虑多方利益诉求,把社会公平的因素作为价值首选,兼顾政府控制能力与发挥同盟力量。在综合性的网络框架中,促进各方利益的一致。用合作和竞争并存的方式替代对立的关系,在合作过程中,重视培育有利于目标实现的磋商、谈判、激励、协调等能力性的工具技巧。

2. 政府工具的体系建设与政府创新

党的十八届三中全会把全面深化改革作为一个事关全局的战略目标,这就意味着建设创新型政府已成为时代的命题。在这个过程中,作为一种管理方式的政府工具以作为一种思维方式的政府创新为引领,具有多样性和动态性特征的政府工具与具有适应性、变革性、开放性和前瞻性

---

① [美] 莱斯特·M. 萨拉蒙:《政府工具:新治理指南》,肖娜等译,北京大学出版社2016年版,第20页。

特征的政府创新内在一致；无论是工具本身的更新，还是工具选择运用的变化，勃勃生机的政府工具发展为政府创新提供技术支撑。作为一个完整的体系，政府创新包括创新生成、创新识别、创新执行、创新持续和创新扩散等五个环节。同样，政府工具也具有工具类型识别、工具选择运用、工具绩效评价的完整链条，可以全程服务于政府创新体系。

第 二 章

发展公共经济

即使像美国这样资源大多是通过市场配置的市场经济国家，仍然有部分重要的资源是通过政府（经济的公共部门）来配置的。[①] 由于政府在国家经济中具有不可忽视的重要地位，发展公共经济是各国政府的一项基本职能。而且，当前各国政府有日益重视其在经济中发挥作用的趋势。本章的目标就是要结合中国的实际情况说明发展公共经济的内涵、领域及前沿问题。

第一节 发展公共经济概述

公共经济是现代市场经济的重要组成部分，发展公共经济是公共行政的重要职能之一。本节从发展公共经济的内涵、目标与意义以及国外发展公共经济的模式等方面来概述公共经济的基本范畴。

一 公共经济的内涵

公共经济具有广义与狭义之分，早期学界常用的概念属于狭义的公共经济，狭义的公共经济以公共财政收支为主。本书采用的是广义的公共经济概念，既包括公共财政收支，也包括公共企业、宏观调控、招商引资等经济管理活动，这也是本节所讲的发展公共经济所包含的范畴。

---

① ［美］林德尔·G. 霍尔库姆：《公共经济学：政府在国家经济中的作用》，顾建光译，中国人民大学出版社2012年版，第3页。

为了深入了解这个概念，我们选择从发展公共经济的含义、性质、内容及公共经济的地位等方面入手。

1. 公共经济的含义

政府的经济职能至少包括提供市场经济运行的基本框架、进行微观经济管理、维持宏观经济稳定、推动宏观经济增长和调节收入分配等。①因此，我们认为，发展公共经济是指为了应对市场失灵，政府通过公共经济管理，对资源进行配置，履行经济职能的过程，促进国民经济健康发展。发展公共经济的过程，实质上就是优化政府经济职能的过程，它主要包含两个方面：一是政府通过参与投资、发展公有制企业等方式直接参与国民经济生产活动的行为；二是政府通过优化公共财政收支、进行宏观经济调控和招商引资等方式间接地促进整个经济健康发展。

2. 公共经济的性质

要保证社会生产过程的正常进行，管理经济就必须具有两方面的功能。一是合理组织生产力的功能，即把劳动力、劳动手段和劳动对象结合起来以进行社会化大生产的功能；二是维护生产关系的功能，即实现生产目的、维护现存财产关系的功能。政府管理经济的过程，正是这两种功能共同发挥作用的过程。前一种功能是一切社会生产共同具有的，故称为经济管理的自然属性；后一种功能决定于生产关系的性质，随着社会生产方式的变化而变化，称为经济管理的社会属性。这个原理，对一切社会形态的经济管理都适用。②

由于政府的经济管理都具有二重性，与之相关的发展公共经济也具有二重性，这是由社会生产关系中生产力和生产关系的统一体决定的。③发展公共经济过程中，也体现出明显的自然属性和社会属性。第一，自然属性，即发展生产力。发展公共经济，首先就是在现代市场经济中让市场对资源配置起基础性作用，通过政府作用弥补市场在经济发展中的不足，促进生产力发展。因此，发展公共经济具有合理组织生产力的功

---

① 潘明星等：《政府经济学》，中国人民大学出版社2011年版，第11—12页。
② 郭小聪：《政府经济职能与宏观管理》（第2版），中山大学出版社1999年版，第11—12页。
③ 张武：《政府经济职权研究》，西南政法大学博士论文，2003年。

能。第二，社会属性，即维护生产关系。发展公共经济，不仅促进经济发展，还为全民提供公共产品、调节收入分配、发展公有制企业、优化市场环境等。因此，发展公共经济，以实现生产目的、维护现存财产关系。

3. 发展公共经济的内容

（1）直接参与国民经济生产活动

提供和（或）生产公共产品（包括公共服务）。在现实经济生活中，存在不完全竞争、信息不充分、垄断等因素，势必导致市场失灵，完全依靠市场机制调节的经济将很难达到帕累托最优的状态，最终造成资源配置效率出现浪费，因此政府必须进行干预。政府的资源配置职能核心问题是如何才能把有限或者稀缺资源配置到最合适的地方，这就要求政府提供具有非竞争性、非排他性的公共产品，对资源的合理利用施加影响等。公有制企业作为以接受政府规范的特殊企业形式向公众提供公共产品和公共服务，弥补了完全市场配置资源带来的市场缺陷，保证公共产品和公共服务的充分供给。① 但是，一方面，政府可以自己创立企业同时生产公共产品；另一方面，政府还可以让非公有企业生产公共产品保障其供给，而政府只负责出资购买公共产品或对相关企业进行补贴。②

发展公有制企业。发展公有制企业有时是为了提供和生产公共产品，但是各国的实践中，也有越来越多的国家发展公有制企业不再局限于公共产品领域，而是作为一般市场经济主体参与市场经营活动，和民营经济进行平等竞争。

（2）间接地促进国民经济健康发展

提供市场经济运行的基本框架。③ "市场的自发作用有产生垄断的倾向，各种利益集团往往为了自己的利益搞各种形式的封锁、壁垒和保护，妨碍市场机制功能的有效发挥，损害其他社会成员的利益，不利于刺激

---

① 叶常林：《公共企业：含义、特征和功能》，《中国行政管理》2005 年第 10 期。
② ［美］哈维·S. 罗森等：《财政学》（第八版），郭庆旺、赵志耘译，中国人民大学出版社 2009 年版，第 62—66 页。
③ 潘明星等：《政府经济学》，中国人民大学出版社 2011 年版，第 11—12 页。

人们的创新热情,从长远看也阻碍经济的稳定发展。因此,培育和完善市场体系应当作为国家(政府)的一项重要职责。为保证市场竞争的规范化,国家应着力于消除各种形式的保护主义,打破各种封锁、割据、壁垒和垄断,促进国内统一大市场的形成。同时,根据社会经济发展的新情况,及时建立、培育、开放新的市场,如产权市场、技术市场、信息市场、金融市场、房地产市场等以市场配置资源为基础性作用的要求。"①

维持宏观经济稳定。② 在市场经济条件下,社会总供给和总需求的不平衡是常见现象,供需失衡必然导致经济波动,引发失业和通货膨胀,从而阻碍经济的发展。市场机制本身虽然可以使经济从一个非均衡状态恢复到均衡状态,但这却是一个非常痛苦和缓慢的过程,并且以资源的浪费为代价,③ 唯有依靠政府的宏观调控才有可能"熨平"波动。为此,需要政府进行宏观经济预测和规范,指引经济发展方向。可以综合运用财政、货币和产业政策等进行宏观调控,加强需求管理,努力保持总供给与总需求的平衡;促进产业结构的合理化,以实现物价稳定、就业充分、经济适度增长和对外贸易平衡等经济目标。财政支出是直接为国家目标的实现而发生的,在任何时期,财政支出都必须能够满足国防的需要,能够保证政权的正常运行。在现代社会,财政支出与宏观经济稳定有着密切关系,财政支出在促进宏观经济稳定中扮演了重要的角色。④

政府可以通过进行招商引资,促进地方经济发展。政府向外来投资者提供的项目、政策与服务,应该由外来投资者的需求决定。政府应该树立这种理念,才会赢得投资者的认同并对他们产生吸引力,实现以资源换资源,最终调节资源的配置。⑤

---

① 李齐云:《政府经济学》,经济科学出版社2003年版,第46页。
② 潘明星等:《政府经济学》,中国人民大学出版社2011年版,第11—12页。
③ 郭小聪:《政府经济学》(第一版),中国人民大学出版社2003年版,第42页。
④ 杨志勇:《财政学的基本问题——兼论中国财政学发展的着力点》,《财政研究》2017年第12期。
⑤ 何龙斌:《我国招商引资创新途径研究》,《经济纵横》2005年第11期。

4. 公共经济的地位

（1）不同时期公共经济的地位。在不同的历史时期，公共部门在国家经济中的作用存在很大差异，因此，公共经济在不同历史时期地位也很不同。在现代混合经济体制中，公共经济的地位集中体现于两个方面：一是市场与政府二者在资源配置中的相对作用；二是中央和地方在发展公共经济中的相对地位。

世界经济变迁主要经历三个重要时期，分别为资本主义自由发展时期、凯恩斯主义时期以及新自由主义时期，随着不同时期经济主流思想的变化，当代公共经济管理也表现出不同的特点。① 相应地，公共经济在不同时期在国民经济中具有不同地位。

其一，公共经济地位微弱期。从市场经济建立到20世纪20年代末，经济学派主张对经济自由放任，政府对经济的干预有限，处于经济自由主义和政府有限干预阶段。② 总体上，强调公共经济管理不干预，此时的公共经济管理表现出范围上的有限性，公共经济在国民经济中的比重较低、作用较小。亚当·斯密认为，按照自然的自由制度，国家（君主）应尽的义务仅有三个："第一，保护社会，使其不受其他独立社会的扰害侵犯。第二，尽其所能，保护社会上各个人，使其不受社会上任何其他人的虐待压迫，即设立严正的司法机关。第三，建设并维持一定的公共土木事业及一定的公共设施。"③ 可见，按照亚当·斯密的观点，市场经济活动存在着自然、客观的规律，只要顺应其发展规律，将会对个人、社会的利益产生促进作用，公共经济管理应该尽可能少地干预市场经济，将自己放置于"守夜人"的角色定位上。

其二，公共经济地位强势期。20世纪30年代到70年代，此时政府处于充分发挥经济职能、充分干预，甚至过度干预经济的阶段。④ 此阶段，公共经济在国民经济发展中扮演着极其重要的角色。1929年经济危

---

① 潘明星等：《政府经济学》（第三版），中国人民大学出版社2011年版，第14页。
② 同上。
③ ［英］亚当·斯密：《国民财富的性质和原因的研究》（下卷），郭大力、王亚南译，上海三联书店2009年版，第211页。
④ 潘明星等：《政府经济学》（第三版），中国人民大学出版社2011年版，第14页。

机的爆发暴露出市场自发调节机制失灵及其局限性，同时也宣告了自由放任主义经济理论的终结。30年代初，美、英等国家开始通过加强政府对经济的干预来渡过此次危机，例如美国"罗斯福新政"。以英国著名经济学家约翰·梅纳德·凯恩斯1936年出版的《就业、利息和货币通论》为标志，凯恩斯主义和后凯恩斯主义替代新古典经济理论，成为当时经济主流。两大派别在公共经济管理的具体方面存在较大分歧，但在主张政府干预上是一致的。总体上，该阶段政府干预主义盛行，公共部门在经济中具有重要地位。

其三，公共经济与私人经济并重期。20世纪70年代以来，重新强调市场作用和政府对经济进行适度的经济管理。[1] 1974—1975年爆发的新的世界性经济危机被认为是由于政府过度干预经济而导致，这使得凯恩斯主义在经济主流地位受到动摇，新自由主义经济主义随之兴起并发展。新自由主义经济由过去的完全放任经济向承认国家适度干预的转变，相较于之前两个阶段中的经济自由主义和国家干预主义，两者争论的焦点由要不要国家干预转向国家干预的程度的多少、如何干预等问题。

中华人民共和国成立以来，具有同样的时期特点：1949—1956年，公共经济管理定位的指导思想和现实定位实现了从"政府干预"到"政府统制"的转变；1957—1978年，"政府统制"模式进行内在调整；1978年至今，"政府统制"模式向"政府干预"模式转变。[2] 总体而言，改革开放以前中国以公有制企业为主要代表的公共经济在国民经济中占绝对主导地位，改革开放以后民营经济日益兴起，但公共经济仍具有不可替代的重要作用。

（2）不同层级的公共经济的地位。对于大多数国家而言，除设立中央政府外，还要按照国家行政区划设立各级地方政府，从某种意义上说，中央与地方政府之间的公共经济地位的研究也是至关重要的。只看到不同时期特点而忽视不同层级特点，那么对公共经济地位的认识就是不全面的。

其一，中央政府在发展公共经济中的地位。中央政府的公共经济职能

---

[1] 潘明星等：《政府经济学》（第三版），中国人民大学出版社2011年版，第14页。
[2] 高萍：《50年来中国政府经济职能的变化与启示》，《中国经济史研究》2002年第4期。

具有整体性、全局性的特点。中央政府具有覆盖全国的管理范围、较高的管理权限和各级政府的管理能力，在行使公共经济管理职能的过程中侧重于战略管理、全局管理以及宏观管理，例如制定带有全局性的法律、法规和方针政策，制定完整的税收制度和公共支出方案，促进全国经济稳定发展，等等。因此，中央政府在发展公共经济中具有全局性地位。

其二，地方政府在发展公共经济中的地位。地方公共经济具有独立性、具体性、区域性的特点。在与中央政府保持一致的前提下，地方政府在经济管理上可以因地制宜，有针对性地服务于地方居民。地方政府更加了解地方基础设施、社会管理、社会服务以及文化传播媒介四类地方公共物品及服务。针对中央做出的经济管理规划或方针，根据本地特点，做出较为详细的地方政策，提高服务效率。尤其值得注意的是，地方公共经济管理的独立性，在采取不同政权结构形式的国家，只在程度上有所差异。例如，邦联制的国家，地方公共经济管理独立于中央政府，而采取单一制的国家，地方公共经济管理则相对独立于中央政府，但不完全独立。① 地方政府在发展公共经济中具有区域性地位。

可见，中央政府与地方政府之间是相互配合、相辅相成的，并且在各自职责范围内发挥作用。

5. 市场经济与发展公共经济

"市场经济是一种以市场为核心来组织社会经济、以市场机制为基础配置社会资源的经济运行体系，是商品经济的高级形态和现代形态。作为一种经济运行方式，具有平等性、竞争性、自主性、开放性和系统性。并通过价格机制、竞争机制和供求机制等市场机制表现出来。"② 在市场经济中，由于市场机制内在的缺陷和受外部性影响，市场机制可能以高效率、低效率、无效率的方式配置资源；市场机制低效率或无效率地配置资源，被称为市场失灵。③ 发展公共经济，可以规范市场主体行为，纠

---

① 马俊清：《我国中央政府与地方政府职能划分和财政关系》，《宏观经济管理》1998年第7期。
② 陶良虎、张贵孝：《政府经济管理教程》，国家行政学院出版社2013年版，第3—4页。
③ 谢青：《中小房地产企业资金链断裂问题分析及其对策研究》，《商业经济》2014年第8期。

正市场失灵，提高资源配置效率，增进社会成员的福利。因此，在市场经济中，公共经济与私人经济并存。

第一，市场经济下，需要发展公共经济。现代市场经济均是混合经济，市场在经济资源配置中具有基础性作用。但是，在市场处于基础性地位的同时，由于市场的缺陷，往往会出现公共经济部门和私人经济部门并存的现象。

第二，市场经济下，以政府为代表的公共经济部门和私人经济部门通过职能分工建立经济上的合作关系。发展公共经济的范围是由市场经济来决定的，当市场经济出现漏洞，便需要政府进行经济的干预，① 以提高全社会的福利水平。

二 发展公共经济的目标与意义

1. 发展公共经济的目标

发展公共经济是为了预防市场失灵，因此，其主要目标是提供良好竞争环境和社会秩序、促进经济增长和充分就业、稳定物价、调节收入分配和优化社会保障、国际收支平衡等。

2. 发展公共经济的意义

发展公共经济是发挥市场经济优势的内在要求。市场机制作为现代市场经济在资源配置中发挥着基础性作用甚至决定性作用，但是市场机制无法很好地解决公共产品、外部性、贫富两极分化、宏观经济波动及市场机制运行外部环境等问题，导致一系列严重的经济社会问题。市场机制本身无法解决的问题需要非市场的力量来纠正，政府作为社会最大多数成员利益的代表，承担着修正市场失灵的任务。② 所以，无论是发达市场经济国家还是欠发达或不发达的国家，公共部门在国民经济中都发挥着重要的作用。在目前大多数国家实行的现代混合制经济体制下，政府通过对宏观经济进行调控和对微观经济进行规制，调节和规范市场主

---

① 陶良虎、张贵孝：《政府经济管理教程》，国家行政学院出版社2013年版，第3—4页。
② 马志勇、陈义国：《规制主体与规制有效性——中国转轨时期经济规制探究》，《中国市场》2011年第5期。

体行为，纠正市场失灵，提高资源配置效率，增进社会成员福利，促进经济持续稳定地发展，①发挥其在国民经济中的作用。在现代市场经济下，发展公共经济具有以下重要的意义。

（1）提高资源配置效率。政府通过发展公共经济，提供法律、基础设施、基本公共服务等公共产品，为市场机制发挥作用提供稳定的社会秩序和基础设施等。在出现外部性、信息不对称、垄断等情况下，政府通过发展公共经济提高资源配置效率。

（2）缩小贫富差距。在收入分配不公时，政府可以通过发展公共经济，尤其是发展基本公共服务等民生经济，调节收入分配，改善民生，提高社会保障水平。

（3）促进经济增长。政府行为和个人的主动性，对于经济增长都是不可或缺的。政府在促进经济增长方面，至少存在9种职能，即维持公共服务、影响思想观念、形成经济制度、干预资源运用、调节收入分配、控制货币数量、调控经济波动、保障充分就业和调整投资水平。②

第二节　公共经济的基本领域

政府的公共管理领域重点是由公共经济范围决定的，而公共经济的范围是随着社会经济的发展而变化的。事实上，界定政府在经济活动中应该作用的范围是一件很困难的事情。结合各国的实际情况，尤其是中国的实际情况，在本节中，我们将具体探讨公共经济管理中的公共财政、政府固定资产投资、公共企业、招商引资以及宏观调控五个基本领域。

一　公共财政

公共财政，是发展公共经济所必备的最重要、最基本的工具，因此，成为发展公共经济的首要内容。公共财政一词来源于1892年巴斯塔布尔

---

① 张占斌：《政府经济管理》，国家行政学院出版社2015年版，第3页。

② ［英］W. 阿瑟·刘易斯：《经济增长理论》，郭金兴等译，机械工业出版社2015年版，第296—297页。

出版的第一本英文财政学专著《公共财政》(Public Finance),书中指出国家作为社会组织多种形式之一,反映的是个人的集中性或社会性需要的存在,而财政的职能主要就是满足这些需要。随着时代的发展,公共财政的定义也有了新的含义。高培勇认为,公共财政是一种以满足社会公共需要为主旨的财政制度安排①;吕炜通过分析现代公共财政的形式、一般框架及其在政府—市场体系框架中的定位,认为现代公共财政应当是建立在"政府—财政—市场"这样一个三位一体的框架下②。本书认为,公共财政是政府通过提供、管理和分配公共范畴内的事务来满足社会需求的一种财政制度。公共财政一般包括公共财政预算、公共财政收入和公共财政支出三方面内容。

1. 公共财政的特点

公共财政作为一个发展时间较长的概念,有不少学者对其特点进行了探讨。王庆认为公共财政的提出是要适应经济体制的转型,指向财政的本质问题,其核心是满足公共性;而现代财政的提出是要提升以财政为核心的国家组织能力,指向财政的发展问题,核心是实现现代化③。

本书与大多数学者看法一致,认为完全意义上的公共财政至少应当包括以下四个特点:(1)以增进绝大多数社会成员的公共利益为宗旨;(2)以提供公共产品、公共服务,满足社会公共需要为目标;(3)最大限度地实行民主决策;(4)充分接受民主监督。④

2. 公共财政的理论与实务前沿

(1)最优税收理论。最优所得税理论的最重要成果之一是同时考虑了效率和公平两个方面税收原则的戴蒙德(Diamond)和米尔利斯(Mirrlees)理论框架。⑤ 早前的最优税收理论并不符合现实情况,因此,研究者不断扩展最优税收理论以期更好地拟合现实。"具体表现在:①新动态

---

① 高培勇:《公共财政:概念界说与演变脉络》,《经济研究》2008年第12期。
② 吕炜:《现代公共财政的定位:一种分析框架》,《经济学家》2006年第5期。
③ 王庆:《论现代财政与公共财政》,《当代财经》2014年第10期。
④ 王婷:《试论公路养护事业单位政府采购问题》,《当中国国际财经》(中英文)2018年第1期。
⑤ 吴小强、王志刚:《现代最优税收理论的研究进展》,《税务研究》2017年第8期。

财政理论框架综合了最优税收理论和拉姆齐（Ramsey）的动态分析框架，其基本结论是在消费者个人的能力属于私人信息而且服从于随机过程的情况下，在信息不对称并且满足激励相容条件下最优资本税应该是存在的，而且在不完备市场下最优资本所得税为零。②税收遵从理论框架下最优税收理论，其基本结论是在信息不对称条件下风险厌恶型纳税人税收遵从行为与纳税人收入水平、税率、审计稽查概率、处罚金额和风险态度密切相关。"①

（2）基于公共预算的腐败治理。预算失规导致腐败的情形是一个世界性的现象，从"规制用财"的视角，建立完善的预算制度体系以预防腐败十分迫切。要真正发挥预算公开制度的防腐反腐功能，离不开健全的公共预算制度体系和信息公开法律体系的支撑；公共预算制度框架下的预算公开不仅要求全面、详细、真实地公开预算信息，还要求公开与之对应的政府行为信息；预算公开制度要与其他规制用财政制度体系相匹配才能起到腐败治理的作用。②

（3）公共财政支出结构优化。公共财政支出要体现公益性、公共性和公平性，即在增加基础设施建设等公共项目支出的同时，增加对文教科卫、社会保障、保障性住房、环境保护及增加人们收入方面的开支，压缩不合理的行政管理费开支。③公共财政支出结构优化，要加大基本建设投资力度，提供良好的通信、交通等方面的基础设施，为投资创造良好的生产环境；要提高教育文化事业财政支出比例；要建立科学的财政支出结构，加大重点农业生产方面的支出，促进农业基础设施建设，加快农业科技成果转化步伐。④

（4）强化财政绩效。从发展公共经济的视角来看，不论是公共财政理论还是实践，都越来越强调现代公共财政与传统公共财政的区别：第一，不仅仅关注财政收入与支出水平及二者间的平衡；第二，公共财政支

---

① 吴小强、王志刚：《现代最优税收理论的研究进展》，《税务研究》2017年第8期。
② 郭剑鸣：《从预算公开走向政府清廉：反腐败制度建设的国际视野与启示》，《政治学研究》2011年第2期。
③ 曾康华：《优化财政支出结构与推进民生财政》，《人民论坛》2011年第3期。
④ 秦伟：《我国财政支出结构优化的分析及对策》，《山东纺织经济》2012年第9期。

出要注重公共性，如强调公共产品支出、社会保障等；第三，注重把握和预测公共部门经济活动的各种结果，对公共财政支出的绩效进行评价。

二 政府固定资产投资

投资一般是指投入一定的资金或资源到某一项事业，以期未来获得收益或效用的经济活动①。而固定资产是社会再生产过程中，在较长时间内使用而不改变其实物形态的劳动手段和非生产性设施。从而我们将固定资产投资定义为购置、更新、改造及新建、扩建和改建固定资产的投资，实际上包括全部固定资产扩大再生产和一部分固定资产简单再生产的投资。虽然不是所有的固定资产投资都应该由公共部门完成，但是，正如亚当·斯密所说："创建并维持公共设施及土木事业"是君主或国家应该承担的一种重要义务。这类设施对社会颇有利益，但个人或少数人办理，得不偿失；"所以这种事业，到底不能期望个人或少数人维持创建"。② 对这类具有公共产品发生的固定资产投资，主要应该由政府进行投资，而对于其他固定资产投资政府制定相关的制度框架优化环境，制定政策予以引导、帮助，防范投资风险。

1. 政府固定资产投资的特点

按照国内一些学者的分析，政府投资性支出具有社会性和非营利性、间接性和无偿性、政策性和调节性、计划性和长期性等特点。③ 相应地，政府固定资产投资也具有以下几个方面的特点。

（1）固定资产投资的社会性和非营利性。政府固定资产投资一般是依据社会大众的需求来进行的，也就是投资的目标是追求社会效益最大化，以不营利为目标，因此具有社会性和非营利性。

（2）固定资产投资的间接性和无偿性。政府固定资产投资所形成的固定资产往往具有很强的公共性，往往让企业和居民间接受益，因而具有间接性。而且，由于社会各类主体对政府固定资产投资所形成的固定

---

① 张溯：《政府投资概论》，华中理工大学出版社1996年版，第1页。
② ［英］亚当·斯密：《国富论》（下卷），郭大力、王亚南译，上海三联书店2009年版，第239页。
③ 潘明星等：《政府经济学》，中国人民大学出版社2011年版，第196—198页。

资产的使用往往是不收费的或是仅少量收费，因而具有无偿性。

（3）固定资产投资的政策性和调节性。政府固定资产投资一般是依据一定时期经济社会发展形势和战略目标做出的，因此具有明显的政策性。而且，经济社会发展形势和战略目标经常是动态的，因而政府固定资产投资具有调节性。

（4）固定资产投资的计划性和长期性。由于政府固定资产投资的资金来源、数量和结构由政府预算来确定，因此具有计划性。而且，由于固定资产投资收益期较长，一般的固定资产投资需要几年甚至十几年才能收益，因此具有长期性特征。

（5）固定资产投资的规模大、次数多。与微观主体固定资产投资相比，政府固定资产投资规模大，而且投资次数也较多。

2. 固定资产投资的理论与实务前沿

（1）固定资产投资的融资问题。固定资产投资资金面总体紧张，政府投资任务与融资能力的矛盾有待解决，地方政府财政风险不容忽视；在日后的投资中，要采取综合措施，深化机制体制改革，大力鼓励民间投资；妥善处理地方政府债务偿还问题，积极防范地方财政风险。[①]

（2）固定资产投资结构优化。固定资产投资增长对 GDP 增长有显著促进作用，与此同时，降低经济增长对固定资产投资的依赖程度，优化投资结构刻不容缓。[②] 固定资产投资结构优化，可以从优化资金来源、产业结构和使用结构三个方面进行。资金来源方面，应进一步放宽投资领域，吸引更多的民间资本和外资参与经济建设；同时，加快金融体制改革的步伐，促进金融创新，建立有利于产业升级的风险投资资金，增强银行、证券、保险等金融机构在经济发展中的作用；适当提高国家预算内资金的比重，增强国家对经济的宏观调控能力。产业结构方面，要推进城乡一体化进程，加快现代农业建设；要强化第二产业投资的约束机制，改善投资质量，提高投资效益；要提高现代服务业投资比重。在使用结构方面，要

---

① 徐策：《当前固定资产投资存在的主要问题及对策》，《中国投资》2011 年第 10 期。
② 周文：《固定资产投资的行业结构优化》，《求索》2018 年第 1 期。

进一步提高投资项目的可行性论证，加强投资建设的管理；① 要制定适当的宏观政策，适度引导和控制房地产投资，防止房地产泡沫的形成；② 加强固定资产投资的宏观管理；综合运用经济手段、法律手段和行政手段，建立固定资产投资的有效调控系统。③

3. 政府固定资产投资的内容

固定资产投资可以从不同的角度进行分类。鉴于之前学者已有诸多探讨，这里我们重点介绍按管理渠道来分类的方法，包括基本建设投资、更新改造投资、房地产开发投资和其他固定资产投资。

基本建设投资是指企业、事业、行政单位以扩大生产能力或工程效益为主要目标，投资额在万元以上（含万元）的新建、扩建工程及有关工作的投资。更新改造投资是指企业、事业、行政单位对原有设施投资额在万元以上（含万元）的固定资产进行更新和技术改造，以及相应配套的工程和有关工作的实际投资额。房地产开发投资是指房地产开发法人单位和附属于其他法人单位实际从事房地产开发或经营的活动单位，统一开发的包括统一代建、拆迁还建的住宅、厂房、仓库、饭店、宾馆、度假村、办公楼等房屋建筑物和配套服务设施及土地开发工程等的投资。其他固定资产投资是指全社会固定资产投资中未列入基本建设、更新改造和房地产开发投资的建造和购置固定资产投资。

在发达的工业化国家，固定资产总投资约占国内生产总值的20%，对一个"典型"规划，总固定资产投资（不包括存量）中，公共工程和公共事业约占35%。④ 2017年中国全社会固定资产投资达639369.39亿元，约占国内生产总值的77.30%；从资金来源来看，国家预算内资金38745.79亿元，约占全社会固定资产投资资金的6.06%。通过比较发现，中国固定资产投资高，但是国家在固定资产投资中比重较低。⑤

---

① 陈群、袁敏：《苏州市固定资产投资结构优化策略》，《宏观经济管理》2010年第5期。
② 朱兰波：《论大连市固定资产投资结构的优化》，《环渤海经济瞭望》2005年第12期。
③ 陈群、袁敏：《苏州市固定资产投资结构优化策略》，《宏观经济管理》2010年第5期。
④ ［英］W. 阿瑟·刘易斯：《经济增长理论》，郭金兴等译，机械工业出版社2015年版，第296—297页。
⑤ 国家统计局编：《中国统计年鉴2018》，中国统计出版社2018年版。

三 公共企业

各国对公共企业一词的理解不尽相同，在德国公共企业通常被认为是除了由联邦和地方政府以及国有企业拥有或参股的企业外，还包括直接承担政策和法律规定的义务、具有一定垄断性或非竞争性的为私人所有或控股的企业；而日本则通常把中央和地方政府直接经营或控制的国有企业、地方公营企业或依特别法（不是民商法）成立的企事业法人，称为公共企业；政府与民间依民商法设立的公司，以及政府特许经营的民营公益性企业，则不属于公共企业的范畴。本书将公共企业定义为，"持续存在的、以为社会提供具有公共性质的产品和服务为主要经营活动的，且具有一定盈利目标、受到政府特殊管制措施制约的组织化经济实体，而不论这些经济实体是否与国家或政府之间存在资本联系"。[1]

1. 公共企业的职能

从公共企业的职能上来看，公共企业主要有三方面的内容[2]。

第一，提供公共产品和服务。公共企业在公共产品和公共服务领域直接扮演投资主体，提供私人企业不愿供给或供给不足那部分公共产品和公共服务。主要包括三类：其一，基础产业和公共基础设施，包括铁路、公路和城市公共交通系统，邮电通信系统，宇航事业，国家重点开发的钢铁、煤炭、石油能源基地，农牧渔业基地，等等；其二，国家重大科学技术的理论研究和应用，基础教育和社会教育设施，高等教育、专业教育和继续教育；其三，社会保障体系，包括退休、工伤、生育、医疗卫生、国民卫生保健及保险服务。

第二，进行宏观调控。政府引导公共企业在总需求与总供给方面发挥宏观调控功能，在税收、投资政策和货币信贷供给政策方面发挥调节作用；在产业政策中体现促进产业部门平衡和地区发展平衡的倾向。对公共企业的政策服务和直接的投资安排，应利于协调复杂多变的宏观利益关系和宏观经济走向，为各微观市场主体提供一个良好的宏观经济环

---

[1] 叶常林：《公共企业：涵义、特征和功能》，《中国行政管理》2005 年第 10 期。
[2] 同上。

境；公共企业还将按政府要求对一部分有宏观意义的微观主体利益提供制度安排和协调服务。

第三，保障国民经济安全。可以通过公有制企业，发展重要行业和产品，尤其是利润不高的行业和弱质产业，如农业等基础性行业。要执行国家计划经济政策，担负国家经济管理（调节社会经济）的职能，如调节国际收支、保障金融体系安全等。此外，公共企业还承担重要的公共资源和公共环境的保护和治理等，为国民经济发展提供资源环境保障。

2. 公共企业的特点

和非公共企业相较，公共企业有以下特点。（1）所有权的公有性。在中国绝大多数公共企业直接由公共部门所有，随着改革的不断深化，私人部门也逐渐在公共企业中占有部分产权，甚至一些外资企业也在公共企业中具有部分产权。（2）功能的双重性。公共企业的基本功能是生产公共产品或公共服务，承担社会职责，但是它们往往同时也是市场竞争的主体，也具有营利性功能。

3. 公共企业的理论与实务前沿

（1）公共企业的法律属性探索。许多学者认为，目前立法对公共企业还缺乏基本认同，更没有对公共企业基本规则的系统规定。尽管中国已经存在一些专门针对特殊行业的立法，如《邮政法》《铁路法》等，并对这些行业的企业行为进行了专门规定，可以较好地体现该行业的特殊功能，但是，这些立法的数量毕竟较少，远不能满足现实中大量的公共企业需求，公共企业成为立法盲点。①因此，立法需要专门制定统一的《公共企业法》，以明确其功能、法律性质、与政府及使用者的关系、设立条件和程序、治理结构、解散与清算、特别管理机制等。②

（2）可以借鉴欧盟公共企业领域的反垄断法的思路，改革和规范公共企业。欧盟主要通过以下三种方式来实现对于公共企业的私营化改制与法律规制：①通过颁布欧盟（欧共体）法律的形式，实现电信、邮政

---

① 胡改蓉：《论公共企业的法律属性》，《中国法学》2017年第3期。

② 同上。

服务、能源、水资源、银行、交通运输和保险等行业领域或部分行业领域的完全自由化与私营化；②对于公共企业严格适用《欧盟运作条约》中包括反垄断法在内的竞争法条款；③严格限制欧盟成员国与公共企业的经济联系，颁布《透明化指令》等相关法律文件，以控制欧盟成员国政府对于公共企业的经济影响。① 欧盟反垄断法律制度对公共企业领域行政垄断与行政扶持行为给予了区别规制：一方面，基于附属理论严格禁止作为企业垄断行为诱因或强化因素的行政垄断行为；另一方面，政府为保障公共经济利益服务而实施的对公共企业的行政扶持行为，得到了反垄断豁免。②

四　招商引资

招商，即从外部引入对本地区有利的商业项目、商业模式、商业资金和有实力的商家；引资，即从外部引入对本地区有利的项目、资金、技术、管理与人才等，以期达到提升经济、扩大就业、优化产能、提升管理、改善民生的目的。③

招商引资的概念在不同的历史时期有不同的内容，因此具有狭义和广义之分。狭义的招商引资是指，人们认为具备一定的土地资源、优惠的政策及廉价的劳动力就能吸引投资者，其交换的过程就是招商引资的过程。随着市场经济的发展和世界经济的全球化、一体化，投资者投资的交换需求不仅仅局限于土地资源、优惠政策、廉价的劳动力上，而是扩大到对其他经济资源上，招商引资活动存在于经济区用全部的经济资源同投资者投资行为的结合或交换过程，从而使得招商引资产生了一个更为广义而精确的概念，即政府主动利用能够支配的各种资源进行政策引导，舆论宣传，开展基础设施建设，创造适宜的投资环境，吸引投资者到本地区进行生产经营活动。④ 广义的招商引资包括政府招商引资和民

---

① 翟巍：《欧盟公共企业领域的反垄断法律制度》，《法学》2016年第4期。
② 翟巍：《公共企业法制建设的国际借鉴》，《法学》2014年第6期。
③ 严宝龙：《对地方政府招商引资工作的思考》，《经济师》2017年第10期。
④ 郭明杰、费堃桀：《供给侧改革下的财政政策研究——以河南省为例》，《创新科技》2018年第2期。

间招商引资,而从发展公共经济的角度来看,主要是指政府利用手中的资源进行招商引资的活动。

1. 招商引资的内容

(1) 政府财政资源、人力资源、时间资源、信息资源、政策资源等,将招商引资指标任务直接下达到各级政府,地方各级政府直接插手招商引资工作,走到招商引资工作的第一线。

(2) 政府通过实施区域规划、项目推介、环境保护和基础设施建设,间接介入招商引资活动。

(3) 政府通过制定经济发展规划、发布相关经济及法律政策,对经济进行调节、对市场进行监管,并提供社会管理和公共服务,间接参与招商引资活动。

2. 招商引资的特点[①]

(1) 整体性。招商引资工作不是某一个部门就可以完成的,它隐含着方方面面的工作,并要多方配合和参与。

(2) 相关性。招商的相关性是指招商引资与投资环境密切相关。"环境就是生产力",软硬环境的好坏是决定一个地区经济发展快慢的重要因素。

(3) 有序性。作为一个系统,招商引资除受外部环境的影响外,其内部也是按一定规律运行的。这主要表现在两个方面:一个是产业链,一个是服务链。

(4) 动态性。招商信息瞬息万变,稍纵即逝,必须适时准确地把握。

3. 招商引资的理论与实务前沿

(1) 招商引资中政府的角色定位问题。[②] 长期的实践证明,政府在招商引资方面,具有重要的作用。尤其是在经济发展的起步阶段,各级地方政府为了经济的快速发展,往往极其重视招商引资,也取得了很好的成效。但是,政府过度介入招商引资,也造成政府职能缺位、错位、越位,导致公共权力滥用和滋生官商勾结等腐败行为,损害公共利益,影

---

① 车文平:《谈招商引资的系统性》,《科技情报开发与经济》2006 年第 8 期。
② 郁建兴、徐越倩:《政府招商引资活动的有限性与有效性》,《东南学术》2003 年第 2 期。

响社会和谐发展。随着经济社会的发展,应该对政府招商引资行为进行规范。因此,学界和实务界也日益关注如何重新界定政府在招商引资中所应该扮演的角色等问题。在国家治理现代化进程中,招商引资工作应向科学化、法制化轨道发展。

(2) 招商引资所带来的生态环境建设问题①。许多地方政府,为了招商引资和经济快速增长,往往缺乏底线意识,不仅在财政、税收、土地等方面给予企业优惠条件,而且任其违背环境保护相关法规,导致严重的生态环境问题。发展与环境的冲突,也引起社会各界广泛关注。在大力推进生态文明建设的今天,招商引资也应该注重生态环境保护和建设问题。

五 宏观调控

哈耶克曾经指出:"一个功效显著的市场经济,乃是以国家采取某些行动为前提的;有一些政府行动对于增进市场经济的作用而言,极有助益;而且市场经济还能容受更多的政府行动,只要它们是那类符合有效市场的行动。"② 宏观调控不是针对个别或者少数经济体,而是旨在促进整体经济稳定发展,具有明显的公共性,因此,成为发展公共经济的重要内容。在现代市场经济国家中,宏观调控是一种非常常见的现象。改革开放以来,中国的宏观调控作为经济活动的重要组成部分,在理论界和实务界都被广泛认可。但时至今日,理论界并未就宏观调控的概念形成基本的共识。关于宏观调控的定义可以分为广义论和狭义论两类观点。广义论者认为,将市场失灵的所有表现都作为宏观调控的依据,宏观调控等同于政府干预,因而将政府的所有经济职能都纳入宏观调控的范畴;狭义论者认为,宏观调控的理论基础是凯恩斯的"有效需求理论",因而它仅指运用财政政策和货币政策调节社会总需求。③

从经济领域的公共性性质来看,广义论和狭义论并没有区别,而广

---

① 辛其马:《招商引资:招什么商?引什么资?》,《创造》2010 年第 6 期。
② 参见张勇、周达、刘瑞《宏观调控概念解读:政府干预经济的中国式框架》,《青海社会科学》2009 年第 5 期。
③ 王纲:《市场决定性作用与经济法学之思考:一个文献综述》,《中南财经政法大学研究生学报》2014 年第 12 期。

义论包含狭义论，因而，我们将宏观调控视作广义论。所谓的宏观调控，是指国家和政府运用经济手段，直接作用于国民经济总量各构成，间接影响市场主体和社会主体的各种再生产行为，以实现充分就业、经济增长、物价稳定、国际收支平衡和公平分配等宏观经济协调发展目标的经济管理活动。

1. 宏观调控的内容

（1）运用财政政策和货币政策促进经济稳定增长。在经济过热时，运用紧缩性政策，对经济进行降温。在经济萧条时，运用扩张性政策，促进总需求的增加，拉动经济增长。

（2）运用价格管制、汇率调整等手段，促进物价稳定和国际收支平衡。

（3）制定经济和社会发展规划、计划、方针，制定产业政策，控制发展节奏和优化产业结构。

2. 宏观调控的特点

宏观调控具有间接性、综合性、层次性和超前性四个基本特征。①

（1）间接性。在大部分现代市场经济国家，宏观调控间接性的集中体现，就是国家运用市场机制引导企业的经济活动，而不直接干预微观主体的经营行为，实现对国民经济总体运行的控制和调节，其影响是全社会的。一般来讲，这种调控在尊重价值规律、供求规律和竞争规律的情况下进行，并不直接干预具体的某个微观经济主体的市场行为。

（2）综合性。宏观调控过程中，往往是综合运用财政、金融、管理、汇率、税收等多种手段，以达到调控的多个预期目标。

（3）层次性。社会经济运行的层次性决定了宏观调控的层次性。从中国的实际来看，在宏观调控中，要想达到预期结果，中央、省、市、县等多级政府必须密切配合。因此，宏观调控手段的选择和运用，必须综合考虑各级政府的利益诉求和行为特征。

（4）超前性。由于经济运行的周期性和宏观调控的调节时滞（如货币政策），因此，宏观调控必须具有前瞻性，超前预判经济形势、调节作用时滞和预期效率等。

---

① 刘克田：《论宏观调控的基本特征》，《管理世界》1996 年第 5 期。

3. 宏观调控的理论与实务前沿

（1）稳定增长与稳价。要稳定增长与稳价，就要进行区间调控。区间调控是将宏观调控的目标界定为一个合理区间：当经济运行接近区间下限时，调控的核心目标是稳增长；当经济运行接近区间上限时，调控的关键目标是防通胀；当经济运行处于中间状态时，则更多专注于深化改革和调整经济结构。①

（2）微刺激政策。经济处于基本合理区间时，就无须进行大宏观调控，只要进行预调、微调、适时适度调节，即微刺激。②

（3）定向调控。在经济发展中出现突出的矛盾和结构性问题时，可以在区间调控的基础上进一步实施定向调控，以定向施策、精准发力，从而更加有效地"激活力、补短板、强实体"。③

（4）加强预期引导。在经济偏离合理区间不严重的情况下，政府可以选择"道义劝告"等低成本引导性政策，促进微观经济主体主动适应经济形势变化和可能出台的政策的变动。

（5）供给管理与需求管理相结合④。供给管理主要解决长期结构性问题，需求管理侧重熨平短期经济波动。

第三节　发展公共经济的前沿主题

在中国，有三个迫切的发展公共经济问题需要加强研究。一是政府与市场边界的划分。这是中国学界和实务部门长期以来争论不休的一个话题，仍然有许多相关问题值得进一步深化研究。二是如何提升经济质量和效益。中国在经历了较长时期的高速增长，经济体量已位居世界第二的新形势下，正需要中国政府积极作为，提升经济质量和效益，中国政府应该如何作为值得深思。三是如何发展共享经济。共享经济的兴起，

---

① 陈彦斌：《新时代下中国特色宏观调控的新思路》，《政治经济学评论》2018 年第 4 期。
② 同上。
③ 赵洋：《从区间调控到定向调控》，《金融时报》2014 年 7 月 14 日，第 4 版。
④ 徐策、王元：《改善供给需求双侧调控方式——促进经济持续健康发展》，《宏观经济管理》2015 年第 1 期。

给公共经济的发展带来了新的机遇和挑战,共享经济时代下如何发展公共经济也值得探讨。本节拟对公共经济管理领域这些值得深化研究的问题,进行初步分析。

一 政府与市场

1. 政府与市场的一般关系

政府是指"国家进行统治和社会管理的机关,是国家表示意志、发布命令和处理事务的机关,实际上是国家代理组织和官吏的总称"。① 市场则是"商品交换关系的总和,是商品经济中生产者与消费者之间实现产品(服务)价值"。②

政府与市场的关系,西方主流经济学阐述了三种理论③:新古典经济学、凯恩斯主义和新自由主义。第一,新古典经济学认为,政府相对于市场,更多地体现在"无形的手"中,其主体是自由市场经济模型,并以此为参照系定义"市场失灵",进而基于个人主义国家观,讨论市场与政府之间的关系。第二,凯恩斯主义认为,政府对市场经济进行适当的宏观调控,以货币政策和财政政策等来达到调控市场的功能。第三,新自由主义认为,过度的市场干预往往会导致政府失败,而政府失败有可能对资源配置效率造成的伤害比市场失败更大,因此限制过度的政府干预,更好地发挥市场机制的作用是明智的选择。这几种基本理论在不同的历史时期的确能够有效地处理政府与市场的关系;但若用于讨论中国经济中的相同问题,则经常具有误导性,中国政府更应当结合中国的具体情况来建立完整的社会主义经济体制,正确地处理好政府与市场的关系。但是,有一个基本原则也是适用于中国的:如何正确处理政府与市场之间的关系,既要考虑效率标准也要考虑公平标准,在不同的历史发展阶段两个标准的地位不同,在经济发展水平较低时应该效率优先兼顾公平,在经济发展水平较高时应该更加注重公平。

---

① 李鹏:《公共管理学》,中共中央党校出版社2006年版,第28页。
② 周宝建、庄小兰、张清禄等:《市场营销学》,清华大学出版社2013年版,第9页。
③ 杨瑞龙:《建立现代化经济体系必须处理好政府与市场之间的关系》,《经济理论与经济管理》2018年第1期。

在公共经济管理的历史发展中，不同国家根据自身的具体情况，都总结和发展出了一套适应本国公共经济管理的理论体系，以正确处理政府与市场的关系。依据政府在发挥职能过程中对经济的干预程度和管理方式的不同特点，可以将当代的市场经济大致划分为自由不放任型、产业导向型、社会市场型、福利国家型和政府主导型五种[1]。又可将历史上的政府分为无为型政府、管理型政府、福利型政府、统治型政府、服务型政府。因此，对市场和政府的关系又可分为无关论、排斥论、板块论、主辅论、二次调节论、融合论。本节列举了一些具有代表性的不同国家政府与市场的关系。

2. 国外政府与市场的关系[2]

英美模式拥有完整的市场体系，通过市场发挥价格机制、供求机制、竞争机制的作用来配置资源，主张私有化，强调企业的自主经营、自主决策，要求放松管制，削减赋税。在政府干预方面，英美模式侧重于运用以税收、利率等工具的间接调控政策，反对直接的经济计划和产业政策。此种模式的优势在于充分发挥市场竞争对经济的指挥和推动作用，成本较低、灵活性较好，可以充分调动个人或企业的主动性、积极性、创造性，促进创业或企业的灵活性；但是弊端在于市场自动调节的自发性、盲目性、滞后性容易导致其经济的波动，政府控制经济风险的能力弱化，对于自由竞争和个人利益的过分强调不利于社会长远利益的实现，加剧贫富分化，损害社会公平。

德国的莱茵模式具备私有制、契约自由、竞争自由等自由市场经济的特征，同时还吸纳了公平、公正、共同富裕等社会主义的先进因素，强调市场自行调节与政府必要干预相结合。经济体制上，维护私有制的基础地位，但在某些重要经济部门则允许少量国有企业存在；企业由股东和雇员代表共同管理，注重企业目标与雇员目标的一致。政府干预方面，通过制定相关经济政策对经济进行相关调控，实现经济发展中效率、

---

[1] 张荐华：《市场经济模式比较分析与中国的选择》，《思想战线》1995年第4期。

[2] 冯新舟、何自力：《世界主要经济发展模式中的市场与政府关系及对中国的启示》，《现代经济探讨》2016年第10期。

自由和社会秩序的协调统一。此种模式的优势在于兼顾了自由竞争与政府调控，通过充分发挥市场机制的作用调动市场主体的积极性，通过政府的必要干预以及建立完善的社会福利体系，保证经济稳定，缓解社会矛盾，缩小贫富差距，促进社会公平。弊端在于政府对经济存在过度干预的现象，特别是对劳务市场和产品市场的较多限制，导致企业缺乏创新精神、劳动力成本过高、失业率上升、经济效率降低。

俄罗斯等转型国家强调市场在资源配置中的基础地位，但是不赞成市场决定一切；重视政府对经济生活的调控作用；重视惠及社会绝大多数人群的社会保障体系，关注社会弱势群体的利益，维护社会公平，努力缩小两极分化。其优势在于产权私有化打破了国有制垄断，为市场竞争奠定了基础，促进经济好转；政府放弃以前大包大揽的做法，通过建立完善的社会保障体系，兼顾公平，减轻了经济负担。缺点在于过分效仿欧美国家经济模式，自主创新能力较弱；且在经济运行中对一些投机行为缺乏必要监管，腐败严重，降低了经济效率。

拉美模式追求经济自由化发展，减少政府对经济的干预。主张贸易自由化，放松对外管制，推动国有企业全面私有化和金融自由化。优点在于有助于拉美国家适应经济全球化趋势，从内向型经济向外向型经济发展；通过建立相对自由的商品市场、资本市场，增加出口，大量吸收外资和引进国外技术，促进经济发展。但是拉美模式也主要是模仿英美模式，自身特色较少，自主创新能力不足，经济不稳定因素较多；另外政府对经济干预作用弱化，导致拉美国家国际收支不平衡，社会矛盾尖锐，两极分化较为严重。

3. 中国政府与市场的关系

在政府与市场的关系上，中国与西方国家存在一定的差异。"中华人民共和国成立以来，政府与市场关系的演变呈现出阶段性、长期性、现实性、演变速度差异较大"等特征，当代中国政府与市场关系演变呈三个阶段，分别是1949年至1953年的第一阶段、1953年至1978年的第二阶段和1978年至今的第三阶段。这三个阶段，政府对市场的干预力度遵循着低—高—低的变化规律。究其原因，是与新中国成立以来社会生产力的不断变化及国内外局势息息相关的。①

　　中国政府与市场关系演变历程集中体现在党的几次重要会议上。中华人民共和国成立后至改革开放以前，中国总体上是以计划经济为主。改革开放以后，党的几次重要会议上的提法，大体上体现了中国政府与市场关系的调整进程。以下是这些提法具有代表性的部分。

　　十一届三中全会（1978年12月）提出，我国经济管理体制的一个严重缺点是权力过于集中，应该有领导地大胆下放，让地方和工农业企业在国家统一计划的指导下有更多的经营管理自主权。十二届三中全会（1984年10月）提出，今后各级政府部门原则上不再直接经营管理企业。十三届三中全会（1988年9月）提出，一要进一步推动政企分开，使有条件的企业真正放开经营，二要认真完善承包制，进行以公有制为主体的股份制试点和发展企业集团试点。通过建立在国家宏观控制下的企业自主经营、自负盈亏、自我约束的机制，提高经济效益。十四大（1992年10月）提出，我国经济体制改革确定什么样的目标模式，是关系整个社会主义现代化建设全局的一个重大问题。这个问题的核心，是正确认识和处理计划与市场的关系。十四大在党的历史上第一次明确提出了建立社会主义市场经济体制的目标模式。十四届三中全会（1993年11月）提出，建立社会主义市场经济体制，就是要市场在国家宏观调控下对资源配置起基础性作用。转变政府管理经济的职能，建立以间接手段为主的完善的宏观调控体系。十六届三中全会（2003年10月）提出，更大程度地发挥市场在资源配置中的基础性作用……要继续完善国家宏观调控体系，加快转变政府职能，深化行政审批制度改革，切实把政府经济管理职能转到主要为市场主体服务和创造良好发展环境上来。十八届三中全会（2013年11月）提出，经济体制改革是全面深化改革的重点，核心问题是处理好政府和市场的关系，使市场在资源配置中起决定性作用和更好发挥政府作用。

　　中华人民共和国成立以来，中国的整个经济体制改革涉及面很广，但是都绕不开政府与市场的关系，而且常常是以这种关系为核心。特别

---

　　① 冯玉：《市场经济条件下市场与政府关系的历史变革浅析》，《经贸实践》2016年第21期。

是改革开放以后，虽然经历了不少曲折，但是整个经济体制的改革以处理好政府与市场之间的关系为主线，对政府与市场关系的认识是逐步深化的，特别是1992年党的十四大上，明确提出建立社会主义市场经济体制的目标模式，2013年党的十八届三中全会明确提出，经济体制改革是全面深化改革的重点，核心问题是处理好政府和市场的关系，使市场在资源配置中起决定性作用和更好发挥政府作用。可见，改革开放以来，中国经济体制改革的总体趋势是减少政府成分与增强市场作用并存。

4. 当前中国处理政府与市场关系

党的十九大报告指出，要加快完善社会主义市场经济体制，就必须处理好政府与市场之间的关系。

在社会主义市场经济的条件下，政府至少还需要在以下领域发挥不同程度的作用。① 第一，制度层面。为了坚持公有制为主体多种所有制经济成分共存的基本经济制度，发挥国有经济在国民经济中的主导作用，政府在所有制经济成分方面要发挥重要作用。第二，改革层面。中国政府选择的是渐进式的改革，政府在推进市场化进程的改革中承担顶层设计与组织实施的作用。第三，宏观调控。在促进经济增长和稳定物价方面，政府必须进行宏观调控。第四，中观层面。为了优化产业结构和提升经济增长质量，政府制定产业发展规划与政策等。构建现代化经济体系，正确处理政府与市场的关系，还要发挥市场经济在资源配置中的决定作用和更好地发挥政府作用。发挥政府作用的前提，就是要充分发挥市场机制在资源配置中的决定作用。在市场机制比较完善的条件下，很多事情完全可以由市场去做，不必由政府包办。过度的政府干预会进一步损害市场机制，从而会"制造"出更多的政府干预。为此，就应当加快完善社会主义市场经济体制。②"经济体制改革必须以完善产权制度和要素市场化配置为重点，实现产权有效激励、要素自由流动、价格反应

---

① 杨瑞龙：《建立现代化经济体系必须处理好政府与市场之间的关系》，《经济理论与经济管理》2018年第1期。

② 同上。

灵活、竞争公平有序、企业优胜劣汰。"① 正确处理政府与市场的关系，必须重新界定政府与市场之间的权利边界。政府干预既有成功的例子，也有失败的教训，关键是如何选择合适的政府干预的方式以及怎样把政府干预控制在适度范围之内。正确处理政府与市场的关系，还要更好地发挥政府作用，根据市场经济的内在要求把政府干预限定在必要限度内。② 因为"政府的行为对激励或抑制经济活动发挥重要作用……如果缺少来自明智的政府的积极激励，没有一个国家能够实现经济进步"。③ 但是，政府也会损害经济活动。政府的"失败可能是因为政府做得太少，也可能是因为做得太多"。④ 这就要求推动政府职能的转变，既要避免政府"懒政庸政"，也要防止政府将"无形的手"伸得过长。

二 公共经济与质量经济、效益经济

质量经济"是在数量经济的基础上，通过对每个经济增长点的把控，优化经济增长模式，提高经济产业结构，从而本质上提高经济"。⑤ 而效益经济是指经济增长中不仅注重增长数量和质量，而且注重经济增长中实现经济效益最大化。

1. 发展公共经济应当重视质量与效益

由于新中国面对的是一个一穷二白、千疮百孔的经济状况，经济发展水平极低，农业、工业和服务业都非常薄弱，人民生活困难，完整的经济体系也未构建。当时生产力发展水平低下，促进经济快速增长和做大经济规模是当务之急。中华人民共和国成立以来尤其是改革开放以来，中国的经济建设取得举世瞩目的成就。特别是2010年中国超过日本，成为仅次于美国的世界第二大经济体，而且此后一直稳居第二。当然，这

---

① 习近平：《决胜全面建成小康社会 夺取新时代中国特色社会主义伟大胜利——在中国共产党第十九次全国代表大会上的报告》，人民出版社2017年版，第33页。

② 杨瑞龙：《建立现代化经济体系必须处理好政府与市场之间的关系》，《经济理论与经济管理》2018年第1期。

③ ［英］W. 阿瑟·刘易斯：《经济增长理论》，郭金兴等译，机械工业出版社2015年版，第296页。

④ 同上。

⑤ 魏礼群：《重在经济增长数量、质量和效益相统一》，《求是》2009年第8期。

种增长以高消耗、高成本、高污染、重增长、轻效益、重数量、轻质量等为特征,必然不可持续,而且极大地影响了人们幸福感的提升。

长此以往,"资源不可接续、环境不可承载、经济不可持续,必须调整思路、转型发展"。① 我国经历了前所未有的持久的高速经济增长,但是其中也暴露出"经济结构不合理和动力不足"② 等问题。党的十八大五中全会提出"创新、协调、绿色、开放、共享"的五大发展理念,尤其是"新常态"概念的提出更是指出在新背景下要从过去单纯追求数量经济和规模经济向结构调整即"注重质量和效益转变"。③ 党的十九大更是将"推动经济持续健康发展,必须坚持质量第一、效益优先"写进了大会报告当中。

党的十九大报告指出,实现"两个一百年"奋斗目标,实现伟大复兴的中国梦,不断提高人民生活水平,必须坚定不移地把发展作为党执政兴国的第一要务,坚持解放和发展生产力,坚持社会主义经济改革方向,推动经济持续健康发展;我国经济已经由高速增长阶段向高质量经济阶段发展,主要体现在发展方式、经济结构、转换增长动力等方面。④ 党的十九大报告同时还指出,必须坚持质量第一,效益优先,以供给侧结构性改革为主线,推动经济发展质量变革、效率变革,提高全要素生产率,着力加快建设实体经济、科技创新、现代金融、人力资源协同发展的产业体系,着力构建市场机制有效、微观主体有活力、宏观调控有度的经济体制,不断增强我国经济创新力和竞争力。⑤

因此,坚持公共经济的质量和效益统一,是当前和今后中国公共经济发展规律的内在要求。发展公共经济必须在保证数量和规模的情况下,追求良好的质量和必要的增长速度。质量不合格的产品,无法形成使用

---

① 梅克保:《坚持以提高发展质量和效益为中心》,《人民日报》2015年12月25日,第7版。
② 田琳琳、李果、常绍峰:《我国改革开放以来经济增长的主要特点及反思》,《理论学习与探索》2011年第1期。
③ 吕洁华、黎雪、张滨:《新常态下经济稳定、结构优化和质量效益的关系研究》,《统计与决策》2017年第6期。
④ 习近平:《决胜全面建成小康社会 夺取新时代中国特色社会主义伟大胜利——在中国共产党第十九次全国代表大会上的报告》,人民出版社2017年版,第29—30页。
⑤ 同上书,第30页。

价值和价值,不能构成社会财富。同时,商品生产必须讲节约、讲效益,做到投入少、产出多。只有不断提高经济效益,才能有更多的剩余产品作为新的生产要素投入再生产过程、不断创造更多的社会财富。因此在追求较快增长速度时,必须着力提高经济增长的质量和效益,实现速度、质量和效益相统一。

2. 如何发展质量经济与效益经济

要发展好公共经济,统筹协调好公共经济与质量经济、效益经济的关系,不仅要坚持保持增长速度和提高质量相统一,还要通过供给侧结构性改革提高经济质量与效益。

(1) 坚持保持增长速度和提高质量效益相统一。发展公共经济,正确处理公共经济与质量和效益之间的关系,就要进一步提高经济增长质量和水平,坚持放弃高能耗、高污染、低水平重复建设。通过提高资源的利用效率和单位资源的人口承载能力,实现资源的永续利用和经济持续发展。依靠科技进步,通过引进国外的适用技术和增强自身的研发能力来杜绝资源的浪费,改善废物排放、促进废弃物的循环利用。尽量使经济发展和生活消费建立在可再生资源和能源基础上,反对超越经济发展阶段的高消费等。

(2) 推动形成全面开放新格局。党的十九大报告指出,开放带来进步,封闭必然落后。要以"一带一路"建设为重点,坚持"引进来"和"走出去"并重,遵循共商共建共享原则,加强创新能力开放合作,形成陆海内外联动、东西双向互济的开放格局。拓展对外贸易,培育贸易新业态和新模式,推进贸易强国建设。实行高水平的贸易和投资自由化便利化政策,全面实行准入前国民待遇加负面清单管理制度,大幅度放宽市场准入,扩大服务业对外开放,保护外商投资合法权益。凡是在我国境内注册的企业,都要一视同仁、平等对待。优化区域开放布局,加大西部开放力度。赋予自由贸易试验区更大改革自主权,探索建设自由贸易港。创新对外投资方式,促进国际产能合作,形成面向全球的贸易、投融资、生产、服务网络,加快培育国际经济合作和竞争新优势。[①]

[①] 习近平:《决胜全面建成小康社会 夺取新时代中国特色社会主义伟大胜利——在中国共产党第十九次全国代表大会上的报告》,人民出版社 2017 年版,第 34—35 页。

（3）通过供给侧结构性改革提高经济质量效益。"供给侧结构性改革不仅是提高经济质量和效益的基本路径，也是加快新旧动力转换的安全阀和助推器。"①

供给侧结构性改革需要做到以下六点。② 第一，通过坚持人口城镇化与土地城镇化匹配，以减缓或者消除交通拥堵、污染等一系列城市病。第二，通过重视人力资本投入，强化人力资本积累在技术研发、技术吸收和技术追赶的核心变量；转变经济增长方式，控制高污染、高消耗项目建设，防止盲目追求数量和规模；加大产业投入，强化技术在经济增长中的作用和地位，构建政产学研用协同创新机制，倡导工匠精神，培育本土产业基因等一系列措施，促进经济增长从数量型扩张向质量型提高过渡，以提高经济增长质量和效益为中心，提升全要素生产率的作用空间。第三，以自主创新为核心，加强专利权保护，促进创新驱动发展。第四，促进产业升级与战略性产业相协调，构建现代产业体系。第五，体制机制和金融体系改革并重。第六，加快以民生为导向的基础设施投资建设，实现基本公共服务均等化，促进民生工程建设与消化过剩产能相结合。

三 共享经济时代下的公共经济发展

1. 共享经济

共享经济，也称分享经济，是指"将社会海量、分散、闲置的资源通过一定平台集聚起来、反复使用，以更好地实现供需匹配，创造新的商业价值"。③ 它实际是一种"合作式消费"下的产物，是人们为了以更低的消费成本或者消费压力来获得几乎相同的资源财富而选择共享，包括代码、生活以及各种离线资产资源④。共享经济的主要特点是"个体通

---

① 2015年11月10日，中央财经领导小组第十一次会议在研究经济结构性改革和城市工作时提出：推进经济结构性改革，是贯彻落实中国共产党的十八届五中全会精神的一个重要举措。
② 吴福象：《论供给侧结构性改革与中国经济转型——基于我国经济发展质量和效益现状与问题的思考》，《人民论坛·学术前沿》2017年第1期。
③ 郭军、陈聪：《分享经济发展方兴未艾》，《人民日报》2017年8月28日，第7版。
④ Botsman, R., *What's Mine is Yours: The Rise of Collaborative Consumption*, New York, New York Harper Business Publishers, 2010.

过第三方市场平台实现点对点的直接的商品和服务的交易"。①

共享经济的兴起存在几个重要原因。第一,由于互联网等信息技术研发与应用的迅速进步和扩散,带来了网络用户的极速扩大,为共享经济提供了交流和交易平台,极大地降低了交易成本。第二,共享经济的机制和理念容易被大众接受,成为共享经济发展的主观条件。共享经济中的共享机制可以令个体自由地处分自己的财产和劳动力,进而令生活丰富多彩;同时,共享经济还模糊了生产者和消费者的界限,使自由职业合作关系更明确,商品和服务的大量消费者转化为共享商品和服务的提供者和生产者,②个体通过共享机制成为自由劳动者,劳动者的劳动价值能充分实现并完全由自己支配,社会分配因此更加趋于公平合理。正是共享机制的这一特征,很快吸引了大量的参与者。共享经济一般可分为三种类型③:一是为产品服务系统,即旨在暂时获得某物的使用权,如借用、租赁等;二是再分配市场,主要是对旧货、废弃物的再次利用,如二手货市场;三是协同式生活的方式,即共同分享或是互换使用权,如拼车、物物互换等。

2. 共享经济所存在的问题

(1) 立法滞后。近年来共享经济模式方兴未艾④,但是这种经济模式的发展主要源于民间自发,在中国仍然是个新事物,而且与其他经济模式差异性极大,尤其是商业模式和产业供给及消费方式等方面更是前所未有。这些新问题给政府税收、监管、规划、产权归属、就业服务等带来了不少挑战。并且,共享经济发展速度迅猛。而针对共享经济这种新生事物的专门立法则相对是一个缓慢的过程,这给共享经济发展带来不少成本和障碍。

(2) 理论研究滞后。对共享经济的理论研究20世纪80年代已经萌

---

① 倪云华、虞仲轶:《共享经济大趋势》,机械工业出版社2016年版,第7页。
② 刘国华、吴博:《共享经济2.0:个人、商业与社会的颠覆性变革》,企业管理出版社2015年版,第112—113页。
③ [美]雷切尔·博茨曼、路·罗杰斯:《共享经济时代:互联网思维下的协同消费商业模式》,唐朝文译,上海交通大学出版社2015年版,第87—91页。
④ 郭军、陈聪:《分享经济发展方兴未艾》,《人民日报》2017年8月28日,第7版。

芽，但是，随着 21 世纪共享经济的迅猛发展［如在 2010 年前后，随着优步（Uber）、爱彼迎（Airbnb）等一系列实物分享平台的出现］，纯粹的无偿分享、信息分享转向以获得一定报酬为主要目的、基于陌生人且物品使用权发生暂时转移的分享，使共享经济获得了巨大的发展空间和活力，① 进而理论研究也逐渐增强。中国国家信息中心还设立分享经济研究中心，并发布《中国分享经济发展年度报告》（2018 年改为《中国共享经济发展年度报告》）。但是，总体而言，理论研究与共享经济的巨大发展空间和活力还很不相匹配。

（3）监管滞后。正因为共享经济兴起的群众性面临合法性的问题，缺乏有针对性的法律法规来对其进行有效的管理，对监管问题也带来了不小压力。对于共享经济的恶性竞争、随意占用公共道路等公共资源的行为，目前监管仍然处于滞后状态。如一些打车平台提供的服务，经常游离于合法与非法之间，给监管工作带来不少挑战。再如，共享经济所提供的产品或服务质量监管也有待加强。"从滴滴打车，到滴滴打人，再到滴滴杀人"，引起了社会的广泛关注。而且，共享经济所依托的互联网是一个鼓励创新和言论自由的阵地，也给舆论监管带来了一些新问题。此外，"外部性"也是共享经济发展中不可回避的问题，在发展共享经济的今天，不可避免地带来正的或者负的外部性，而外部性导致的结果是资源配置效率损失。

（4）恶性竞争。共享经济的一个重要特征是，发展之初进行大规模投资并且通过大幅度优惠来吸引早期顾客，基于恶性竞争争夺市场份额，一旦打倒竞争对手和顾客形成消费习惯后，则通过对顾客收取高额费用，取得垄断利润。在共享经济中往往存在商业运作的庞大沉没成本，一旦在恶性竞争中失败，便会导致社会资源的极大浪费。

3. 如何在共享经济的背景下发展公共经济

（1）为共享经济的发展提供法律保障。在共享经济发达地区，首先尝试地方立法，然后逐步开展全国立法。根据其自身发展状况和消费者反馈信息，不断完善对于共享经济的立法，从法律上为共享经济的发展

---

① 郭军、陈聪：《分享经济发展方兴未艾》，《人民日报》2017 年 8 月 28 日，第 7 版。

营造一个开放、包容的市场环境。①

（2）加强共享经济理论研究。联合学术界、政府机关、民间智库、相关企业等共同开展共享经济理论研究。加强经济学、法学、管理学、伦理学、社会学、心理学等多学科交叉研究，为国家制定相关的法律法规、监管制度、产业发展规划等提供参考。

（3）完善共享经济发展的信用保障。通过完善国家信用体系的相关法律法规、建立完善统一的失信惩罚机制、完善信用信息应用机制、提高失信成本、加快培育信用市场主体、打造一批实力强大的信用评级机构和征信机构、营造良好的社会信用环境等一系列措施，建立并完善国家个人信用体系②，为共享经济的发展降低信用成本。

（4）加强监管。对共享经济提供的产品和服务质量、消费者权益、产权归属、竞争方式、产业安全等加强监管。一是加强政府监管。在"三局合一"的基础上，针对共享经济的特征成立相关子机构指导和监督产业发展。二是成立行业自律协会进行鉴定。三是通过媒体进行监管。四是发动群众进行监督。

（5）引导公共企业积极参与共享经济。由于共享经济涉及面广，涉及大量群众的投资收益、消费收益等，具有很强的公共性，因此，公共企业作为公共利益的重要提供者，应该积极参与其中。政府可以通过产业发展规划、立法引导、财政税收政策、金融支持等手段，扶持公共企业发展共享经济，引领共享经济向健康方向发展。公共企业应该在共享经济避免恶性竞争、保障产品和服务质量、规范产权归属等方面发挥表率作用。

---

① 马强：《共享经济在我国的发展现状、瓶颈及对策》，《现代经济探讨》2016年第10期。
② 同上。

第 三 章

维护公共安全

公共安全是每个公民最关心、最直接的利益所在，涉及公众生命、健康、财产等方面的安全。维护公共安全，是建设平安中国的根本保障。当前，公共安全事件易发多发，极大考量着我们在新形势下应对公共安全危机的能力。公共安全管理强调民众公共安全意识的培养、公共安全事故预防体系的构建以及安全生产责任制的落实。本章将从公共安全的理论基础、公共安全的基本领域、公共安全危机管理三方面入手，阐述公共安全的基本内容、维护公共安全的重要意义、公共安全涵盖的主要领域，以及如何有效地进行公共安全危机管理，从而更好地促进公共安全体系的建设。

第一节 维护公共安全概述

公共安全是人类社会发展和进步的必要条件。随着经济社会的不断发展，公共安全的重要性日益引起人们的关注。由于公共安全具有公共性，因此公共安全管理存在主体、客体的多元化，以及手段的多样性。公共安全作为一门新兴学科，其发展时间较短，理论体系尚在不断丰富之中。本节将从公共安全的内涵、基本特征、相关概念，加强公共安全管理的主要意义以及如何加强管理等方面进行阐述。

一 公共安全的内涵

1. 安全的内涵

在理论上，"公共安全"是一个复合概念，由"公共"和"安全"

两个概念共同构成。其中,"公共"是限定语,标明了概念的主体对象或根本属性;"安全"是主词,显示了概念的主要内涵。

在我国,古代没有"安全"一词,但"安"字却在许多场合表达着现代汉语中"安全"的意义。例如,在《易·系辞下》中,有"是故君子安而不忘危,存而不忘亡,治而不忘乱,是以身安而国家可保也"。就字义来讲,"安"字多与"危"字相对应,如"转危为安",可以说是无危则安。"全"字多指完满,无损伤、无残缺等,也可以说是无损则全。在《现代汉语词典》中,"安"的第四个意思是"平安、安全",安全指"没有危险;不受到威胁;不出事故"。①《辞海》中,对"安"的解释是"安全,稳定"。② 在西方,安全主要用"safety"和"security"来表述,"指无危险,无忧虑,以及提供安全之物、是免除危险或忧虑之物"。其中,security 一方面是指安全的状态,即没有危险,没有恐惧,另一方面是指安全的维护,即安全措施和安全机构。③

对于安全的定义有不同的表述,但多数学者认为,安全都是指向人的,"具有主观与客观二元性,即安全是客观上不存在威胁,主观上不存在恐惧。安全的主观感觉是指人们对于自己生命和相关事物的无忧和放心。安全的客观存在则是指具有对抗一切现实或者潜在威胁的实实在在的保障"。④ 即维护人的自身不遭遇危险,不受到威胁,心里不恐惧,涉及我们生产、生活领域的方方面面。显然,我们不可能用简单的定义来描述如此复杂的安全的内涵。

2. 公共安全的由来与概念

(1) 公共安全的由来。安全是人类世界共同的生存需要与生存法则。历代国家机器得以顺利运转,取决于社会安全机制作用的正常发挥。在古代的各个国家中,各种城垣、护城河、护城池、城墙、城堡、灯塔、

---

① 中国社会科学院语言研究所词典编辑室编:《现代汉语词典》,商务印书馆2007年版,第6—7页。
② 中国社会科学院语言研究所词典编辑室编:《辞海》(修订本1—4),商务印书馆1997年版,第435页。
③ 但彦铮:《国家安全学》,群众出版社2004年版,第6页。
④ 夏保成、刘凤仙:《国家安全论》,长春出版社1999年版,第3页。

航标等设施,均在一定范围或领域内发挥着维护公共安全的功能。其实,早在数千年前,我国已修筑城垣、护城河(池)等防护设施,构成古代社会最有效的公共安全保障设施,以抵御异族势力、洪水或猛兽的入侵。据《竹书纪年》记载,为抵抗大洪水带来的损害,在居住区用沙土或石头修筑一些有一定高度的城垣,用以保障百姓的生产、生活和生命安全。正是这些城垣、护城河(池),加上巡逻的卫兵,一道构成了古代的公共安全防护体系。其中,"万里长城"进一步放大了城垣的规模,在维护公共安全上发挥着重要作用。

关于公共安全的产生背景,东西方的观点存在一定的差异。在西方,学者认为对个人生命的追求一直是作为一条主线来发展的。在经过黑暗的中世纪之后,个性的张扬甚至冲破了宗教的樊篱。第二次世界大战之后,对于战争的平民问题,各国之间缔结了《日内瓦协议》,并由此发展了民防事业。正是在民防的基础上,针对严重的自然灾害,产生了如美国、澳大利亚等国家的紧急事态及其管理的研究与实践。今天这些国家的紧急事态管理不仅用于预防和应对自然灾害,也广泛运用于灾害事故、恐怖主义等人为失误与破坏所造成的严重状况。虽然所使用的概念不同,但是二者所关注的对象却是相同的,即普通公众的生命、健康和财产。在中国,先有舍生取义,后有集体利益高于一切,个人生命一直是消融于集体生命之中的。在漫长的封建社会中,虽然也有"民贵君轻"的议论,但也是从封建"家天下万事不朽"的立场出发的。新中国成立后,人民成为国家的主人,个人利益再一次淹没于人民的利益之中。在这个发展过程中,我国普通百姓与自然灾害进行艰苦斗争,但人民却很少因此而问责政府;而对于"人祸",百姓往往处于隐忍状态。改革开放使中国公共安全概念的孕生成为可能,因此,不能完全以西方的防线社会的理论来看中国公共安全的问题。①

在实践中,公共安全得以被重视,主要是公共安全危机事件所产生的严重后果而引发的。在2003年抗击"非典"(英文:SARS)的过程中,暴露了我国政府管理存在的诸多弊病特别是应急管理体系的缺失,

---

① 战俊红、张晓辉:《中国公共安全管理概论》,当代中国出版社2007年版,第16—18页。

由此进一步引发了我国政府部门对公共卫生领域乃至其他领域公共安全问题的高度重视，促进了公共安全理论研究的不断发展与实践探索的持续深入。2004年中国工程院受国务院委托，在讨论制定我国科技发展规划的会议上，将所有学科分为20个门类，其中公共安全列第9类。其研究内容包括六个方面：自然灾害、事故灾害、防恐反恐、基础设施保护、公共卫生和社会安全。2006年2月10日公布的《国家中长期科学和技术发展规划纲要（2006—2020年）》，将公共安全列为"重点领域"的第10项，并指出"公共安全是国家安全和社会稳定的基石"。新中国成立以来，我国共进行了8次科技发展规划，但公共安全领域纳入中国科技发展重点领域还是第一次，自此，公共安全得到更加广泛的关注，公共安全意识亦日渐深入人心。

（2）公共安全的概念。国际上通常从广义和狭义两个角度来理解公共安全。广义上来说，公共安全是公众的生命、健康、财产、生产和生活的安全，包括大到全球、国家、国防、社会，小到每个公民包括免受犯罪侵害等所有方面的安全，例如国防安全、信息安全、生产安全、食品安全、卫生安全、社会治安等，这部分将会在本章第二节中详细说明。从狭义来说，公共安全是指免受自然灾害的侵害、免受犯罪的侵害、保障社会治安三个部分。[①]

在国际关系领域，安全这一概念主要指的是国家安全，主要研究外部对国家的威胁。根据罗伯特·阿特（Robert Art）的界定，"安全"是指国家保卫本国不受攻击、侵略、征服和毁灭的能力。[②] 但到了20世纪70年代，安全研究常常需要考虑到威胁产生的多种国际背景，"国际安全"（international security）开始取代常用的"国家安全"概念。"布伦特报告"（Brandt Report）于1981年第一次提出看待安全问题应该用"非传统的方法"，并倡导在国际安全问题的解决中要重视"非传统安全"问题。因此，究其来源，"非传统安全"是一个与"传统安全"（security）相对的概念，传统安全主要涉及政治和军事领域内的安全威胁，最突出的

[①] 郭济：《政府应急管理实务》，中共中央党校出版社2004年版，第1页。
[②] 朱锋：《"非传统安全"解析》，《中国社会科学》2004年第7期。

是涉及国家主权和领土完整范畴内的安全威胁。自从有了国家以来，传统安全威胁就成为国家安全威胁的核心问题。而非传统安全研究的是非战争现象，关注的是社会经济和生态环境领域内的，包括信息安全问题、环境安全问题、社会安全问题、经济安全问题等。① 相比之下，传统安全倾向于将"国家"视为安全主体，而非传统安全倾向于将"人"和"社会"视为安全主体。② 此外，西方学者也用"非常规安全""非传统威胁""非传统问题"和"新安全"来指代"非传统安全"。

在国内，有学者认为公共安全是指公民全体及个人和社会安全，指社会和公民个人从事和进行正常的生活、学习、工作、娱乐、交往所必需的稳定的外部环境和秩序。它包括经济安全、学习生产和工作场所安全、公共卫生安全、环境安全、政治安全等。③ 有学者认为公共安全指社会公众享有安全和谐的生活和工作环境以及良好的社会秩序，公众的生命财产、身心健康、民主权利和自我发展有安全的保障，最大限度地避免各种伤害。④ 尽管诸多学者对公共安全的概念表述不尽相同，但其核心要义都离不开外部环境、社会秩序的维护，其根本目的是保障社会和公民个人的正常生活，乃至整个国家的安全与稳定。

3. 公共安全的基本特征

（1）公共安全是公共管理的基本职能之一。公共安全是社会发展和公共利益实现的根本前提。公共管理是社会公共组织为推进社会整体协调发展、增进社会共同利益实现，而对社会问题、社会公共事务进行调节和控制的活动，其根本使命就是服务公众，就是要关心和解决与社会公众利益直接相关的问题。如果公共安全得不到保证，社会公众的根本利益就得不到保证，社会发展和社会公共利益的实现就会受到严重影响。从这个意义上讲，公共安全是公共管理有效进行的重要前提或重要保障。

（2）公共安全体现公共管理以人为本的原则。公共管理以人为本的

---

① 陈忠伟：《非传统安全论》，时事出版社2003年版，第32页。
② 刘学成：《非传统安全的基本特性及其应对》，《国际问题研究》2004年第1期。
③ 郝永梅：《公共安全应急管理指南》，气象出版社2010年版，第3页。
④ 张燕：《公共安全治理与政府责任》，《行政管理改革》2015年第1期。

原则就是一切工作以广大人民群众的根本利益为出发点，权为民所用，情为民所系，利为民所谋。公共组织应创造安全、稳定、和谐的社会环境，保障人民群众生命和健康安全，最大限度地满足人民群众物质和精神上的公共需求，实现人的全面发展和对社会的最大贡献。这应该是公共管理第一工作原则。

（3）公共安全的广泛性和复杂性。公共安全问题是当前全世界所关注的共同问题，公共安全危机几乎威胁到每一个国家和地区。其中，公共安全的广泛性，包括两个层面的含义：一是公共安全涉及的领域具有广泛性，涉及自然、社会、国防等各个领域，公共安全危机可能在各个领域内发生；二是公共安全涉及的利益主体具有广泛性，涉及国家、社会组织或公民个人。公共安全的复杂性，主要是指公共安全危机形成的原因异常复杂，有政治的、民族的、宗教的原因，也有经济的、生产的、经营的原因，还有大自然对人类行为的报复；既有历史遗留下来的问题，又有当前出现的新问题，各种原因错综复杂地交织在一起。

（4）公共安全的公共性。首先，公共性被作为描述政府活动的基本性质与归属的重要分析工具，即应该从保证公民利益的基本点出发，制定与执行公共政策。而公共安全无疑是公民的最基本利益，因此，政府制定与执行公共政策的基本标准之一应该是维护正常的公共安全。[①] 其次，公共性作为一种现代行政精神，诸如民主、法治、公正、服务等精神。由于公共安全是受到公众最为普遍、积极关注的问题，因此它也就可能成为推动现代公共精神形成、深化的转折点。最后，现代公共性体现公平与正义。公共安全正是体现了这一点。[②]

二 公共安全与相关概念的辨析

公共安全作为一个新兴的、综合交叉型的学科，近年来受到国内外高校、科研机构、政府、企业、公众等各界的广泛关注。从不同的主体

---

① 王乐夫：《公共性——公共管理研究的基础与核心》，《社会科学》2004年第4期。
② 战俊红、张晓辉：《中国公共安全管理概论》，当代中国出版社2007年版，第18页。

出发，安全的内涵也会不同。与公共安全相关的研究主要有国家安全、社会安全、社会稳定等，这些概念之间既相互联系又相互区别。

1. 国家安全与公共安全

国家安全是现代政治学和国际关系理论中的一个非常重要的概念。国家安全是国家生存和发展最基本最重要的前提。"冷战结束后，传统安全观已转向维护政治、军事、经济、科技、文化、环境等诸多方面安全的综合安全。因此，政治安全、国土安全、军事安全、经济安全、文化安全、社会安全、科技安全、信息安全、生态安全、资源安全、核安全成为当今国家安全的重要内容。"[1] 目前，对于"国家安全"并没有一个统一的界定，其中国际关系学院刘跃进教授的观点是"国家安全就是一个国家处于没有危险的客观状态，也就是国家既没有外部的威胁和侵害又没有内部的混乱和疾患的客观状态"。[2]

归纳起来，国家安全包括国家机体的安全、生存环境的安全和意识形态的安全。随着经济社会的不断进步，国家安全的内涵、构成要素、存在形态也不断发生变化。随着国家竞争模式的不断演化和非传统安全观的兴起，国家安全涵盖的领域也不断扩展。公共安全则是指不特定的多数人的生命、健康和重大公私财产安全及公共生产、生活安全。公共安全中的公共一词是相对于国家和个人来说的，其含义与社会具有相似性。因此，公共安全与国家安全的侧重点有所不同，两者有交叉，但不等同。二者的区别如下。

（1）主体不同。公共安全是对多数（个）人安全的关注，强调的是公众的生命、健康和财产。国家安全所关注的则不同，作为国家安全的主体必然是国家本身。国家安全的短期目标是生存、是保卫自己的机体不受侵犯、不被人扼住咽喉，以维持生命的继续。其长期目标是发展，发展是繁荣和进步的源泉，是安全的基础和保障。[3] 国家安全是公共安全与个人安全的重要基础；公共安全又是国家安全的重要保障。

---

[1] 李大光：《国家安全》，中国言实出版社2016年版，第4页。
[2] 刘跃进：《国家安全学》，中国政法大学出版社2004年版，第51页。
[3] 夏保成、刘凤仙：《国家安全论》，长春出版社2008年版，第11—12页。

(2) 利益的关注点不同。公共安全，其"公共"属性，其范围可大可小，既可以是局部区域内的少数人，也可以是整个国家的全体国民，甚至是地球上的全人类，因此公共安全关注的是特定范围内公众的局部利益。国家安全，其"国家"属性，决定着它是整个国家的整体利益，因此国家安全关注的是这个国家全体国民的利益。

(3) 涉及的领域不同。国家安全包括国家肌体的安全、生存环境的安全和意识形态的安全。如前所述，国家安全的领域已经得到不断拓展，从政治、军事、领土和主权等传统领域扩展到经济、文化、科技、环境、生态、能源、信息、公共卫生等非传统领域。公共安全系统按照传统安全领域和非传统安全领域划分，共涉及传统安全领域的食品安全、生产安全、能源安全、资源安全、社会安全、经济安全等和非传统安全领域的生态安全、金融安全、信息安全、文化安全、突发事件、反恐防恐等领域。公共安全与国家安全，尽管涉及的领域存在交叉或重叠的部分，但公共安全未涉及国家传统领域的政治、军事、领土和主权安全，这是两者在涉及领域上的最本质差异。

(4) 重要程度不同。国家安全是一个综合的概念，一些看似不重要的因素都可能牵一发而动全身，甚至威胁到国家的存亡。① 公共安全虽然也十分重要，但比起国家安全，其"公共"的实际范围有可能小于国家的范围，也有可能涵盖全人类，跨越国家的边界。有一些公共安全问题对于国家安全是能够构成威胁的，但相当一部分公共安全问题不能对国家安全构成威胁或潜在威胁。②

除了区别之外，国家安全与公共安全也存在一定的联系。总的来说，当一个国家处于动乱和战争状态时，其公共安全也会一定程度上遭受破坏。另外，公共安全也为国家安全提供了相对的保障，具有一定的促进作用。

2. 社会安全与公共安全

社会安全是和谐社会的基本要求，当人们的基本生存问题得到解决之

---

① 夏保成、刘凤仙：《国家安全论》，长春出版社 2008 年版，第 6—7 页。
② 战俊红、张晓辉：《中国公共安全管理概论》，当代中国出版社 2007 年版，第 4 页。

后，对于安全的需要就凸显出来。社会安全是个体获得安全保障的重要前提。社会安全具有广义与狭义之分。广义的社会安全是指整个社会系统能够保持良性运行和协调发展，而把妨碍社会良性运行与协调发展的因素及其作用控制在最小范围内。对狭义的社会安全有两种理解。一种理解是把社会安全等同于社会保障体系的建立，其重要前提是假定社会弱势群体的基本权益如果得不到有效保障，将会对社会稳定构成威胁。另一种理解是在划分社会子系统的基础上提出的，认为所谓社会安全主要是相对于经济安全和政治安全而言的，是指除经济子系统与政治子系统之外其他社会领域的安全。①

与"公共安全"一样，"社会安全"也是一个复合概念，由"社会"和"安全"两个概念共同构成。其中，"社会"是限定语，标明了概念的主体对象或根本属性。所谓社会，是人与人形成的关系总和，是指由特定环境下共同生活的人群以及这些人群的内在关系所构成的，即个体、社会关系与环境三者的有机结合体。总的来说，社会安全主要指影响社会公共秩序和人民生命财产安全的安全问题。就其范围而言，包括社会治安、公共卫生、生活安全、生产安全、交通安全、群体性事件、恐怖袭击、民族宗教冲突、涉外突发事件、特殊群体安全事件等。就其特点而言，主要是突发性、群体性、交叉性。

公共安全相较于社会安全，其公共性更加突出。二者的区别如下。

（1）主体不同。社会安全的主体是普通的社会成员和群体，包含公共的与私人的安全利益；公共安全的主体是多数（个）人，强调的是公共的安全利益，即公众的生命、健康和财产。但是，公共安全所关注的是多数个人，亦即对普通个体生命的普遍关怀，它关注的不是属于个人的特定性安全问题。②

（2）影响因素不同。社会安全直接受经济安全、政治安全的影响，同时还受到许多更为具体的社会因素的影响，如失业、贫富差距、犯罪、

---

① 郑杭生、洪大用：《中国转型期的社会安全隐患与对策》，《中国人民大学学报》2004年第2期。
② 郭强：《论新形势下的社会安全》，《学习与探索》2016年第12期。

宗教信仰、生产事故、传染病、劳资冲突、恐怖主义、人口结构、社会信任等。然而，危害公共安全，除自然因素、社会因素之外，还包括卫生因素、生态因素、环境因素、经济因素、信息因素以及技术因素、文化因素、政治因素等。可见，公共安全的影响因素与社会安全的影响因素有相同的地方，但范围更为广泛。

（3）诱因不同。社会不安全在很大程度上体现为社会矛盾的积累、社会关系的失调以及社会冲突、社会失序。社会安全状况的持续恶化，最终导致经济、政治的不安全。相比之下，公共安全危机产生的原因较为复杂，由多种原因、多种因素、多种条件构成，并且它不以人的意志为转移，具有长期潜伏性和突发性，将会影响到公众生活、生产乃至政策决策、管理方式甚至民主政治的发展。

当然，公共安全和社会安全紧密相关，内容广泛交叉，在特定语境中可以包含对方。当一个问题作为社会问题研究的一部分，并且威胁到公共安全时，也将会进入公共安全的研究领域。例如，自杀问题，当自杀手段足以威胁公共安全，最为典型的就是当前自杀式恐怖主义行为，这就成为公共安全问题。因此，社会安全涵盖于公共安全之中，社会安全具有普遍性与特殊性，公共安全具有公共性与复杂性。

3. 社会稳定与公共安全

社会稳定是人类一直努力谋求的状态，它既是社会生活得以正常进行的必要条件，也是一个民族和国家走向兴盛的根本前提。有学者认为，"社会稳定不是指社会生活的稳而不动、静态不变，而是指社会生活的安定、协调、和谐和有序，是通过人们的自觉干预、控制和调节而达到的社会生活的动态平衡"。安全是一种特定对象不受侵害的状态，稳定是一种若干对象处于均衡的状态，因此公共安全与社会稳定存在一定的差异。

总的来说，社会稳定主要有广义和狭义两种理解。广义的社会稳定包括政治局势稳定、经济形势稳定、社会生活稳定和社会心理即人们的思想情绪的稳定。狭义的社会稳定，是指政治稳定、经济稳定以外的社会生活、社会心理和社会关系的稳定，是社会结构的一种均衡状态。①

维护社会稳定，是实现我们国家发展目标的现实需要，而公共安全作为国家安全和社会稳定的基石，二者的主要区别为以下几个方面。

（1）参与主体不同。社会稳定是一种客观的社会状态，是人们有目的地干预、控制和调节社会活动的结果。社会稳定不能依赖于社会自身的运行自然地达到，而是需要各级地方政府创造性地工作和采取有效措施才能实现，这其中离不开政府、社会组织和公民之间的密切合作与良性互动。公共安全具有公共性，主要是基于普通公众期望和要求，以政府为主导的全社会力量参与的形式。②因而，公共安全的参与主体比社会稳定的参与主体来得更为广泛。

（2）范围不同。社会稳定包括维护国家安全和主权独立等宏观大略，也包括制定社会资源和价值的再分配政策（社会福利政策、保险政策、救济政策、最低工资水平的确定和维护）以平衡社会利益；建立和维护政治性和社会性的参政议政组织，加强社会沟通、协商和监督来调节与消除社会矛盾和利益冲突；妥善处理集体上访等群体性事件，建立起化解人民内部矛盾、预防社会冲突的管理机制等的具体策略。也就是说，社会稳定更加关注建立稳定的社会格局和社会秩序，③而公共安全则是泛指，包括传统安全和非传统安全等诸多领域。公共安全管理通过运用强制性的政府权力，保证公共利益不受侵害，维护人民的生命、财产安全，维护社会秩序稳定。

（3）危害不同。公共安全强调的是公众的生命、健康、财产。例如，2003年"非典"的暴发，导致社会不稳，公民的生命、健康、财产受到极大的威胁。影响社会稳定的因素与矛盾，会使公众产生"不公平"感，进而形成消极心理，产生对政府的不满。精神层面的不满，又会影响公众的幸福感，影响公众的生活品质。社会不稳定最终将危害和谐社会的

---

① 丁水木：《社会稳定的理论与实践：当代中国社会稳定机制研究》，浙江人民出版社1997年版，第7页。

② 周仁标：《论社会稳定与地方治理》，《安徽师范大学学报》（人文社会科学版）2017年第5期。

③ 陈志勇、卓越：《加强公共安全管理的三维空间》，《兰州大学学报》2016年第2期。

构建，影响国家经济、政治、生活的发展。依据马斯洛需求层次理论，公共安全管理中对生命安全、人身安全的关注属于第二层次的安全需求，属于较基本的需求。而社会稳定对于社会秩序的需求可以是安全层面的，也可以是更高层面的尊重需求以及自我实现需求的实现。①

同时，公共安全管理与维护社会稳定也是密切联系的。安全与稳定为政府更好地发展公共经济、提供公共服务和调控公共资源奠定了良好基础。安全与稳定既是社会发展的前提，也是社会运行的保障。通过维护公共安全，维护社会稳定，才能构建一个和谐的社会。

三 维护公共安全的意义与途径

公共安全一直是人们所关注的社会问题，也是与公民健康、生命财产安全密切相关的公共问题。公共安全是人类社会发展和进步的必要条件。任何一个社会的存在和发展，都需要公共安全。② 在2015年全国社会治安防控体系建设工作会议召开之际，中共中央总书记、国家主席、中央军委主席习近平就公共安全工作作出重要指示。他强调，当前，公共安全事件易发多发，维护公共安全任务繁重。政法综治战线要主动适应新形势，增强风险意识，坚持多方参与、合作共享、风险共担，坚持科技引领、法治保障、文化支撑，创新理念思路、体制机制、方法手段，推进公共安全工作精细化、信息化、法治化，不断提高维护公共安全能力水平，有效防范、化解、管控各类风险，努力建设平安中国。各级党委和政府要把公共安全作为重要民生工作抓紧抓好，把公共安全工作放到经济社会发展大局中谋划，加快构建全方位、立体化的公共安全网，切实承担起促一方发展、保一方平安的政治责任。

公共安全以保障人民生命财产安全、社会安定有序和经济社会系统的高效运行为核心目标，其在性质上应该是为公众服务的。公共安全的公共性，要求一个现代责任政府担负其职责，履行其基本职能；要求政

---

① 陈志勇、卓越：《加强公共安全管理的三维空间》，《兰州大学学报》2016年第2期。
② 吴鹏森：《公共安全的理论与应用——改革以来我国公共安全研究综述》，中国人民公安大学出版社2014年版，第8页。

府活动应该保证从公民利益的基本点出发，制定与执行公共政策。公共安全作为一种公共物品提供，体现了以人为本的原则，是最基本的民生。因此，加强公共安全的管理对全社会成员的生产和生活质量有重要意义。

1. 维护公共安全的意义

（1）维护公共安全有利于社会发展。随着社会的发展，自然灾害的频发，公共安全问题日益凸显，一些危害公共安全的事件频频发生，使我们认识到公共安全的重要性。建立完善的公共安全体系，能够及时、有效地对公共安全状况进行科学评价，对于维护社会稳定和经济快速发展具有十分重大的意义。① 公共安全的好坏与国家稳固、社会和谐、人民幸福息息相关，是国家安全管理治安防控的重要所在，是政府部门提升公共管理水平、保障人民幸福安康的重要条件，它影响着国家经济的快速发展、社会治安的有条不紊以及人民群众的安定，是公共管理部门和人民群众都非常关心的公共热点。加强公共安全的认识及管理，有利于推动公共安全建设、促进社会发展、维护国家稳定。

（2）维护加强公共安全有利于政府职能转变。亚当·斯密在《国富论》中指出：政府只有三项重要而且是人们都能理解的责任，包括保护社会、尽可能保护每个社会成员、建设并维护某些公共事业或公共设施。② 可见，公共安全和稳定是政府职能的重要组成部分。从风险社会的政府责任监督而言，公共安全应该是作为一种公共物品提供的。公共安全作为一种公共物品向公民提供，有利于祛除政府在提供公共安全过程中的强制性色彩和暴力特征，增强人性化特征；有利于政府职能从传统的阶级统治职能，逐渐转向现代工业社会的社会管理职能和后工业社会的社会服务职能；有利于强化政府角色的公共服务性，政府与公民社会的合作共治性及政府在提供公共安全过程中与服务对象的协作互动。③

（3）维护公共安全有利于民主政治的发展。公共安全是受到公众最为普遍、积极关注的问题，因此，它也就最有可能成为现代公共精神形

---

① 战俊红、张晓辉：《中国公共安全管理概论》，当代中国出版社 2007 年版，第 19 页。
② ［英］亚当·斯密：《国富论》，郭大力、王亚南译，华夏出版社 2005 年版，第 494 页。
③ 陈道银：《风险社会的公共安全治理》，《学术论坛》2007 年第 4 期。

成、深化的转折点。公共精神要求逐步实现政府与公民的平等化、行政权力受到保护又受到制约、政府行政既有效率又有责任、民众驱动行政等，强调政府行政的民众参与合作。① 同时，随着民主政治的发展，使得民意得到了充分的反映与实现。人们生活水平的提高，使得他们开始转向关注一些社会热点，并积极地参与到政治生活中去，某种程度上激起了公共意识的觉醒。由于现代政府责任的有限性，需要呼吁和推动更多的非政府部门广泛地参与到公共安全领域。一方面，民主政治制度不断完善；另一方面，社会的民主法治意识不断提高。

2. 维护公共安全的途径

（1）加强公共安全知识与意识的宣传教育。公共安全潜在的危机常常不易被察觉，在人们毫无思想准备的情况下突然爆发。安全工作的基础，首先在于预防，而预防的前提是搞好宣传教育培训，这就是我们常说的"预防为主""教育先行""防患于未然"。所以，在日常生活中，学校、社区、企业、各级单位都要进行公共安全宣传教育，开好安全动员会，全员发动，层层宣传，大力提高公民的安全意识。同时，充分利用网络平台，例如 QQ、微信、短信、微博等，加大公共安全宣传力度。另外，应理论与实践相结合，在做好安全知识教育的同时，积极开展各种演练，提高公众面对公共安全危机时的应对能力与避难技巧。

（2）强化公共安全管理的伦理道德。在加强公共安全管理中应遵守四个道德原则：人权原则、公正原则、高效原则和文明原则。第一，公共安全管理的人权原则是其追求的基本价值之一，政府的公共安全管理应当保障所有人的人权，把促进所有人的人权保障和发展作为人类改善生活的核心和终极价值。第二，政府必须平等地对待所有的公民，承认每一个公民都享有平等的权利，政府应该公平地保障所有社会成员的生命财产安全，以实现最大多数人的利益为价值选择。尤其是在危机时刻，还应该注重保障弱势群体的利益，政府在施政的过程中必须做到规则普遍适用上的平等以及法律面前人人平等。第三，公共管理伦理的高效原

---

① 张成福：《论公共行政的"公共精神"——兼对主流公共行政力量及其实践的反思》，《中国行政管理》1995 年第 5 期。

则要求，以政府组织为主导的公共管理部门或机构应当且必须为公共社会提供足够丰富的公共安全产品，以满足全体公民对社会物质生活条件不断增长的需要，同时创造一种公正、稳定、良序的社会公共秩序。第四，公共安全管理伦理的文明原则首先应当是制度文明，制度的设计与执行都应当公平公正，也就是公共安全管理者应当依据制度平等地对待每一个人。其次，公共安全管理的文明原则应当是文明执法，以人为本的。①

（3）加强政府在公共安全治理中的作用。追求社会公共利益最大化是政府与社会合作共同治理的最终目的，但共同目标支持下的集体行动不可避免会陷入目标分散和行动分歧的集体行动困境之中，需要政府强而有力的引导和凝聚作用。政府要在尊重多元主体平等地位的基础上，促进参与主体相互信任关系的建立，培育和维护充满公共理性和责任感的公共精神。② 要培养责任共担意识，首先，政府要通过危机制定和完善公共安全管理法律体系，这种体系应该是有层次的，为多渠道共同参与和承担各自责任提供规范。其次，培养和加强市民的危机意识，在不断地训练中培养危机和自救责任。最后，培育非政府社会组织，为人们参与公共安全管理提供途径，并为展开自救和建立社会危机基金等提供平台。③

2018年3月根据第十三届全国人民代表大会第一次会议批准的国务院机构改革方案设立了中华人民共和国应急管理部，作为国务院组成部门，并于2018年4月16日正式挂牌。应急管理部是按照《深化党和国家机构改革方案》，在国家安全生产监督管理总局职责的基础上，整合了9个单位相关职责及国家防汛抗旱总指挥部、国家减灾委员会、国务院抗震救灾指挥部、国家森林防火指挥部职责。其目的是防范化解重特大安全风险，健全公共安全体系，整合优化应急力量和资源，推动形成统一

---

① 谢玉申：《社会主义和谐社会中公平与效率的经济伦理意蕴》，《湘潭师范学院学报》（社会科学版）2007年第1期。
② 宋慧宇：《论政府在公共安全治理中的凝聚作用》，《天府新论》2017年第4期。
③ 叶国文：《危机管理：西方的经验和中国的任务》，《上海城市管理职业技术学院学报》2003年第3期。

指挥、专常兼备、反应灵敏、上下联动、平战结合的中国特色应急管理体制，提高防灾减灾救灾能力，确保人民群众生命财产安全和社会稳定。

（4）加强公共安全技术的研发与创新。追求安全，是人类最基本的需求之一，自"9·11"事件以来，国际上对公共安全科技的重视度迅速提升，欧盟委员会认为："若无技术的支持，安全绝不可能到来。"① 公共安全操作作为一门技术，运用现代安全防范的技术装备，采用各种技术措施和组织措施，消除各种不安全因素，确保公共安全和社会的稳定。预防安全事故和灾害事故的发生，必须从技术的层面去实施或考虑，或者是以技术为主即强化技防，用具体的方法和手段，达到确保安全稳定的目的。公共安全技术具有独特性、复杂性和交叉性，公共安全科技在国家公共安全治理体系和治理能力现代化进程中发挥着支撑和引领作用。丰富公共安全科技手段，提高公共安全科技水平，提升公共安全技术水平，才能切实维护公共安全。随着科技水平的不断提升，人工智能、物联网、机器人等技术的飞速发展，科技可以在安全监测、预警、预报和处置上发挥人类所无法企及的作用。因此，需要加大安全技术的研发投入，持续开展安全技术创新。只有科技先行，"安而不忘危、治而不忘乱"，才能为国家长治久安编织一张全方位、立体化的公共安全网。

第二节 公共安全的基本领域

公共安全是相对于"私人的安全"来说的，其"公共"属性，一方面强调公共部门所负的社会责任和义务，另一方面强调公众的参与性。国家行政机关进行公共安全管理，其目的是维护社会的公共安全状态，保障公民的合法权益以及社会各项活动的正常进行。

一般说来，公共安全包含着国家安全、社会安全、人身安全的不同层次。公共安全存在诸多划分维度，比如，从公共安全事件的类型来划分，可以分为自然灾害、事故灾难、公共卫生事件、社会安全事件。从

---

① 范维澄、刘奕、翁文国、申世飞：《公共安全科学导论》，科学出版社2013年版，第1—17页。

公共安全涵盖的领域入手，可以细分为国防安全、信息安全、生产安全、食品安全、卫生安全、社会治安、金融安全、能源安全、环境安全、生态安全、交通安全、公共场所安全、生命财产安全等。本节主要介绍前六种，即国防安全、信息安全、生产安全、食品安全、卫生安全、社会治安。

一　国防安全

古人视礼义为维护社会国家的安全力量，必须严格遵行，防止逾越，称为国防。今日指为保卫国家的主权、领土完整和安全，防御外来的武装侵略和颠覆所采取的一切措施。国防安全，作为国家安全的重要组成部分，是关系到国家生存与发展的重大战略问题，自然会影响到特定公众的安全，因此是公共安全的基本领域之一。

1. 国防安全的定义

国防安全，是指国家为防备和抵抗侵略，制止武装颠覆、恐怖分子等，保卫国家的主权、统一，领土完整和安全所进行的军事活动，以及与军事有关的政治、经济、科技、外交、教育等方面的活动。

对于国防安全的界定，主要是指国家防务处于没有风险的客观状态，没有外来侵略和颠覆，不需要进行军事及各方面争斗的客观状态。国防安全的属性既包括本国内部的安全，也包括国家外部的安全。其中，国防内部威胁主要包括国内的会直接危害到国家生存，造成国家不安全的因素；外部的侵略和颠覆主要是指处于一国之外的其他社会存在对本国造成的威胁和侵害。①

2. 国防安全的构成要素

国防安全的构成要素主要分为观念要素、经济要素、军事要素、科技要素、外交关系和国际形势等。

（1）观念要素。国际安全形势和国家安全环境的新变化，引领着安全观念与时俱进。树立正确的国防观念，把国防安全意识从国家、军队的层面融入每个公民的层面，扩大国防安全观的影响范围，提高全体公

---

① 迟俊杰：《中国国防安全构成要素的博弈论分析》，吉林大学硕士学位论文，2011年。

民的国防安全意识。

(2) 经济要素。经济要素是一国国防安全的基础构成,经济制度决定国防活动的性质。和平时期要想维护国防安全,关键在于正确认识和处理好经济建设与国防建设的关系。

(3) 军事要素。军事是国防的主要手段,最具有威慑性和有效性。军事要素基本包括军事人力、武器装备和后方勤务等。

(4) 科技要素。包含科学和技术两大方面,科学技术是推动现代生产力发展的重要力量,同时也是构成国防安全的重要因素。

(5) 外交要素。外交,是一个国家在国际关系方面的活动,外交是争取国际道义力量的重要手段,一国的外交政策取向对本国的安全环境发挥着不容忽视的作用。

(6) 国际形势。一个国家的国防不可能脱离其他国家而独立存在于国际格局中,国防安全受其他国家的军事行为、国防战略影响。

二 信息安全

21世纪是信息化的时代,是信息价值凸显的时代,所有的团体和个人都要进行信息的输入与输出,信息的价值与作用在各个领域受到越来越广泛的重视,由此信息安全也逐渐成为重要问题。信息安全是国家安全、公共安全的重要组成部分,已经上升到与政治安全、经济安全、领土安全等并驾齐驱的战略高度。近年来,互联网技术在全球迅猛发展,给人们提供了极大的方便,同时也带来了日益严重的信息安全威胁,如网络的数据窃贼、黑客的侵袭、病毒发布者,甚至系统内部的泄密者。

1. 信息安全的定义

在物理学层面,信息是指通信系统传输和处理的对象。在社会层面,信息泛指人类社会传播的一切内容,有时又称为"消息""资讯"或"情报"。本书介绍的信息安全,更多的是指社会层面的信息概念。

信息安全是一个广泛和抽象的概念。信息安全是指信息系统(包括硬件、软件、数据、人、物理环境及其基础设施)受到保护,不受偶然的或者恶意的原因而遭到破坏、更改、泄露,系统连续可靠正常地运行,信息服务不中断，最终实现业务连续性。从公共安全角度而言，纳入信息安全管理的"信息"，简言之，是指具有保密性质的特定信息，这些信息能被他方恶意利用，且一旦被他方利用，将给本国家、组织或公众带来不利影响，甚至是严重的安全威胁。主要包括政府公共部门制定的具有战略性、保密性的政策内容，或者科研组织（人员）的核心技术机密、重大研发成果，以及其他能够影响国家或公众利益且只能在特定范围知晓的专门信息。

2. 信息安全的威胁与管理

信息安全的任务是保护信息财产，以防止偶然的或未授权者对信息的恶意泄露、修改和破坏，从而导致信息的不可靠或无法处理等。信息安全的威胁，主要可以分为：物理安全威胁、通信链路安全威胁、网络安全威胁、操作系统安全威胁、应用系统安全威胁、管理系统安全威胁。[①] 信息安全管理主要包括以下五方面的内容，即需保证信息的保密性、真实性、完整性、未授权拷贝和所寄生系统的安全性。网络环境下的信息安全体系是保证信息安全的关键，包括计算机安全操作系统、各种安全协议、安全机制（数字签名、消息认证、数据加密等），直至安全系统，只要存在安全漏洞便可能威胁全局安全。

随着计算机网络技术的发展和普及应用，全球信息化已成为人类发展的大趋势。由于网络具有连接形式多样性、终端分布不均匀性和开放性、互联性等特征，使得信息安全问题日益突出。信息安全成为涉及社会生活各个领域的一个核心问题。同时，新数据、新应用、新网络和新计算成为今后一段时期信息安全的方向和热点，尤其是物联网和移动互联网等新网络的快速发展给信息安全带来更大挑战。

三　生产安全

生产是经济社会运转的重要基础。在生产与安全两者的关系中，一切以安全为重，安全是首位。安全生产工作事关最广大人民群众的根本

---

① 高常水、史春腾、唐梓午：《我国信息安全产业发展态势及对策研究》，《科学管理研究》2013年第3期。

利益，事关改革发展和稳定大局，为此需要加强安全生产监督管理，防止和减少生产安全事故，保障人民群众生命和财产安全。近年来，国内外重特大生产事故不断发生，造成了惨重的人员伤亡和财产损失。因此，需要进一步提高对安全生产工作极端重要性的认识，强化安全生产"红线"意识，加强监管，落实安全生产责任制，推进加强安全生产的法治化建设、科学化管理和规范化运行，维护良好的劳动环境和工作秩序，保障经济发展与社会稳定。

1. 生产安全的定义

生产安全指采取一系列措施使生产过程在符合规定的物质条件和工作秩序下进行，有效消除或控制危险和有害因素，无人身伤亡和财产损失等生产事故发生，从而保障人员安全与健康、设备和设施免受损坏、环境免遭破坏，使生产经营活动得以顺利进行的一种状态。[1]《辞海》中将"安全生产"解释为：为预防生产过程中发生人身、设备事故，形成良好劳动环境和工作秩序而采取的一系列措施和活动。

一般意义上讲，生产安全是指在社会生产活动中，通过人、机、物料、环境、方法的和谐运作，使生产过程中潜在的各种事故风险和伤害因素始终处于有效控制状态，切实保护劳动者的生命安全和身体健康。也就是说，为了使劳动过程在符合安全要求的物质条件和工作秩序下进行的，防止人身伤亡、财产损失等生产事故，消除或控制危险有害因素，保障劳动者的安全健康和设备设施免受损坏、环境免受破坏的一切行为。因此，安全生产的本质核心是保护劳动者的生命安全和职业健康，其根本要求是生产必须安全，安全是生产的前提条件。

2. 生产安全管理与衡量指标

从流程上看，生产安全管理工作大致分为三个阶段，即事前预防、事中应急和事后调查处理。在这三个工作过程中，最重要的是预防阶段。应急、处理工作做得再好，也不如控制、减少，甚至是杜绝安全事故的发生。

衡量一个国家或一个地区的安全生产情况有以下三个指标。

---

[1] 第九届全国人民代表大会发布：《中华人民共和国安全生产法》，2002年。

（1）事故总量。比如事故发生的次数是上升的还是下降的。

（2）相对风险度。相对风险度就是风险水平，一般用每十万人的死亡率作为衡量的标准。国际劳工组织把十万人风险水平分三个等级，第一个等级是在 5 以下，美国是 3.9 到 4.0，日本是 2.7 到 2.8，英国只有 0.8，而其他一些欧洲国家更低，都在 1 以下；第二个等级是 5 至 10 之间，这些国家大多数经济发展速度比较快，比如韩国；第三个等级就是 10 以上，像非洲的一些国家和印度。

（3）重大事故的发生频率。尤其是一次死亡 100 人、50 人、30 人、10 人以上的事故发生的频率。[①] 对于具体生产组织而言，安全生产指标应该更为具体，通常采取人员死亡、财产损失、生产事故发生率等指标。其中，生产事故发生率又进一步细分到交通、水、电、火、特种设备、有毒气体等领域的发生率。

四　食品安全

民以食为天，食以安为先。食品安全无小事，一粒米一桌餐，牵动着千家万户，关乎人民群众的身体健康和生命安全。随着经济的快速发展和物质的极大丰富，注重食品安全、倡导健康生活已成为社会共识。

1. 食品安全的定义和内容

《中华人民共和国食品安全法》第十章附则第九十九条规定：食品安全指食品无毒、无害，符合应当有的营养要求，对人体健康不造成任何急性、亚急性或者慢性危害。食品安全问题是"食物中有毒、有害物质对人体健康影响的公共卫生问题"。从这个意义来说，食品安全主要是指食品质量上的安全保障，但对于一个国家或地区，食品安全还有食品数量上的安全问题，即一个国家或地区能够生产社会公众基本生存所需的膳食需要，要求人们既能买得到又能买得起生存生活所需要的基本食品。

食品安全也是一门专门探讨在食品加工、存储、销售等过程中确保食品卫生及食用安全，降低疾病隐患，防范食物中毒的跨学科领域。食品安全也包括动植物种植、养殖、加工、包装、储藏、运输、销售、消

---

① 李敬：《安全生产重在预防》，《计算机世界》2008 年第 13 期。

费等活动符合国家强制标准和要求,不存在可能损害或威胁人体健康的有毒有害物质以导致消费者病亡或者危及消费者及其后代的隐患。该概念表明,食品安全既包括生产安全,也包括经营安全;既包括结果安全,也包括过程安全;既包括现实安全,也包括未来安全。

2. 食品安全的管理

我国食品安全政府管制模式经历了计划经济时期的政府集权模式和转型时期的政府主导模式两个阶段。计划经济时期,建立的是高度集权的国家控制体系,政企不分,国家社会高度一体化,国有企业是食品生产的主体,生产安全的食品在很大程度上是政府的责任,各行业主管部门既直接参加食品企业的生产又对食品企业实施管理监督。转型时期的政府主导模式,管制制度也未能及时地建立和完善起来,加上食品生产技术越来越复杂,食品生产从简单的手工作坊到现代高科技方式同时存在,管理难度大,管制方式单一,手段也只限于行政干预,缺少市场力量、社会中介、行业自律等多种途径和力量的参与,政府管制水平较低,效果有限,食品安全问题日益凸显,导致食品安全问题频发。

食品安全涉及从农田到餐桌整个食物链的任何环节。为做好食品安全管理,首先需要构建权责清晰的责任体系,避免各个责任主体之间在问题出现以后互相推诿,造成监管缺位;其次需要提高食品生产者的"红线"意识,不断提高食品生产者自身素质,把遵法守法变成自觉行为,这才是解决问题最根本的方法;最后需要完善食品安全监管体系,充分利用大数据手段,实现构建一个政府、媒体、第三方机构、公众多元主体共同参与的食品安全社会共治体系。

五 卫生安全

可持续发展需求把"人的安全"置于核心地位,而频发的跨域公共卫生危机使卫生安全成为全球治理的重大议题。卫生安全的宗旨是捍卫人类健康,重点是消除、防范和应对各种能够跨境传播、严重危害公众健康或具有潜在灾难性毁伤力的公共卫生安全威胁,这些威胁主要是传染病、抗生素耐药性、空气污染和核生化事件。

1. 卫生安全的定义

卫生安全，指的是最大限度地减少人类对跨越地理区域的、危害集体卫生安全的严重公共卫生事件的脆弱性而采取的主动或被动的行动。换言之，卫生安全指的是为防止传染病大范围扩散或生物恐怖活动对人类卫生造成的威胁而进行的情报和医学应对措施及其所形成的相应机制。

卫生安全的立足点是主权国家的卫生安全，国际政治失序、脆弱国家存在、财富分配失衡、地球退化与气候变化，以及贸易过程中不安全的食品药品等均是影响全球卫生安全的重要因素。[①] 维护卫生安全是一项复杂的系统性工程，涉及诸多要素，需要政府部门进行顶层设计，从源头抓起，并采取有效的治理手段。

2. 卫生安全威胁的主要类型

卫生安全具有三个层面内涵：居民个体的生命与健康，主权国家的卫生安全以及世界范围的公共卫生安全。公共安全面临的威胁主要表现在以下几个方面。

（1）传染性疾病。人类文明的进步是在与各种传染性疾病的抗争中取得的。在20世纪，人类防治传染病取得许多历史性成果，如消灭了天花。不过，医学的飞速进步无法摆脱传染病的魅影，这个堪比世界大战的"杀人能手"一直没有停止作恶。例如，1982年才获得正式命名的艾滋病已经杀死3500多万人，另有3670万人染病。2001年以来数轮新发或再发传染病造成的疫情，尤其是2003年的"非典"（SARS）、2012年的"中东呼吸综合征"、2014—2015年的西非埃博拉、2016—2017年的黄热病等给人类造成了极大的伤害。

（2）抗生素耐药性。按照世卫组织定义，当细菌、病毒、真菌和寄生虫等微生物发生改变，使用于治疗它们所引起感染的药物（包括抗生素）变得无效，就出现了抗生素耐药性。细菌繁殖和进化的速度比人类快百万倍，且能通过基因突变适应新环境，所以，任何抗微生物新药问世后都难以避免耐药性。2016年4月，美国国家军事医学中心确认：美国境内发现首个无法被任何已知抗生素治愈的"超级病菌"感染病例，

---

① 徐彤武：《当代全球卫生安全与中国的对策》，《国际政治研究》2017年第3期。

而此前这种情况已经在欧洲、亚洲、非洲和南美洲出现。

（3）空气污染。世卫组织依据最新空气质量模型测算的结果表明：地球上92%的人生活在空气质量（特别是PM2.5颗粒物浓度）不达标的地方。仅2012年空气污染造成的死亡就达650万例。在刚开始工业化进程的非洲，1990—2013年，因户外空气污染致死的人数增加了36%。空气污染带来的不仅是死亡和劳动力的减少，也打击了经济，造成全球每年5万多亿美元的福利损失，这相当于印度、加拿大和墨西哥三国的国内生产总值之和。

（4）核生化事件。这里所说的核生化事件与战争无关，仅指各种因为自然作用、意外、事故及故意运用核生化手段造成的事件。它们可能在生理和心理上持久损害公众健康，毁坏财产与环境，严重危及国家和地区的政治、经济与社会安全。人类和平利用核能事业不断遭遇到从"潘多拉盒子"中跳出的恶魔，最令人胆战的是泄漏出的核辐射——无论是核电站事故，还是层出不穷的辐射源丢失、被盗事件，都使人类笼罩在这个梦魇阴影之下。大规模核泄漏不仅是公共卫生灾难，还让经济和社会付出巨大代价，甚至引发执政危机。

六 社会治安

社会治安形势的好坏始终是社会各界关注的焦点。近年来，受各种因素的影响，社会治安形势变得更加复杂。正确把握当前社会治安形势，需要分析影响社会治安稳定的突出问题和社会治安形势呈现出来的主要特点。正确把握社会治安形势是为了更好地驾驭社会治安局势。

1. 社会治安的定义

社会治安是指社会在一定的法律、法规及制度的约束下而呈现的一种安定、有秩序的状态或状况。评估治安形势，是主观见之于客观的认识活动，是警方和公众相互作用的价值判断。社会治安问题是影响社会治安稳定的因素之一。社会治安问题指影响社会安定的各种矛盾、因素。治安事件是指群体或个人为了满足特殊需要或者达到特殊目的，利用或选择适宜的场所、时机和环境，通过实施违法犯罪或采取不正当手段，导致或促使事态加剧、扩大，从而扰乱、破坏社会治安秩序的群体越轨行为。为了维护社会治安稳定,国家暴力机关要依照国家法律法规,依靠群众,运用行政手段,维护社会治安秩序,保障社会生活正常进行。

2. 影响社会治安的因素

当前,某些方面的治安问题比较突出,社会丑恶现象屡禁不止,暴力犯罪和团伙犯罪时有发生,群体性治安案件不断出现,已成为影响社会稳定的突出问题。归纳起来,影响当前社会治安的因素主要有以下几个方面①。

一是体制转型期产生的社会震荡。我国已逐渐由原来的计划经济体制向新型的社会主义市场经济体制转型。商品经济具有两重性。一方面促进社会经济活力,另一方面严重地冲击原有的价值准则和社会秩序,导致价值观的异化,成为引发犯罪的思想渊源。另外,在社会转型过程中,价值观的多元化,又在客观上增加了社会控制的困难。

二是收入差距拉大扭曲了利益需求取向。在发展社会主义市场经济条件下,社会的利益分配格局正在发生变化,其中产生了一定的社会分配不公和个人收入悬殊的现象,从而产生了各种利益集团之间的冲突与矛盾,利益冲突的加剧必然使违法犯罪行为增多。

三是大规模社会人口流动产生的附带性社会治安问题。改革开放后,随着经济与社会的发展,人口开始大量流动,而流动人口的管理和各项配套工作一时跟不上,在很大程度上处于无序的状态,给社会治安、交通运输、市容卫生等各项管理工作带来了严重的冲击。在此背景下,城市公共安全保障已成为社会普遍关心的问题。清华大学公共管理学院院长薛澜教授在接受《科学时报》记者采访时表示,影响城市安全的因素很多,其中有一个关键因素大家关注还不够,这就是城市定位问题。这个问题在我们国家当前进入城市化快速发展时期,尤其值得关注,因为我们今天对某个城市的定位很有可能会在将来的50年、100年对这个城市的安全问题产生影响。②

---

① 李杰超:《浅析影响城市社会治安的相关因素》,《城市建设理论研究》(电子版)2013年第24期。

② 黄明明:《城市公共安全保障关键在明确城市定位》,《科学时报》2010年8月4日,第1版。

四是政府职能转换期内产生的社会调控能力弱化。中国现阶段由于经济与社会的发展变化太快，转型时期的社会控制很难适应这种变化的需要，在诸多社会控制领域表现出明显的控制乏力甚至失控的状态。

五是国际犯罪活动对国内产生的冲击。改革开放以来，境外敌对势力的渗透、破坏活动加剧，对我国社会治安有一定的影响和冲击。

六是公安机关是"严打"斗争主力军，但是综治体系还不够完善，缺乏一套完整的工作机制。

七是法制、综治宣传力度不够，法制综治宣传形式单一，警示作用不强，以致有些群众遇到困难问题，或者自身权益受到侵害不能或不善于运用法律手段解决。

正是上述因素的存在，要从根本上实现社会治安面貌的明显好转，必须趋利避害，努力掌握新形势下治安工作的规律和特点，积极探索做好社会治安工作的新办法、新思路；必须最大限度地动员一切可以利用的力量，调动社会各方面和广大人民群众的积极性，形成多层次、多渠道的中国特色的社会治安管理长效机制。只有这样，才能真正实现标本兼治，进而实现整个社会的长治久安。

第三节　公共安全危机管理

公共安全危机管理，是政府部门的主要管理职能之一。在我国进入社会转型新的历史阶段时，各类公共安全事件不断发生，直接考量我们在新形势下应对公共安全危机的能力。当前，政府所面临的环境越来越复杂，各种矛盾和竞争错综复杂，稍有不慎，便会触发公共危机，严重影响着社会的稳定和经济的发展。因此，需要加强公共安全危机管理，树立安全发展理念，弘扬生命至上、安全第一的思想，在社会的各个领域从公共安全事故的预防体制建设、应急反应直至安全事故的控制与善后处理，加快建立和完善公共安全体系，完善安全生产责任制，坚决遏制重特大安全事故，提升防灾减灾救灾能力，建设平安中国。本节主要对公共危机管理相关内容进行分析。

一　公共安全危机管理的内涵

1. 公共安全危机管理的概念

公共危机管理学科正式形成于 20 世纪 60—80 年代的美苏争霸时期，这个时期主要由于第二次世界大战结束不久，美苏又处于全球争霸格局，局部冲突不断，加上社会的进步带来了日益复杂的社会问题以及环境破坏，自然灾害频发等，使得危机管理成为政治学、经济学、社会学、管理学研究的重要问题。在此背景下西方学者纷纷投入研究中，并将"研究领域从传统的政治领域向经济、社会领域扩展，从自然灾害领域向公共危机管理领域扩展"①，同时形成了公共危机管理分支学科，此后公共危机管理研究迅速发展起来。

当前，关于公共危机管理（或称为"应急管理""灾难管理"），国内外学者各有着不同的看法。司格乐（Cigler）认为，"应急管理，是一个完善政策和实施计划的过程，目的是使人们的生命和财产避免自然和人为危险的风险或应对这种风险"。② 皮克特和布劳克（Pickett & Block）认为"应急管理的目的就是对危机作协调统一反应，包括预防或缩小可能的威胁；当不能防止的时候能够快速有效地反应；尽可能快地恢复常态"。③ 吴兴军认为："公共危机管理是公共管理的一个重要领域，它是政府及其他公共组织在科学的公共管理理念指导下，通过监测、预警、预防、应急处理、评估、恢复等措施，防止和减轻公共危机灾害的管理活动"，并认为"政府是公共危机管理的责任人"。④ 张小明认为："公共危机管理是指对公共危机的管理，其管理主体既包括政府部门、非政府公共部门（NGO），也包括企业等私人部门，甚至也可以将公民个人涵盖在内。"⑤ 马建珍指出："政府危机管理就是在危机意识或危机观念的指导

---

① 孙多勇、鲁洋：《危机管理的理论发展与现实问题》，《江西社会科学》2004 年第 4 期。
② 转引自强恩芳《危机、公共危机和公共危机管理》，《行政论坛》2008 年第 1 期。
③ 同上。
④ 吴兴军：《公共危机管理的基本特征与机制构建》，《华东经济管理》2004 年第 3 期。
⑤ 张小明：《从 SARS 事件看公共部门危机管理机制设计》，《北京科技大学学报》（社会科学版）2003 年第 3 期。

下，对可能发生或已经发生的危机事件进行信息收集、信息分析、问题决策、计划制订、措施制订、控制协调、经验总结的系统过程。"[①]

综上所述，本书认为公共危机管理是政府和其他社会组织通过监测、预警、预防、应急处理、评估、恢复等一系列措施，预防潜在的危机，处置已经发生的危机，来达到防止或减轻损失，快速恢复生产生活秩序，保障公民生命财产安全的管理活动。公共安全管理是一个动态的过程，是一项持续性的活动。

2. 公共安全危机管理的特点

公共危机的出现具有突发性，其种类具有多样性，产生的原因也具有复杂性；并且，一旦出现，具有较大的破坏性或危害性。因此公共危机管理也存在一些显著的特点。根据公共危机管理概念，可以总结出以下几个特点。

（1）效率性。公共危机管理的客观对象是突发性灾难事件，一旦危机发生，公共危机管理部门必须在尽可能短的时间内做出反应，力争危机不扩大、不升级、不蔓延。

（2）强制性。为保证危机管理的有效性，从事公共危机管理的管理者及其管理活动，包括公共危机状况与发展态势的信息发布、政府对公共危机的应对与处置意见、实施要求等，必须具有权威性，这是危机管理的内在要求和原则。强制性权力是公共权力主体在公共危机管理中的重要手段，政府可以运用行政紧急权力，根据解决危机事件的需要，采取一系列紧急措施。

（3）阶段性。公共危机管理是一套系统的过程和循环。在危机发生的不同阶段，公共危机管理部门采取的措施是不同的。公共危机管理的重点在于预防，力争将危机控制在萌芽之中。公共危机应对是公共危机管理中最核心、最具挑战性的活动。

（4）协同性。公共危机种类是多方面的，涉及面是广泛的，产生的原因也是复杂多样的。在公共危机管理活动中，必须依靠政府部门、社会组织、公民个人协同努力，才能有效应对公共危机。

[①] 马建珍：《浅析政府危机管理》，《长江论坛》2003年第5期。

(5) 人本性。在公共危机管理当中,要以人为本、以人的生命安全为重、以人的生存环境为要。用最有效的措施保护人,尽最大的努力拯救人的生命,是公共危机管理的最高准则。公共危机管理的整个过程和一切活动,必须以此为根本出发点。

二 公共安全危机管理的类型与分级

公共安全危机管理主要是对危机事件进行处置,因此加强对危机事件的认知也尤为重要,如对危机类型、危机事件级别的认知,这是开展公共安全危机管理的重要基础。

1. 公共安全危机的类型

公共危机管理是针对各类公共危机的管理。在综合前人所做的划分的基础上,对危机分类做了以下归纳(如表3—1)。

表3—1 危机类型一般划分概览[①]

划分标准	相应的危机类型
动因性质	自然危机(自然现象、灾难事故)/人为危机(恐怖活动、犯罪行为、破坏性事件等)
影响时空范围	区域危机、国家危机、全球危机
主要成因及涉及范围	政治危机、经济危机、民族危机、宗教危机
采取手段	和平的冲突方式(如静坐、示威、游行等)/暴力性的流血冲突方式(恐怖活动、骚乱、暴乱、国内战争等)
特殊状态	核危机/非核危机
是否可以预测	可预测性危机、不可预测性危机

2. 公共安全危机的分级

不同层次的公共危机在严重程度上可划分为不同的等级。对危机事件进行分级,可为危机管理所需动员的资源和能力提供基本的依据,以下介绍了比较有代表性的美国和中国的公共危机分级情况。

---

① 杨安华:《近年来我国公共危机管理研究综述》,《江海学刊》2005年第1期。

（1）美国公共危机分级。2001年"9·11"恐怖袭击事件发生后，美国建立了一套五级国家威胁预警系统，用绿、蓝、黄、橙、红五种颜色分别代表从低到高的五种危险程度（见表3—2）。

表3—2　　　　　　　　美国国家威胁预警系统

颜色	威胁程度	采取的行动
红	严重	动员紧急救护队，并布置工作人员评估紧急需要
橙	很高	地方、州和联邦机构开展协调工作，加强公众的安全工作
黄	较高	加强对重要地方的监视活动及对威胁的评估工作
蓝	警戒	检查紧急程序，通知公民所要采取的必要措施
绿	低	保持安全培训和准备状态

根据"绿、蓝、黄、橙、红"的五级分类，美国将其威胁程度分别定为"低、警戒、较高、很高、严重"。绿色的低级别，表示处在应对不安全的准备状态；蓝色的警戒级别，表示处在应对不安全的检查紧急程度与通知公民采取必要措施的工作状态；黄色的较高级别表示处在应对不安全的直接监视与对威胁进行评估的工作状态；橙色的很高级别，表示处在应对不安全的地方、州和联邦机构协调并动员公众行动的工作状态；红色的严重级别，表示处在动员紧急救护队、布置相关人员评估紧急需要，并采取随时启动紧急行动的工作状态。

（2）中国公共危机分级。在中国，根据危机事件的性质、严重程度、可控性和影响范围等因素，一般可分为四级：Ⅰ级（特别重大）、Ⅱ级（重大）、Ⅲ级（较大）和Ⅳ级（一般）（见表3—3）。具体划分依据如下。①

①一般危机事件，表示其影响限制在社区和基层范围之内，可被县级政府所控制。

②较大危机事件，表示后果严重，影响范围大，发生在一个县以内

---

① 浙江省人事厅编：《公共危机管理》，浙江人民出版社2008年版，第15—18页。

或是波及两个县以上，超出县级政府应对能力，需要动用市级有关部门力量方可控制。

③重大危机事件，表示其规模大，后果特别严重，发生在一个市以内或是波及两个市以上，需要动用省级有关部门力量方可控制。

④特别重大危机事件，表示其规模极大，后果极其严重，其影响超出本省范围，需要动用全省的力量甚至请求中央政府增援和协助方可控制，其应急处理工作由发生地省级政府统一领导和协调，必要时由中央统一领导和协调应急处理工作。

表3—3　　　　　　　　中国突发公共事件的级别划分

突发公共事件	Ⅰ级（特别重大）
	Ⅱ级（重大）
	Ⅲ级（较大）
	Ⅳ级（一般）

三　公共安全危机管理的阶段及过程

1. 危机管理阶段论

当前关于危机管理的阶段论，常见的主要有以下几种。第一种是斯尼德和戴生（Snyder and Diesing）创建的二阶段论，将危机分为前危机阶段和危机阶段。第二种是努纳马科等（Nunamaker et al.）创建的三阶段论，将危机分为潜伏阶段、爆发阶段、恢复与检讨阶段。第三种是四阶段论，但是关于四阶段不同的研究人员有不同的分段标准，美国联邦应急管理局（FEMA）将危机发展过程分为"疏缓阶段（Mitigation）、准备阶段（Preparedness）、回应阶段（Response）和恢复阶段（Recovery）"；[①] 查尔斯和金（Charles and Kim）认为危机管理是一个四阶段的循环过程，这四个阶段分别是：事情爆发之前的疏缓阶段、事情爆发前的准备阶段、

[①] 何海燕、张晓苏：《公共危机管理概论》，首都经济贸易大学出版社2006年版，第45页。

事情爆发中的回应阶段和事情爆发后的恢复阶段；芬克（Fink）将四阶段分为"征兆期（Prodromal Crisis Stage）、发作期（Acute Crisis Stage）、延续期（Chronic Crisis Stage）和痊愈期（Crisis Resolution Stage）"①。第四种是英国学者布兰克利（Blackley）创建的五阶段论，将危机分为评估（Assessment）、预防（Prevention）、准备（Preparation）、回应（Response）与恢复（Recovery）阶段。当前这些阶段论，各自都有着一些支持者，其中以四阶段论最为流行并被接受。

2. 危机管理过程

危机管理阶段的确认对加强公共危机管理有着重大的意义，其有助于明确危机管理过程的管理主体应该采取的措施，从而把控好危机，达到管理目的。以下根据最为流行的四阶段论，对公共危机管理过程进行分析。

（1）事前的预防与准备阶段。公共危机管理过程中事前阶段正是对可能发生的危机事件进行管控以及应对准备，其主要从五点着手。其一，进行风险防范。对可能的危险源进行管控，排查可能存在的隐患，对其进行脆弱性分析，评估其风险系数，尽可能地将风险扼制住。其二，进行预案管理。自上而下的政府部门，要编制不同层级的预案，并根据预案进行演练，同时还要根据实际情况的变化对预案进行修订更新。其三，进行救援队伍的建设。危机事件的处置，往往不是单靠某一群体就能处理好的，还需要社会其他群体的参与，因此，在进行准备时要做好专、兼职应急队伍，志愿者队伍，专家库，军队武警等的建设。其四，做好应急保障。危机的处置还需要财物的投入，准备好相应的应急物资，做好特殊情况下的通信和技术准备等。其五，做好宣传教育。有关危机事件的防范和急救宣传是极为重要的，好的宣传既可以加强社会公众对危机的认知，形成一定的预防能力，同时又能提升公众的自保能力，真正实现危机管理的目的，维护社会正常的生产生活秩序。此阶段的预防与准备正是公共危机管理过程的重点。

（2）事发的监测与预警阶段。对危机事件的监测和预警是极为关键

---

① 王珉：《公共危机管理》，中国传媒大学出版社 2008 年版，第 8 页。

的，良好的监测与预警可以避免危机事件的升级，甚至实现转危为安。做好监测与预警工作主要从以下四点着手。其一，做好事件监测。完善好监测网络，监控好危险源，及时准确报送信息。其二，做好信息评估。主要是组织专家以及相关人员对获取的实时数据和信息，进行会商分析。其三，做好事件的预警。通过实际情况确定预警级别，同时发布预警信息，以及采取预警措施，以此来加强公众对事件的了解，减少公众的恐慌，稳定社会秩序。其四，响应行动。采取适当的措施规避风险，抑制事件升级扩大，减少损失。

（3）事中的处置与救援阶段。对危机的处置与救援是公共危机管理中最核心和最具有挑战性的活动，也是最需要上下协同的部分，其主要从以下六个方面着手。其一，做好先期处置工作。这时主要是抢救遇险人员、控制危险源、封锁危险场所等临时应急控制工作。其二，做好信息报送工作。主要对危机事件的有关信息进行报送，坚持做到首报要快、续报要准、终报要全，从而让事件处置者尽快掌握事件，有效处理事件，同时也满足公众的知情权，尽可能地避免公众在拥有的信息上存在不对称性，使得公众对事实的真相了解更全面。其三，快速评估事件。据报送上来的信息进行快速评估，评估其可能的影响范围、可能造成的损失、事件发展趋势等，从而采取针对性措施，有效处置危机。其四，做好决策指挥。关于决策指挥包括临机决策、现场指挥、资源调配、专家参与、紧急征用借用、临时救助安置等，这是最为考验救援队伍的协调性的。其五，社会动员。主要是调动社会群体的力量来帮助救援，组织管理好参与救援的群体以及物资。其六，信息发布。通过新闻媒体，甚至现场沟通等，向公众发布救援情况，引导好社会舆论。通过这些措施积极有效地处置危机事件。

（4）事后的恢复与建设阶段。恢复与建设是危机管理的最后阶段，其主要包括以下四点。其一，善后处理。主要是对应急结束后的现场进行清理、秩序进行恢复、设施设备进行修复以及重建，同时限制事件升级。其二，救助补偿。主要做好政府补偿、保险理赔、事后安置、救援物资的统筹分配管理、争端解决等。其三，心理救助。对受害者、遇难者家属和救援人员等给予必要的心理危机干扰和安抚。其四，调查评估。

针对事故进行调查，认定责任人员并问责，同时总结经验教训，反思整改，避免再犯。

四　转型期我国公共安全危机管理新变化

1. 转型期我国公共安全危机的新特点

转型时期的我国正处于社会结构、经济体制、社会思想等深层次的变革，特殊时期的特殊国情决定了我国公共危机呈现出一些新的特点。

（1）危机事件领域呈现多层次性。在经济生活领域，经济虽然飞速发展，但是呈现不平衡性，造成了多个社会问题；日常生活领域，城乡发展不平衡，生活资料和生产资料的分布不均等，造成了社会问题的凸显，例如教育失衡，生活水平失衡；在公共管理领域，由于我国长期的历史特点，政府在适应当代社会主体发展的同时要努力转变自身定位，政府职能的界定，与何种社会力量的配合等都成为亟待解决的问题；国际上，中国和平崛起，各种国际力量的牵制和控制，以及突发的各种国际性经济政治冲突等，都预示着中国有可能面对的种种外交危机。①

（2）危机震动频度增大。"危机事件的发生往往涉及社会不同利益群体，敏感性、连带性很强，聚集效应明显，而且随着社会信息化的发展，传播渠道多元化，不法分子有机可乘，利用各类高科技的信息技术支持，制造各种谣言惑众，煽动群众采取过激行为。危机波动方式朝着多元的方向发展，危机事件可能引起的震动频度明显增大。"②

（3）公共危机事件国际化程度加大。"经济全球化和世界一体化背景下，危机事件已不再局限于一地、一国，而是日益走出国门，走向国际。一方面，国内的极端个人及组织与各类国际势力紧密勾结，互为呼应；另一方面，随着中国的稳定发展，中国公民在境外的人身、财产安全也常常受到威胁，成为各类恐怖组织的目标。"③

---

①　张永理、李程伟：《公共危机管理》，武汉大学出版社2010年版，第288页。
②　薛澜、张强、钟开斌：《危机管理：转型期中国面临的挑战》，《中国软科学》2003年第4期。
③　张永理、李程伟：《公共危机管理》，武汉大学出版社2010年版，第289页。

（4）网络公共危机事件频发。"网络公共危机是指在网络上出现，借助网络进行传播和扩散的，危及全体社会公众的整体生活和共同利益的突发性事件。随着我国互联网的发展，网络成为人们宣泄对社会矛盾不满的重要渠道，网络公共危机事件的发生也越发频繁。与传统公共危机相比，网络公共危机更加错综复杂，具有鲜明的特征，包括：爆发的突发性和紧急性；发生原因的不确定性；发展的易变性；传播速度快；影响的社会性和过程的不可控性，以及结果的破坏性。"①

2. 转型期我国公共安全危机管理面临的新问题

2003年"非典"危机事件以后，我国政府高度重视危机处理能力建设，使得政府的危机处理能力有了显著提高。但是我们还应看到进步背后还存在诸多不足之处。首先，制约中国危机处理能力的体制性障碍并未根本消除，与危机管理水平发达的美国、日本等国还有不小的差距。中国政府特有的条块体制所造成的公共危机管理过程中条块协调机制的困境就是危机管理机制中亟待解决的关键问题之一②。其次，政府和社会之间的合作治理还不够深入。随着对公共危机破坏性的认识逐步提高，政府有关部门对公共危机管理也越来越重视，但是公共危机管理中，主要是政府唱"独角戏"，公众、第三方组织参与度不高，难以找到切入点，双方合作治理的机制有待建立健全。最后，网络公共危机舆情管理有待加强。当前，新媒体已经逐渐渗透到公众生活、社会治理、公共服务等层面，成为公众行使知情权、参与权、表达权和监督权的渠道。网络舆情引导的有效与否，直接影响到政府组织的形象塑造、公众核心价值的构建，因此需要完善互联网信息内容管理的法律法规，依法治理网络空间，有效管理网络舆情。

3. 转型期我国公共安全危机管理的优化路径

完善转型期我国公共危机管理，可以从以下几个方面入手。

（1）做好公共安全管理的顶层规划。公共安全涉及领域广，影响因

---

① 陈华栋：《转型期中国网络公共危机管理对策研究》，上海交通大学出版社2014年版。
② 刘星：《论我国公共危机管理过程中的条块协调机制》，西南政法大学博士学位论文，2012年。

素多，需要宏观层面的有效管理与统一指挥。此前，我国公共安全管理的职责分散在多个部门中，这样不利于整合力量、统筹行动。因应加强公共安全管理的需要，经中国共产党十八届三中全会决定，于 2013 年 3 月 17 日正式成立了中央国家安全委员会，简称"中央国安委"或"国安委"。中央国家安全委员会作为中共中央关于国家安全工作的决策和议事协调机构，统筹协调涉及国家安全的重大事项和重要工作。同时，作为国家安全最高决策应对机构，中央国家安全委员会首先要进行顶层规划，完善国家安全体制，为国家安全研究拟订长远的战略，审议重大问题，这样有助于提高国家安全协调层级，可以整合方方面面的资源，统筹安排维护国家安全。2018 年 3 月设立的应急管理部，整合了多个部门的职责，这也是从国家层面要解决公共安全管理顶层规划问题的又一重大举措，其核心目的就是要健全公共安全体系，提高防灾减灾救灾能力，确保人民群众生命财产安全和社会稳定。

（2）加强政府部门之间的协调。"公共危机的治理需要的是一个基于目标一致的联系紧密的政府合作体。我国现有的公共危机管理纵向权力结构必须调整，首先要完成公共危机管理权力的自上而下的让渡，实现中央向地方的放权。其次，应该加强横向的区域内地方政府合作机制。这就要求现有的各地公共危机管理部门的结构与功能重组，建立其超越行政区划和行政级别的政府联动反应机制，具体包括七个统一，即预防预警、应急演练、应急处置、调查评估、信息发布、应急保障和区域救援等工作方面的统一。"①

（3）完善地方政府危机管理体制。"地方政府必须有权威的决策指挥系统，以确保公共危机发生后能够迅速取得各个部门的支持，协调和调动区域内的各种资源和力量。在管理战略、政策和机制的常态化进程中，地方政府应将公共危机管理的职能整合到各部门的职能体系和日常工作中，建立统一领导、分工负责协调的危机管理体制。主要需做好以下工作：其一，进一步完善各类突发事件应急预案，特别要抓好基层，督促

---

① 姚尚建：《区域公共危机治理：逻辑与机制》，《中国行政管理学会 2008 年哲学年会论文集》2008 年第 7 期。

并帮助事故多发地区、人员密集地区的社区、农村、重点企事业单位等的应急预案编制工作;其二,推动应急信息平台建设,尽快形成统一指挥、功能齐全、运转高效的应急救援机制;其三,组织培训和应急演练,提高指挥和救援人员的应急管理水平和专业技能,增强公众的危机意识和自救、互救能力。"① 同时,要加强风险治理,站在"治理"的高度,整合多方力量,充分提高风险管理工作的战略高度,促使其朝着风险、应急与危机管理并重的整合式公共安全治理模式转变。②

(4)构建公共危机的协同治理模式。公共危机所具有的影响范围广、震动频度大等特点,决定了公共危机管理的主体不能仅仅局限于政府一方,还应该包括非政府组织、企业、公众等社会主体。公共危机协同治理可以从以下几个方面入手:其一要转变观念,由管理理念向协同治理理念转变,政府部门要重新定位自身角色,鼓励公众参与;其二要建立协同治理机构,形成一个多元治理主体参与、责权对等、扁平化的应对网络;其三要做好应急处置资源的投入与保障;其四要构建协同治理机制,包括决策机制、资源整合机制与保障机制、善后处理与评估机制等内容。③

(5)做好网络公共危机的防治。网络是公共治理的有效手段之一,同时也是舆情监管的难点与重点。做好网络公共危机防治,一是要明确岗位与责任人,做好网络舆情的监测、跟踪与分析;二是要推进网络公共危机的法制建设,加大对网络造谣、传谣等行为的处罚力度;三是要加强网络自律宣传教育,提高网民的自律意识与社会责任;四是要做好网络舆情的科学、规范引导,既保障网民的知情权、表达权和监督权,又把握好言论自由和及时干预之间的度;五是要组织有关专家或第三方专业组织,定期开展网络公共危机测评。

总之,维护公共安全,是建设平安中国的根本保障。正如清华大学

---

① 范丁元:《转型期我国地方政府公共危机管理问题研究》,山东师范大学硕士学位论文,2014年。

② 薛澜、周玲、朱琴:《风险治理:完善与提升国家公共安全管理的基石》,《江苏社会科学》2008年第6期。

③ 沙勇忠、解志元:《论公共危机的协同治理》,《中国行政管理》2010年第4期。

公共安全研究院教授、中国工程院院士范维澄在 2018 年 6 月 2 日"中国城市改革开放发展四十年"主题年会上表示的:"健全公共安全体系是重大而紧迫的历史使命。"从国家层面而言,维护公共安全就是维护国家安全。党的十九大报告关于国家安全论述最突出的亮点,就是把"国家安全观"纳入习近平新时代中国特色社会主义思想。通过加强公共安全管理,综合应用管理、文化,以及大数据、云计算、物联网、移动互联网和人工智能等科技这三方面的手段,构建强有力的公共安全保障网,以有效保障社会和公民个人从事和进行正常的生活、工作、学习、娱乐和交往所需要的稳定的外部环境和秩序。

第四章

提供公共服务

公共服务是 21 世纪公共行政和政府改革的核心理念,包括加强城乡公共设施建设,发展教育、科技、文化、卫生、体育等公共事业,为社会公众参与社会经济、政治、文化活动提供保障等。公共服务强调以合作为基础,强调政府的服务性,强调公民的权利。本章将从公共服务的基础理论、公共服务的内容及公共服务的前沿主题三方面着手,研究如何建构公共服务的基础理论框架以及如何创新公共服务的提供机制和方式,从而更好地促进"服务型政府"建设。

第一节 提供公共服务概述

公共服务是 20 世纪 80 年代以来西方政府改革与治理的核心理念。基于文献归类、对比分析方法和不同学者对公共服务的不同定义,我们总结了公共服务的定义及特点,并对公共服务及几个相近概念(公共产品、公益服务、社会服务、公共事业以及私人服务)进行比较并加以辨析,进一步通过对公共服务的价值分析,明确其对于社会、个人等主体的作用,同时鉴于公共服务的复杂性,我们选择了国外具有代表性国家的公共服务的发展模式进行剖析。

一 公共服务的内涵分析

1. 公共服务的定义

一般认为,公共服务概念最先由 20 世纪初法国公法学者莱昂·狄骥作出比较正式的解释和界定。他从社会对公共服务需要的角度论证了政府权力的来源与正当性，以此作为公法的基础，将公共服务定义为"任何因其与社会团结的实现与促进不可分割而必须由政府来加以规范和控制的活动就是一项公共服务，只要它具有除非通过政府干预，否则便不能得到保障的特征"。① 由于当时时代背景和知识的局限，狄骥对于"公共服务"的内涵界定偏向于法治的核心作用，不仅指出政府是传统公共服务提供的唯一合法主体，而且将政府控制与公共服务的内涵直接等同起来。现在来看，这种定义过于狭隘，但狄骥对于公共服务内涵的探索让我们发现了"公共服务"的基本发源脉络。

当前学界对公共服务概念的认识分为三个角度。第一个角度认为公共服务是公共物品的一部分；第二个角度认为公共服务等于公共物品，这一观点是从公共物品理论来定义公共服务；第三个角度认为公共服务比公共物品范围宽泛，本书也是从这个角度分析公共服务的概念。综合国内外学者的观点，本书将公共服务定义为"以政府等公共部门为主为满足社会公共需要、供全体公民共同消费与平等享用而提供的产品与服务的总称，它的内容包括教育、文化、卫生、科技、社会保障、就业等方面"。

2. 公共服务的特点

（1）多元化的供给主体。基本公共服务主体指基本公共服务的生产与供给者。首先，政府应承担基本公共服务供给的主要责任，但对这种供给责任的理解应是保证会有服务，而不一定直接生产服务。也就是说政府在基本公共服务供给中的主导地位可以是直接生产公共产品，也可以是由政府出资购买由非营利组织或私营部门生产的公共产品，同时加强对公共产品质量的监管，以满足社会成员基本人道生活的公共需求。其次，非营利组织也是基本公共服务供给的有生力量。政府在基本公共服务供给中的职能是弥补和纠正市场缺位与失灵，但政府并非万能，由于缺乏有效的管理和激励，也可能导致基本公共服务水平的低下和数量短缺，形成"政府失灵"。这就迫切需要打破基本公共服务供给中的政府

---

① ［法］莱昂·狄骥：《公法的变迁》，郑戈译，中国法制出版社2010年版，第33页。

垄断，发挥非营利组织的作用，广泛调动社会力量参与基本公共服务的生产与供给，建立政府与社会合作的多中心治理结构。同时，也要适度引进基本公共服务中的市场竞争机制，通过"特许经营""合约外包"等形式将部分准公共产品和特殊私人产品，如交通、电信、邮政、基础设施建设等，委托给企业等多种市场主体，形成市场竞争机制。这样既可以借助社会资源提高基本公共服务的生产能力，又可以通过价格机制显示公众对于基本公共服务的真实需求。①

（2）服务对象的普遍性。基本公共服务的对象是全体社会成员和组织。由于公共物品的"非竞争性"和"非排他性"，因此享有基本公共服务是每一位公民的权利。每个公民都享有公共服务的权利，公共服务应面向全社会。建立人人共享的基本公共服务体系，是各国基本公共服务的目标。

（3）多样化的服务内容。基本公共服务的内容根据公共产品的不同可以分为纯粹公共物品，混合性公共物品，以及带有生产的弱竞争性和消费的弱选择性私人物品的生产与供给。也可以根据政府的职能分为维护性基本公共服务、经济性基本公共服务、社会性基本公共服务。多样化的分类表明基本公共服务的内容丰富，范围广泛，几乎与民生相关的领域都离不开基本公共服务。

（4）公平、公正的价值追求。基本公共服务的目的是满足公共需求，维护公共利益。这就注定了基本公共服务的价值追求应是公平优先，兼顾效率。在社会发展进程中，市场机制是资源配置最基本、最有效的制度安排。然而市场机制的作用重在实现机会平等和规则平等，但在促进社会公平正义方面却存在失灵现象。基本公共服务通过社会财富再分配的手段保障民众的基本权利、满足民众的基本需求，有利于建立成果分享机制，缩短贫富之间、城乡之间、区域之间的差距，增进全社会福祉。

---

① 姜晓萍、吴菁：《国内外基本公共服务均等化研究述评》，《上海行政学院学报》2012年第13期。

二　公共服务与相近概念比较分析

由于公共服务的概念界定及其与相近概念的区分众说纷纭，且大众对公共服务的理解与实际相差甚远，因此针对理论与实践中遇到的问题，本书对公共服务及其相近概念的界定进行科学归纳和系统辨析。

1. 公共服务与公共产品

通常的观点认为两者是同义词，如"公共服务与公共产品是相等同、可互换的概念，或者说，公共服务就是提供公共产品的活动"。① 认为两者有区别的观点主要有两种。一种是按照产品和服务有形与无形的区别来划分公共产品和公共服务，认为公共服务是一种非实物形式的公共劳务，不包括有形公共产品，从而将公共服务定义为"为了公共利益的需要，而向不特定社会大众提供的兼具非营利性和非实物形式的服务"。②另一种观点认为，二者无论是范围还是学科属性都存在区别。如柏良泽从行政学视角认为，政府提供的公共服务的范围要大于公共产品，包括特殊的私人产品、有益品、混合物品和中间品等；③而从学科分野的角度，"两个概念在外延上有所交叉，却分属于不同的学科。公共物品是一个经济学术语，公共服务是一个政治学术语"。④

2. 公共服务与公益服务

在中文中二者字面意思最为相近，某些情形下被当作可替代的同义词使用，例如政府购买公共服务有时也被表述为购买公益服务。但也有学者意识到二者的不同因而并列使用，如认为应"让政府直接生产市场不能自动提供的某些纯公共服务、公益服务"。⑤ 通常在以下几种语境下使用公益服务而不使用公共服务。一是非营利组织提供的服务；二是全

---

① 张序：《"公共服务"和"公共"性语群》，《四川日报》2011年2月9日第7版。
② 易志、汪晓林、王丛虎：《政府购买公共服务的几个基本概念界定》，《中国政府采购》2014年第4期。
③ 柏良泽：《"公共服务"界说》，《中国行政管理》2008年第2期。
④ 黄新华：《从公共物品到公共服务——概念嬗变中学科研究视角的转变》，《学习论坛》2014年第12期。
⑤ 句华：《公共服务中的市场机制——理论、方式与技术》，北京大学出版社2006年版，第45页。

面反映事业单位提供的所有服务；三是志愿、慈善性质的服务，例如"将警察岗位职责外提供的志愿性便民服务称为公益服务"。① 可见，公益服务的使用范围比公共服务要更加宽泛。

3. 公共服务与社会服务

英国学者理查德·提特穆斯（Richard M. Titmuss）于 1951 年在其《论福利国家》一书中首次提出了社会服务（social service）概念。社会服务也"称为福利服务或社会工作，具体是指由公共或者私人提供的，以帮助处于社会不利地位、相对弱的人或群体为目的的服务"。② 社会服务主要指社会自发的不以营利为目的志愿性服务，但是，在某些语境中也被当作与公共服务含义相当的概念，如认为任何政府都有阶级统治、社会管理、社会服务及社会平衡这四大分立的职能，③ 所以，"社会服务职能可以看作政府的公共服务"。也有学者借鉴联合国对政府公共服务职能的划分，将政府提供的公共服务分为"维持性公共服务、经济建设服务和社会服务"。④

4. 公共服务与公共事业、公用事业

公共事业是一个与企业相对的概念，在我国主要指事业单位，习惯上将事业单位提供的服务称为公共服务或公益服务。目前，最容易与公共事业混淆使用的是公用事业。公用事业是提供基础设施和公用设施的服务，这类服务在市场经济体制下一般由企业经营并通过市场提供，如供水、供暖、供气、供电、高速公路、公共交通和公用通信等，由于在我国传统体制下这类可经营性的服务也多划归事业单位，因此也常被称为公共事业或公共服务。其实，这一类由企业提供的经营性服务显然与作为政府职能提供的公共服务存在性质上的不同。国外注意到了这一差别，对像电信行业这类的经营性服务，没有将其归入公共服务，而是使

---

① 杜晋丰：《对人民警察"公益服务"职能的思考》，《政法学刊》2002 年第 2 期。
② 参见柴瑞章、任曦昱《社会服务理论与实践发展脉络探析》，《社会福利》（理论版）2013 年第 10 期。
③ 施雪华：《政府权能理论》，浙江人民出版社 1998 年版，第 192 页。
④ 汤敏轩、李习彬：《政府公共服务职能的科学界定》，《国家行政学院学报》2004 年第 5 期。

用了"普遍服务"(universe service)这一概念,并概括了三个基本特征:服务的普遍性、接入的平等性及用户的承受性。

5. 公共服务与私人服务

本节的服务指社会性服务,这里的私人服务也是指私人提供的面向公众的服务。第一,私人服务可以而且大多以营利为核心目的,即追求自身利益的最大化,而公共服务则不能。私人会按照市场竞争法则去选择有利于其获利的服务项目,对于那些不能获利的服务,则会消极供给,而公共服务则不能这样。作为一项公共服务,首先需要考虑公共需要得到满足。第二,私人服务本身并不关注公平问题,而公共服务则以公平为主要目标。私人服务的质量与顾客的经济地位密切相关,许多企业以消费潜力高的顾客为专门的服务对象,这并不会对一般的社会公平造成损害。但如果公共服务也进行效仿,则会导致社会不公。这就是说,公共服务是具有普遍意义的,不能被少数人所专享。第三,私人服务的顾客群体是清晰的,而公共服务的顾客则是模糊的。为自己的顾客提供优质服务是私人服务的必然选择,因为失去顾客就等于减少盈利。但公共服务却不受顾客保有战略的驱动,因为顾客就是公民,无所谓失去。由于公共机构通常服务于大量的、不同的目标群体,导致对其顾客群体的界定十分困难。第四,私人服务会对顾客抱怨做出更多更快的回应,而公共服务则不然。因为抱怨处理和补偿对私人服务的运作至关重要,高效的私人服务往往将顾客投诉与企业发展结合起来,其目的是尽量不失掉任何一个顾客。而公共服务则较少这种担忧,所以公民的意见可能迟迟得不到回应,久而久之,顾客抱怨的主动性会逐步降低。第五,私人服务仅靠市场机制就能形成均衡价格,并且会被有效率地提供出来,而公共服务则无法依赖单纯的市场机制完成产品交换,通常需要引入非市场的力量。同时,私人服务可以有不同的定价,即根据不同顾客群体的要求来划分服务档次,并为那些愿意支付额外费用的顾客提高服务品质。然而,在公共服务领域,仅靠市场机制极易造成价格扭曲或者供给不足,因此通常需要一定程度的政府干预,包括价格补贴或价格管制。[①]

[①] 汤敏轩、李习彬:《政府公共服务职能的科学界定》,《国家行政学院学报》2004年第5期。

三 提供公共服务的价值分析

人们享受到的公共服务水平从一个侧面反映了一个国家或地区的经济社会发展水平。一定历史时期的社会发展状况都可以在公共服务这个层面得到集中的展示。公共服务作为满足社会公共需要的基本途径,其对于公民个体和社会发展的作用主要体现在以下几个方面。

1. 公共服务满足人的公共需要

基本公共服务通过为社会成员提供基本公共服务推动社会的可持续发展,发挥基本公共服务"帮助人们实现潜能的作用"。[①] 譬如,教育是公民及其被监护人,即他们的子女所需要的,他们可以从受教育中得到某种满足,并有助于他们的人生发展。如果教育过程中使用了公共权力或公共资源,那么就属于教育公共服务。但是,诸如执法、监督、税收、登记注册以及处罚等政府行为,虽然也同公民发生关系,也是公民从事经济发展与社会发展所必需的政府工作,但这些类别的公共活动却并不是在满足公民的某种直接需求,公民也不会从中感到享受,只是公民活动的间接公共需求的满足,所以类似政府行为都不是公共服务。

首先,人的发展是社会发展的目的。人是社会主体,人生活于其中的社会结构是社会客体,人与社会结构之间正是这样一种社会主体和社会客体的关系。人即社会主体的发展是目的,而社会结构即社会客体的发展是手段。手段服务于目的,社会发展最终要为人的发展服务。在社会发展的实践中,公共服务应该最终立足于人的发展,包括人的生存状态的改善和各方面需要的实现。其次,公共服务通过满足人们物质和精神方面的需要,是社会获得存在的合法性依据。生产力是社会发展的根本动力,而需要和利益是社会生产不断向前发展的内在动因。任何社会变革归根结底都必须重新调整人们的利益关系,以促进和推动社会生产的发展,在物质生产力发展的基础上不断改善人的生存条件、生活质量,提高人的素质,以满足人们在经济、政治、科学、技术、文化、教育以及卫生、医疗、住

---

① 张秀兰、徐月宾、梅志里:《中国发展型社会政策论纲》,中国劳动社会保障出版社2007年版,第8页。

房、交通、安全、保险等方面的实际需要,而公共服务尤其是社会性公共服务正充分地体现了这一点。再次,公共服务的成果是社会发展的支撑力量。社会发展与社会主体的需要满足和实践活动密切相关。恩格斯强调指出,社会发展应包括"物"的生产和"人"的生产两方面。其中,"人"的生产更为根本,因为"物"的生产归根结底是为了人,社会发展中忽视人的价值,那社会发展就会变成畸形。而人的发展主要有三个内容:"一是人的基本需要的满足;二是人的素质提高;三是人的潜能发挥。而公共服务归根结底是为了促进人的全面发展。"①

2. 公共服务是提高人的可行能力的重要条件

人的全面发展,重要标志之一是人的可行能力的提高。人的基本可行能力对人的自身发展具有极端重要性,也对其他方面的可行能力提高具有举足轻重的影响。教育和健康方面的基本公共服务直接影响人们教育水平和健康水平的提高。教育落后直接制约着个体的技能,他们不得不陷入"收入水平低→人力资本投资不足→谋生能力差→收入水平低"的恶性循环。公共就业服务,不仅意味着稳定的收入来源,还关系到人的尊严和自信。基本社会保障服务则为人们提供基本的安全感,而且有可能影响家庭对子女教育的投资和下一代人的可行能力。②

3. 公共服务是维护社会公平的基本途径

公共服务通过对国民收入的分配和再分配,从而达到维护社会公平,实现公共利益的目的。国民收入创造出来以后,还要经过一个复杂的分配过程,用于扩大再生产的需要以及满足社会和个人消费的需要。收入分配市场化,即在价值供求和竞争规律的作用下,使大部分国家收入、全部企业和劳动者的收入从市场中获得,是市场经济条件下收入分配实现的主要途径。国民收入的再分配是指在国民收入初次分配的基础上,进而在整个社会范围内的分配。以满足社会公共需要为目的的公共服务,实际上就是一种国民收入的再分配。其具体实现途径主要有以下几个方面。其一,财政机关把企业上缴的税金集中起来,形成政府预算收入,

---

① 孙晓莉:《公共服务论析》,《新视野》2007年第1期。
② 陈野:《加快完善基本公共服务体系建设》,《重庆行政》(公共论坛)2014年第15期。

然后以预算支出的形式，有计划地用于扩大公共服务的费用开支。其二，在社会经济生活中，教育、医疗等非生产性劳务提供服务性劳动，满足了社会的公共需要。这种服务的消费者要以自己初次分配或再分配取得的收入支付费用，从而使一部分国民收入向这些非生产性劳务部门转移，实现国民收入的再分配。其三，某些公共服务价格的高低将直接影响有关当事人的收入分配。例如，教育、医疗等服务价格的上升或降低会直接减少或提高社会公众的实际收入等。其四，公共服务向某些群体、地区的倾斜或重点投入，会在客观上增加这一群体或地区的收入，如农村地区义务教育覆盖面的扩大、义务教育时间的延长，会相应地减少农村居民在该公共服务项目上的支出，从而增加其实际收入。

4. 公共服务具有社会和经济效益

公共服务不仅可以为一个社会的发展提供稳定的社会环境，而且它也具有经济效益，与经济发展存在着一种互补性的关系，是推动社会发展的重要手段。以公共信息平台的建设为例，由政府组织建设公共信息平台，为社会公众提供服务具有较强的优势。一方面，基于统一管理及综合数据平台的跨部门应用使政府决策快捷，同时提高了决策的可信度，从而有利于提高执政效率和提升政府执政能力，极具社会效益；另一方面，由于数据共享，避免了重复建设，可以节省不必要的损失，具有较大的经济效益。

公共服务对经济发展的促进作用表现在许多方面。第一，公共服务有利于扩大内需，从而促进经济发展。公共服务主要是通过增加政府开支向社会提供公共产品和服务，它是市场中占有很大比重的一种社会消费。因此，建立健全公共服务体系，能够有效扩大内需。而且，公共服务体系的完善还有助于减少居民的预防性储蓄，从而促进消费、扩大内需，为经济增长提供重要驱动力。公共服务水平的提升则可以解除人们的后顾之忧，有效改善居民的消费预期，从而大幅增强消费对经济发展的拉动作用。第二，公共服务能够增加人力资本积累，从而促进经济发展。人力资本对经济发展的积极作用已经为大量的研究所证实。研究表明，人力资本投资对一个国家的经济增长具有重要贡献，劳动生产率与劳动者文化程度呈现高度正相关。人力资本的积累与许多因素有关，尤其与公共服务中的公共教育、医疗卫生、公共文化、就业服务等密切相关。特别是在当今社会，随着科技的迅猛发展和知识经济的勃兴，经济社会发展对人的素质要求越来越高，由教育、医疗、文化等投入所积累的人力资本在经济社会发展中的作用越来越重要。第三，公共服务对于经济发展还有许多间接贡献。一些非经济因素如社会的和谐稳定、社会的凝聚力等，对经济发展有着至关重要的作用。公共服务通过改善民生、缩小地区间和群体间的发展差距，努力使发展成果惠及全体人民，可以促进社会的公平正义、维护社会的和谐稳定。这些对于保持经济长期平稳较快发展也有着重要作用。

第二节 公共服务的基本领域

公共服务包含基本公共服务与非基本公共服务两个方面的内容，前者是公共服务中基础和核心的部分，是政府公共服务覆盖的最小边界和范围。政府将提供基本公共服务视为一项重要工作职能，广大民众则具有平等享受基本公共服务的权利。在服务基本内容的界定上，有学者认为与人民群众的生存和发展最基础、最密切相关的就是基本公共服务，包括义务教育、基本医疗、基本社会保障等；也有学者提出：与民生问题密切相关的公共服务是基本公共服务，包括最低生活保障、基本养老保险、义务教育和就业服务、基本医疗卫生等[①]。在以上种种关于基本公共服务内容的界定基础上，本书所提出的基本公共服务主要包括教育、卫生、文化、社会保障和就业等五个方面。

一 教育公共服务

1. 教育服务的内涵

教育作为一种培养人的社会活动，随着社会经济的发展而不断得到发展与深化。在广义上，教育就是个人获得知识或见解的过程，就是个人的观点或记忆得到提高的过程。在《辞海》中，教育被广义地定义为

---

① 陈振明：《公共服务导论》，北京大学出版社2011年版，第60页。

增进人们知识和技能、影响人们的思想的活动。这种广义上的教育只是将教育活动与其他社会活动区别开来，更确切地可以将其认为是一种认识活动。狭义上的教育是指学校教育，是指通过学校对受教育者的身心施加的一种有目的、有计划、有组织的影响，以便使受教育者发生预期变化的活动。基于狭义的教育的定义，公共服务领域的教育则是指政府通过学校向受教育者输出自身价值观、培养受教育者的发展能力，进行文化传承的有组织的，具有目的性、系统性的活动。

教育是政府公共服务的重要组成部分，但是由于教育活动的特殊性，教育服务也具有特殊性，具体体现为发展性、政治性和文化性。

教育的发展性体现在以下三个方面：个人发展、科技发展和社会进步。促进受教育者个体身心协调发展是教育的固有内容，教育的价值与功能最终也需要通过受教育者的变化来实现。通过培养科技人才，才能继承传播发展科学技术，人与科技的同时进步，才会促使社会进步，这也是教育的基本职责所在。

公共服务领域的教育不同于一般性质的教育，就在于其具有较强的政治性或政治倾向。教育是政府进行价值观输出的过程，如按照国家意志培养合格公民，使社会秩序更加稳定，社会关系更加和谐。

教育的文化性主要体现在它的文化功能上。在选择保存何种文化与吸收融合何种世界先进文化上，政府的主旋律起着过滤器的作用，也只有教育才会有这种激浊扬清的过滤机制。创造更新文化主要体现在只有教育机构才会有着强大的背景、技术与资金支撑。

政府在提供教育服务时也应当遵循以下几个基本原则。

普惠性原则。在具体的教育实践中，体现为教育的覆盖面与教育供给的多元性。普惠性原则也是指普遍受益原则，这就要求政府在提供官方教育机构的基础之外，开展多方面、多角度的教育服务。通过营造合理的社会环境，使受教育者潜移默化地达到希望达到的状态。

公平原则。教育的公平原则主要是指不同地区，不同群体受到教育的机会要均等。公平原则是一种价值追求与价值导向，因为教育公平并非是某种状态，而是教育发展的一个阶段。进一步来说，教育公平的实现是一个程度概念，并非一个阶段概念。

2. 教育服务的种类

根据教育的发展阶段和服务对象的不同，可以分为以下几种。

（1）学前教育。学前教育是指人们从出生到入学前的教育，现在已经普遍形成了国家与私人多元主体共同办学的局面。虽然国家在这一领域占比不多，但是随着新生人口的减少与经济发展水平的提高，家长对学前教育的关注度逐年上升，要求政府加强对学前教育的投入、监管和引导力度。

（2）基础教育。基础教育是相对高等教育而言的，是人们在成长过程中掌握基本科学文化知识奠基时期的教育，包括各类小学、初中和高中阶段教育，其中小学、初中教育属于义务教育，高中阶段教育包括普通高中、职业高中、普通中专院校等。其中义务教育是政府教育公共服务的重中之重，在这一阶段提倡"全民教育"，如我国的义务教育虽然已经覆盖了大部分的农村，但是随着社会经济的快速发展，提高基础教育的质量又被提上议程。高中阶段的教育又被有的学者划分为中等教育，但是随着人口素质的提升，高中阶段的教育已经被视为教育的必需阶段，因此从实际的社会与教育实践出发，本书将高中教育也纳入基础教育的分类当中。

（3）高等教育。高等教育是在完成了基础教育的基础上进行的专业或综合教育，是培养高级人才、进行科学研究、服务社会的教育阶段。现阶段的高等教育正朝着多样化的方向发展，如不同学制的短期大学、成人高考以及各种职业教育。从政府财政的角度来看，从以往单一依靠政府财政拨款转向以财政拨款为主、多种渠道筹集资金的新体制，这就意味着高等教育办学具有了更多的自主性，但是对高校自我约束、自我管理能力也提出了新的要求。

（4）特殊教育。特殊教育又叫"缺陷教育"，是指用一般的或经过特别设计的课程、教材、教学形式及教学设备，对有特殊需要的人进行旨在达到一般和特殊培养目标的教育①。特殊教育与一般教育有许多共通之处，后者的一般规律在特殊教育中也是通用的，但是特殊教育是进行补偿缺陷和发展优势的教育，还需要特殊的教育机构体系与立法保障，在强调教育的整体性与系统性的同时更强调因材施教。

---

① 彭霞光：《中国特殊教育发展现状研究》，《中国特殊教育》2013 年第 11 期。

（5）成人教育。成人教育是高等教育的重要组成部分，顾名思义，就是面向已经脱离基础教育阶段的成年人的教育形式，比如高等院校的函授、专修班等自学考试，也包括初高等教育中的成人中专院校等。成人教育的存在是对初高等教育的补充，它的存在能够让更多的人获得继续学习深造的机会，也是对未接受基础教育公民的教育权的可行能力赋权。

3. 教育服务的发展

（1）教育与公平。个人发展机会的提供与获得来源于社会公平，而教育公平又是社会公平的重要基础。在官方以及学界话语体系中，教育可以被称为"全球共同核心利益"，"公平"亦可以被誉为守护人性，促进每一个人自由、全面发展的重要机制①。在中国特色社会主义制度框架下，教育作为一个子系统被嵌入社会大系统之中。教育公平与社会公平的相互转化似乎成为自然而然的事情，但是一味将教育公平问题当作社会问题来解决也会使教育丧失其本体性和独立性。因此，实践中既不能把社会问题当成教育问题，也不宜把原本属于教育的问题社会化。解决教育公平问题应分层次、分阶段看待。

在任何国家，教育公平都不是一个有或无的问题而是一个实现程度的问题。不同社会阶层的经济地位和文化背景的差异客观存在，不可能为了教育公平而将这些差异人为地抹平。就教育的发展而言，国家实施义务教育也不是基于人的教育需求或为了人的全面发展，而是基于国家利益的角度，即认为义务教育的普及有助于提高劳动者的生产力，有助于社会的进步②。同样，对于教育公平的追求也不只是因为教育公平本身有价值或值得追求，而是假定教育的公平有助于实现社会的公平，而社会的公平有助于秩序的稳定。相比之下，通过教育制度改进使个人获得教育的机会平等、不同地区获得教育资源的平等才是现阶段教育公平的题中应有之义。

---

① 李学书、范国睿：《未来全球教育公平：愿景、挑战和反思——基于〈教育 2030 行动框架〉的分析》，《比较教育研究》2016 年第 2 期。

② 王建华：《教育公平或许是无用的：一种不合时宜的沉思》，《教育发展研究》2017 年第 19 期。

(2) 农村义务教育。义务教育在教育体系中的作用是基础性的。我国作为一个农业大国,人口质量的提升、基础教育的普及和均衡发展,突破点在农村,落脚点在农村义务教育。如我国的教育资源在分配与使用上存在空间不平衡,也即城乡义务教育发展是非均衡的。在推行义务教育的几十年后,当前义务教育在质量上仍存在着重大缺陷:师资力量的不平衡、教育资金的投入、农村课程的设置等方面做得并不尽如人意。究其根本原因还是教育的观念没有转变过来。一般而言,基本义务教育的理念有三个阶段,一是义务教育机会均等;二是提升教育质量与效率;三是追求优质教育资源均等化。因为农村人口众多,所以尚处于普及义务教育和提升教育质量同步进行的阶段。随着社会经济的发展和扶贫攻坚战的胜利,农村义务教育才能够跨入第三阶段。

(3) 职业教育的发展。职业教育是指对受教育者实施可从事某种职业或生产劳动所必需的职业知识、技能和职业道德的教育,包括职业学校教育和职业培训。发展职业教育不仅有利于推动社会现代化和经济产业化,也有利于提升国家的竞争力和整体实力。因此,自改革开放以来,政府为职业教育的发展作出了一系列重大战略部署。在政策的推动下,我国职业教育事业发展势头良好,职业教育为国家培养了大批合格劳动者和高技能人才,推动了社会就业和稳定[①]。然而职业教育和社会发展、经济结构、产业结构的需要还不能完全相适应,人才培养质量有待提高,经费来源渠道亟待拓展,职业教育体制机制不健全,产教融合、校企合作发展模式有待完善。发展职业教育是提高劳动者素质、提高就业率、走新型工业化道路的必由之路;同时,职业教育也是推动农村劳动力转移,实现新生代农民工城镇化的最优选择。

二 卫生公共服务

1. 卫生服务的内涵

现代意义上的卫生是随着社会经济发展到一定阶段而产生的,是政

---

① 祁占勇、王佳昕、安莹莹:《我国职业教育政策的变迁逻辑与未来走向》,《华东师范大学学报》(教育科学版) 2018 年第 1 期。

府公共服务的基本内容之一，它是一种通过对疾病的诊治和预防、对公共环境卫生条件的改善，保障和提高公众基本健康水平的活动。它也被称为基本医疗卫生服务，包含医疗和卫生两个方面，这与每个公民的利益息息相关，也影响着国家和社会的进步。因为医疗卫生服务涉及的利益面广、影响大，所以也是政府严格管理的一项公共服务内容。因此卫生服务具有目的的公益性、服务过程的信息不对称性和服务范围的区域性三个特点。

卫生服务目的的公益性。卫生服务的公益性一方面在于它是从公众需要的角度建设的。另一方面公益性还体现在公共卫生服务具有极强的正外部性，在实践中体现为它是一种补偿性的国家投入，是再分配的一种物质帮助或照顾。

服务过程的信息不对称性[1]。公共卫生服务的信息不对称性体现在公众对卫生产品与其需求的不确定性上。卫生产品需求的不确定性是指患者对自身需要何种卫生产品并不清楚。需求的不确定性是指政府在公共卫生服务中是处于被动地位的，患者会生什么病、需要什么卫生产品是不可预测的，这就会使公共卫生服务无法达到全部覆盖。

服务范围的区域性[2]。公共卫生的区域性是对公共卫生资源宏观调控而人工产生的特性。它是指公共卫生服务都是以满足本地区内的全体居民的需求为目标，一般并不涉及更广泛的群体。为实现对卫生资源的分块管理与宏观调控，国家实施了区域卫生规划，这就使公共卫生服务具有区域性的特点。

政府在提供卫生服务的时候应当遵循以下基本原则。

卫生服务面对的是人对于健康的需求，人的健康是人发展的基础，因此卫生服务的发展也必须坚持基础性原则。基础性原则还体现在它是政府其他公共服务的基础：教育需要健康，就业需要健康，发展文化需要健康，完善社会保障更是健康的题中应有之义。

由于卫生服务存在着信息不对称性，因此政府必须介入监管。为了

---

[1] 崔运武：《公共事业管理概论》（第二版），高等教育出版社2006年版，第341页。
[2] 刘亚娜：《公共事业管理概论》，吉林大学出版社2011年版，第240页。

维护市场公平，保障患者利益，政府必须对公共卫生服务进行监管。如果没有政府监管，没有建立保障机制，那么结果会非常严重。

针对信息不对称性，需要坚持公开性原则，保证民众的知情权，让卫生产品市场在阳光下运行。不仅如此，公开性原则还是缓解医患关系，维护社会稳定的重要举措。

2. 卫生服务的内容

从面向对象来看，基本卫生服务主要为三大类人群提供12项服务。

一是针对所有人群的卫生服务，包括：建立城乡居民健康档案；健康教育，设置健康教育专栏，举办健康讲座等；传染病及突发公共卫生事件报告和处理，疫情事件的发现、登记、报告与处理；卫生监督协管，学校卫生巡视、职业卫生咨询服务等。

二是针对特殊人群的卫生服务，包括：0—6岁儿童健康管理，对新生儿、婴幼儿和学龄前儿童的健康管理；孕产妇健康管理，既包括对孕妇生产过程的健康管理，也包括生产的方式与产后42天的检查；老年人健康管理，包括对65岁以上老年人的健康状况评估、体格检查和健康指导服务；中医药健康管理，包括对老年人中医体质识别、儿童的中医调养；预防接种，既包括预防接种，也包括疑似预防接种异常反应处理。

三是针对患病人群的卫生服务，包括：慢性病患者管理（高血压患者和Ⅱ型糖尿病患者），包括对慢性病患者的检查发现与健康体检；重性精神疾病患者管理，包括对重度精神病患者的识别与分类干预和健康体检；结核病患者健康管理，包括对可疑者的推介转诊以及患者的随访管理。

3. 卫生服务的发展

（1）分级诊疗制度。医疗服务的发展与人类的生存发展和人们的生活水平息息相关。随着经济的发展和人们生活水平的提高，人们对医疗服务的需求也越来越大，分级诊疗制度正是在这种情况下发展起来的。分级诊疗制度是指按照疾病的轻重缓急以及治疗的难易程度进行分级，不同级别的医疗机构承担不同疾病的治疗，各有所长，各自履行职能，逐步实现专业化服务，如重大疾病的治疗及医疗科研由三级医院来进行，一般的疑难杂症或者多发病则由二级医院来负责，一般的门诊、康复护理等诊疗服务工作则由基层医疗机构来承担。分级诊疗制度是一种较为合理的就诊制度，完善成熟的分级诊疗制度能有效配置医疗资源，提高医疗服务的水平和效率。它所倡导的"首诊制""双向诊治"促使基层医疗机构服务人员数量增多，能够引导人们到基层就医，进而提高基层医疗机构的需求量，吸引更多医疗专业人才投身于基层建设，从而提高基层医疗机构的服务水平。

（2）社区卫生服务。社区卫生医疗服务是基层卫生服务机构的一个重要组成部分，作为卫生和医疗服务的提供者，社区卫生医疗服务主要是以居民个体为中心、以社区为单位，开展包括医疗康复、社区卫生、预防保健、计划生育、医疗保险等方面的服务。社区医疗卫生处于政府医疗卫生服务供给体系中最基层、最基础的部分，是医疗卫生事业极其重要的组成部分，但是其机构数量及医疗水平的发展一直受限于基层药品、人才缺失，因此发展社区医疗卫生具有重大意义[①]。提高社区卫生机构服务水平，提高社区人才队伍配备标准，明确社区医疗机构的公益性，建设合理的薪酬和管理制度，是目前社区医疗机构服务提升的重要方面。

（3）健康服务业。健康服务业是在经济社会发展、健康需求增加的背景下出现和发展起来的，正日益成为一个高成长性的新兴产业。加快健康服务业发展是深化医疗改革、改善民生、提升人们素质的必然要求，但是健康服务业依旧是现代服务业的薄弱环节。政府应该在切实保障人民群众基本医疗卫生服务需求的同时，充分调动社会力量，加快发展内容丰富、层次多样的健康服务业，实现基本和非基本健康服务协调发展。这是满足群众迫切需要、提升全民健康素质、保障和改善民生的又一重大举措，也是提升服务业水平、有效扩大就业、形成新的增长点、促进经济转型升级的重要抓手。

---

① 刘华、何军：《中国农村医疗保障体系的经济学分析》，《农业经济问题》2006 年第 4 期。

三 文化公共服务

1. 文化服务的内涵

文化是指人类在社会实践过程中所获得的能力和创造的成果，广义上的文化是指人们在社会历史发展中创造的物质财富和精神财富的总和，狭义上的文化则是指在一定物质资料生产方式基础上产生和发展的人类精神生活方式的总和①。公共服务领域的文化则与狭义上的文化相对应，是指在政府引导下，包括政府在内的社会各主体提供公益性或私利性文化产品，以满足社会各群体的不同需求的活动。文化服务是政府进行社会舆论引导，宣扬主流文化价值观的重要手段。它是指以政府部门为主的公共部门提供的、以保障公民的基本文化生活权利为目的、向公民提供文化产品与服务的制度和系统的总称。

政府提供的文化服务具有以下几个特点。

文化服务具有市场性，就是指政府并非所有文化服务的直接创造者，而只是公益性文化的提供者，提供个性化文化服务的任务则应该由市场完成。文化服务的提供由市场和政府分工协作，既能满足社会群体共同的文化需求，又会对个性化文化需求产生满足效应。

文化服务具有双重性，就是指其具有公共性和私人性的双重属性，表征为意识形态的属性与其产业属性，既有经济效益又具有社会效益。文化的公共性和公益性一般与意识形态紧密相连，所以政府会特别重视文化的作用和影响；文化的私人性或私利性与文化产业相连，随着文化服务市场的发展，人们对个性文化的需求会逐步上升。

文化服务的市场性与其双重属性，必然要求其提供主体的多样性。这不仅体现在提供文化服务的主体是多元的，还体现在其提供的服务内容、手段与对象的多样性。多样性与多元性不同，政府提供的文化服务是一元的，社会各主体提供的文化服务也和政府提供的文化是同质的。

政府在提供文化服务时应当遵循以下基本原则。

---

① 徐双敏：《公共事业管理概论》（第二版），北京大学出版社2013年版，第141页。

政府主导原则①，就是指政府在文化服务提供体系中处于领导地位，以使文化发展不至于出格。只有加强政府在意识形态领域的领导，才能有效消除文化发展的不良倾向，抵御外来不良文化的侵蚀，保障本国的文化安全和国家认同感。

多主体参与原则，就是指具有多种性质的文化服务提供主体共同组成。这种多主体参与原则，在文化实践上是由文化服务的市场性与文化本身的双重属性所决定的。面对多样化的文化需求，市场导向的多主体参与能够作为政府提供文化服务的补充，共同满足文化需求。

2. 文化服务的种类

从文化服务的性质出发，可以将文化服务分为两个方面的内容。

（1）以公益性质为主的文化服务。以公益性质为主的文化服务即非营利性的文化服务，是以满足社会共同的文化需要为目标的服务模式。这类文化模式的主要内容或形式有：公共图书馆、博物馆、纪念馆、公众文化事业等政府财政支持的文化机构，或是群众性的文化事业机构。它所提供的内容既以满足社会需求为目标，又着眼于提高全体公众的文化素质和文化水平，既给公众基本的文化享受，又保证和维持社会生存和发展所必需的文化基础和条件。

（2）以营利性质为主的文化服务。营利性质的文化服务即准公益性质或个性化的文化服务，它是以满足特定群体或个人的文化消费需要为主要目标的文化活动②。这类活动不仅满足特定群体或个人的文化消费，还会促进社会文化繁荣发展。原因在于它不仅具有广泛的社会需求，在产业化之后，还有很强的自我发展能力。经营性文化活动的主要内容或活动方式包括：新闻出版、广播电视、影视音像、演出业、娱乐业等。

3. 文化服务的发展

（1）文化产业。文化产业一直被公认为是朝阳产业，绿色产业。世界各国都在大力实施文化经济战略，不断调整经济政策，谋求文化产业

---

① 徐双敏：《公共事业管理概论》（第二版），北京大学出版社2013年版，第153页。
② 范志杰：《发展文化事业促进文化产业政策研究》，财政部财政科学研究所，2013年。

成为国民经济的新兴支柱产业①。如政府更多的保护政策和支持政策转向了文化服务领域，包括非营利性文化机构、文化基层设施建设、文化遗产、文化项目、电影业、广播电视业、图书出版业、新媒体技术等有利于文化产业的发展，以及文化服务水平提高方面的领域。

文化产业的发展主要还是由政府主导，按照公益性、基本性、均等性、便利性的要求，加强文化基础设施建设，健全相关服务网络，让群众能广泛享有免费或优惠的文化服务。尽管文化产业的发展还存在供给总量不足、投入不足、保障水平低等问题，文化发展也难以满足人民群众要求，但是基本文化设施已经全面建立，一系列的惠民工程为文化服务体系发展提供了良好的支撑，文化产业的发展前途不可限量，文化服务水平也在不断提高。

（2）基层文化服务。基层是文化服务发展的末梢和薄弱环节，所以农村文化服务的发展至关重要。如为了适应推进城镇化和建设社会主义新农村的要求，政府统筹规划、合理布局，以城乡基层文化设施建设为重点，以流动文化设施和数字文化阵地建设为补充，继续加强文化设施建设，形成了比较完善的国家、省、市、县、乡镇（街道）、村（社区）六级文化设施网络。在具体的政策实践中，落实县、乡文化场馆建设标准和设备配置标准，修缮县级图书馆、文化馆，提高基层文化设施建设标准化和规范化水平；与城乡统筹、小城镇建设、新农村建设等政策相衔接，与村级信息资源共享工程基层服务点建设相结合，统筹村级文化活动场所规划、修建、管理、运营和维护，体现多功能、综合性；推动流动文化设施建设，提高装备配置水平，因地制宜开展流动服务，提高流动服务设施的利用效率，建立起灵活机动、方便群众的流动文化服务网络。

四 社会保障公共服务

1. 社会保障服务的内涵

社会保障是指政府及其所属社会保障组织为实施社会保障制度，成

---

① 康凯：《国外文化产业发展的经验及其启示》，《党政论坛》2013年第7期。

立专门的社会保障机构，组织社会保障的专业人员，对社会保障活动进行决策、计划、监督、调节以及对社会保障基金进行筹集、运营、管理和保险费的给付等活动的总称①。社会保障服务的对象是全体参保人和用人单位，个人包括各类职工、自雇人（包括农民）和无业居民（包括城乡居民）；用人单位包括企业、机关、事业单位和社会团体等。

社会保障服务具有如下两个特点。

社会保障服务具有保障性与部分有偿性，就是指服务对象缴纳一部分费用之后就能享受到社会保障服务。与社会救济的要求不同，社会保障的对象，不论是参保人或是用人单位，都需要自身缴纳一部分的参保金额，同政府的补助金额共同形成参保对象的保障额，达到了保障最低要求之后直接进行物品或是资金的补助。

集散型的管理模式。所谓集中就是指把各种社会保险，如养老保险、医疗保险、失业保险等纳入统一的管理机构，集中地对其资金运营等实施管理。分散则是指不同的社会保障项目由不同的政府部门管理，各自建立一套保障执行机构。而集散则是指把社会保障共建性较强的项目集中起来，实行统一管理，把特殊性较强的项目单列出来，由统一的社会部门进行分别管理，如养老保险和医疗保险集中起来由统一的社会保障部门管理，而将失业保险、工伤保险等交由地方社保部门管理。

政府在提供社会保障服务时，应当遵照以下基本原则。

与经济发展水平相适应原则。社会保障服务作为政府职能的一部分，也是一种社会制度层面的存在。在意识形态领域，社会保障应该与经济基础相符合，在实际的社会保障实践层面，应当与经济发展水平相适应。

权利与义务对等原则。这一原则体现在社会保障的核心——社会保险中。社会保险以立法形式，使参保对象在符合给付条件下，得到一定的补偿和帮助，但是这种帮助是以参保对象按时足额缴纳保险费为前提的，也就是说只有履行了相应的义务之后，才能享受到相应的权利。

---

① 罗静、林义：《我国社会保障管理服务体系改革策略研究》，《中国劳动》2015年第7期。

2. 社会保障服务的内容

（1）社会保险。社会保险是一种为丧失劳动能力、暂时失去劳动岗位或因健康原因造成损失的人口提供收入或补偿的一种社会和经济制度①。社会保险计划由政府举办，强制某一群体将其收入的一部分作为社会保险费形成社会保险基金，在满足给付条件的情况下，被保险人可从基金获得固定的收入或损失的补偿，它是一种再分配制度，它的目标是保证物质及劳动力的再生产和社会的稳定。社会保险的主要项目包括养老保险、医疗保险、失业保险、工伤保险和生育保险等。

（2）社会福利。广义的社会福利是指提高广大社会成员生活水平的各种政策和社会服务，旨在解决广大社会成员在各个方面的福利待遇问题。狭义的社会福利是指对生活能力较弱的儿童、老人、母子家庭、残疾人、慢性精神病人等的社会照顾和社会服务。社会福利一般包括现金援助和直接服务，涉及的领域十分广泛，不仅包括生活、教育、医疗方面的福利待遇，而且包括交通、文娱、体育、欣赏等方面的待遇。

（3）社会救济。社会救济是指国家和社会对陷入生活困境的公民，给予物质接济和扶助，以保障其最低生活标准的制度。国家和社会为保证每个公民享有基本生活权利，而对贫困者提供物质帮助。社会救助主要包括自然灾害救济、失业救济、孤寡病残救济和城乡困难户救济等。

（4）优抚安置。优抚安置是指国家对从事特殊工作者及其家属，如军人及其亲属予以优待、抚恤、安置的一项社会保障制度。如在我国，优抚安置的对象主要是烈军属、复员退伍军人、残疾军人及其家属；优抚安置的内容主要包括提供抚恤金、优待金、补助金，举办军人疗养院、光荣院，安置复员退伍军人，等等。

3. 社会保障服务的发展

（1）异地就医。异地就医一般是指参保人员在医保统筹区域以外的定点医疗机构发生的看病就医行为。异地就医主要分为三种情况：一是一次性的异地医疗，包括出差、旅游时的急性病治疗以及病人主动转移

---

① 林军：《浅谈灵活就业人员社会保障中的问题与对策》，《中国国际财经》（中英文）2018年第2期。

到外地就医；二是中短期流动、工作岗位或地点不在参保地的异地医疗行为，包括单位在各地的派驻人员、派驻机构在当地的聘用人员；三是长期异地安置的退休人员的医疗，包括退休后户口从工作地迁移到安置地的人员，也包括投靠子女无户口迁移的人员。[①]

基于异地就医给这些人员带来的种种不便，建立异地就医统一结算平台是现实需要，也是大势所趋。制定统一的医保政策，提高统筹层次，突破利益樊篱，共享医保信息；建立统一异地就医结算系统，调整管理部门之间的权责，健全配套措施；建立起统一的医保服务平台，解决人们异地就医的窘境，提升社会保障服务的发展水平，促进社会保障的发展。

（2）城乡居民社会养老保险。城乡居民社会养老保险是国家保障全体城乡居民老年基本生活的制度，是政府的一项重要社会政策。它是政府通过立法的制度性安排，以权利与义务一致性为原则，在城乡居民因年老丧失劳动能力，或达到退出劳动的年龄界限后，为满足他们的基本生活需求而建立的一种经济保障制度。城乡居民养老保险具有两个显著的特点：一是实行基础养老金和个人账户养老金相结合的养老待遇，国家财政全额支付最低标准基础养老金；二是实行个人缴费、集体补助、政府补贴相结合的筹资办法，地方财政对居民缴费实行补贴。这两个显著的特点强调了国家对居民老有所养承担的重要责任，明确了政府资金投入的原则要求，体现了城乡居民养老保险制度的基本性、公平性和普惠性。

经济的发展、法律法规的完善以及人们接受度的提高，使得城乡居民社会养老保险迅速发展壮大。城乡居民社会养老保险建设的发展同样离不开自身建设。要坚持以人为本，适应新形势新任务的需要，创新管理服务方式、服务手段，提高管理服务效率。城乡居民社会养老保险是社会保障体系中的一个重要方面，它的发展有利于提高社会保障服务水平，提高服务能力，促进社会保障服务体系的构建。

[①] 郑先平、刘雅、傅强辉：《社会医疗保险异地结算问题及对策探讨》，《中国卫生经济》2015年第2期。

五　就业公共服务

1. 就业服务的内涵

就业是民生之本。广义上的就业是指在一定年龄阶段的人们从事的为获取报酬或赚取利润而进行的活动。而政府提供的就业服务就是指运用各种劳动就业手段，对劳动力资源进行配置，对劳动就业行为进行组织、调节、规范的各种活动的总称。简单来说，政府提供的就业服务就是对人力资源进行合理配置，使其利用效率最大化的活动。因此政府提供的就业服务具有交互性、中介性和结果的不确定性三个特点。

就业服务具有交互性，就是指提供就业服务的主体政府和它的服务对象劳动力之间是交互关系，而非单方面的输出或接受，体现在政府在制定就业服务目标、完成就业服务过程中要与服务对象不间断地进行沟通与协商，服务对象能够积极响应政府的号召安排。

政府提供的就业服务还具有中介性质，即政府并非直接提供工作岗位，而是通过就业安排、职业介绍等手段为待就业者提供充足的信息，帮助他们实现就业。劳动力就业是市场性行为，而就业服务是宏观调控劳动力资源的手段之一，这就必然要求政府起到的是中介性质的作用。

劳动力就业是市场性行为，劳动力自身的素质对其能否顺利就业的影响更大，所以就业服务具有结果的不确定性，即使政府提供服务，也不能保证劳动力能够顺利就业。

政府在提供就业服务时，应当遵循以下几个基本原则。

就业服务要与市场相适应，要符合市场规律，注重科学的人力资源管理办法，需要与社会的劳动力需求相适应，即政府在就业服务方面具有一定的市场敏感性，能够准确识别出社会需要何种能力、何种层次的劳动力，并据此为待就业对象提供就业服务。

就业服务要坚持非歧视原则。对于就业方面的歧视，既包括对相同的人得到不平等的对待，也包括对不同的人得到了相同的对待。尽管在劳动力就业市场中，存在着就业歧视事实，但是在立法中依旧要体现非歧视原则，在提供就业服务时，也必须遵循这一原则。①

就业服务还须坚持因地制宜原则，就是指在不同的地区可以根据本地区的具体情况制定不同的就业服务策略。如不同地方的工资水平不同，但是相同的是计算方法，都是按照当地经济发展水平的一定百分比确定基本工资。

2. 就业服务的内容

就业服务内容与就业内容不同，它是指政府提供的就业服务，而非就业本身，具体包括以下几个方面。

（1）制定相关的就业政策。制定相关的就业管理政策是政府就业服务在宏观层面的体现，具体包括对劳动力市场的政策，对特殊人群就业的管理政策，对人力资源开发、就业准入的管理政策等，制定的这些就业政策和管理办法是政府宏观调控社会劳动力资源的重要手段和方法。

（2）职业介绍。职业介绍是指政府及相关部门、组织运用劳动力市场机制，为劳动者求职和用人单位招聘用人提供中介服务的活动，具体包括以下内容：信息服务、咨询服务、指导服务、介绍服务、接受委托以及管理服务。通过职业介绍，可以促进劳动力市场的培育和发展，促进用人单位和求职者的相互选择，也可以促进劳动力的合理流动。

（3）就业指导。狭义的就业指导，是给要求就业的劳动者传递就业信息，做劳动者和用人单位沟通的桥梁。广义的就业指导，则包括预测要求就业的劳动力资源，社会需求量，汇集、传递就业信息，培养劳动技能，组织劳动力市场以及推荐、介绍、组织招聘等与就业有关的综合性社会咨询、服务活动②。

（4）就业训练。就业训练包括职业技能培训及培训指导两个方面的内容。就业训练旨在培养待业者的专业技能和素质，使之能够满足社会和用人单位的要求，从而促进他们的合理就业。简言之，就业训练就是赋予其就业能力和工作能力的就业服务。

---

① 任吉：《就业管理》，中国劳动社会保障出版社2013年版，第126页。
② 张廷宇：《就业指导》，化学工业出版社2011年版，第16页。

3. 就业服务的发展

（1）政府购买就业服务。在失业成为全球性难题的背景下，政府提供、多元生产的合作型就业服务模式成为发展趋势。政府购买就业服务就是促进社会就业的有效手段，它是指政府按照一定的规则和程序，将就业服务通过合同外包、授权委托等方式转交给有资质的社会服务组织来完成，按既定标准对提供的服务进行评估后支付费用的一种服务供给机制。

政府购买就业服务需要制度化，需要完善相关采购的法律法规，依据政府购买服务的一般原则，购买应有明确的服务标准，增强政府购买的透明度，吸引更多就业服务主体参与[1]。同时建立适应政府购买就业服务的财政政策，扩大政府购买就业服务的范围，政府确定服务对象并集体外包给就业服务机构，该机构整合各类资源提供有针对性的、以再就业为目的的就业服务。

（2）社区就业服务。社区组织的迅速发展，以及其贴近基层，了解基层基本信息和需要，如今已经成为提供就业服务的重要基层力量。所以在就业方面，人们渐渐将注意力放在社区服务网络上，托底就业、灵活安置等成为社区就业的特色。社区是开展就业服务的最基层和前沿阵地，社区也蕴藏着大量待挖掘的就业服务资源，能否激发社区潜力，搞活社区就业服务，将直接决定整个就业服务工作的成效。将就业服务提供主体下沉到社区基层，扩大社区就业服务的范围，加强社区就业服务的组织力量，深入挖掘社区的就业服务资源是进一步完善就业服务提供机制的总体方向。因此社区就业服务在发展时应该做到独立性，明确社区组织的定位，扩大社区就业服务的范围，提高服务水平。

第三节　提供公共服务的前沿主题

新公共管理运动后，提供公共服务成为各国政府的一大重要职能，公共服务供给以及供给过程中效率与公平问题也成为学术界长期讨论的

---

[1] 温俊萍：《政府购买公共就业服务机制研究》，《中国行政管理》2010年第10期。

热点话题。了解各主体下不同公共服务供给模式的优缺点，有助于扬长避短，更好地发挥政府公共服务供给职能，本节还以均等化为代表，进一步探讨了公共服务供给过程中的效率与公平问题。

一 公共服务的供给

公共服务供给是通过提供公共服务、履行公共服务职能来满足社会公众对公共物品的需求，它包括政府公共服务职能及其实现方式两个不可分离的部分。公共服务供给有三类基本参与者，即供给者、生产者和消费者。在准确理解公共服务供给内涵时，必须首先厘清公共服务的供给与生产这两个概念。供给职能包含生产职能，但其范围要大于生产职能。公共服务的生产职能明确规定由谁来具体执行的问题，其本质是将各种有形资源（资金、设备）和无形资源（制度、政策）转化为公共服务或公共产品的技术过程；而公共服务的供给职能则明确公共服务的责任主体是政府，政府是公共服务的组织者、监督者和协调者，对公共服务供给承担必要的责任。但是，公共服务的供给者并不一定是公共服务的直接生产者，在公共物品生产领域政府是公共服务的主要生产者，但并非唯一生产者，在一定制度框架下，各种类型的非营利组织、社区、私人企业乃至于个人都可以成为公共服务的生产者。[①] 现代社会要实现政府职能转变，提高政府公共服务供给效率，重中之重是推进公共服务供给模式和方式的创新。基于供给主体及其运行机理的不同，公共服务供给模式可划分为三种基本类型，即政府供给、市场供给、自愿供给。这三种基本供给模式的有机结合，又形成了公共服务多元主体供给模式。

1. 公共服务的主要供给模式

（1）政府供给模式。权威型供给模式以政府为供给主体，是一种最传统的公共服务供给方式。在该模式下公共服务生产资金由政府下拨，公共服务价格由政府拟定，生产经营活动由政府安排，企业盈亏由政府负责，采用低价格、高财政补贴的机制，价格基本不受供求关系和成本

---

① 夏玉珍、杨永伟：《公共服务供给机制创新——基于网络化治理框架的解释》，《学习与实践》2014 年第 4 期。

变动的影响。①

在政府供给模式下，公共服务提供由政府垄断，消费者只能被动地接受服务，其结构一体和中心单一的特点，使得该种模式受到了很多质疑。反对声音主要针对以下几点。一是政府作为单一供给主体，从公共服务供给理念到公共服务制度的制定，从公共服务供给资金来源到公共服务提供的各个阶段，政府始终处于核心地位，而市场力量和公众参与主体被排斥在外，难以保证公共服务的供给效率。二是政府供给模式的资金来源于政府财政支出，公共服务资金来源过分依赖于国家财政，给国家财政带来巨大压力。三是政府过高的行政成本将会导致政府公信力下降。

（2）市场供给模式。该模式的理论前提是亚当·斯密提出的有限政府理论，他认为政府应当是"守夜人"的角色，只具有保护国家安全、保护社会上的个人安全、建设并维护某些私人无力或不愿承办的公共事业及公共设施三项职能。② 该模式主张营利组织根据市场需求，供给教育、医疗卫生、基础设施等准公共物品，并以收取一定的费用来补偿其支出的运营机制。随着经济的发展和技术的进步，公众的消费需求日渐扩大，营利组织介入经营性公共物品领域、实现价格排他成为可能，该模式既克服了政府在供给公共服务过程中成本高、效率低的缺陷，又能获得较高的社会收益。

公共服务的市场供给模式具有三个特征：第一，以赢利为主要目的；第二，私人机构是生产主体；第三，最后产出是公共服务。与政府供给模式所涉及的利益相关者不同，市场供给模式则涉及政府、私人部门和消费者三方。政府以公共利益为出发点，授权或允许私人部门以营利为目的进入公共服务领域，并对其负有监管责任；私人部门作为公共服务的具体生产者和提供者，它追求自己的利润最大化，但由于其所提供的服务的特殊性，它又对政府与消费者负责；由于服务由私人部门提供，

---

① 丰云：《公共提供与生产理论视角下的公共服务供给模式选择》，《经济管理》2009 年第 6 期。

② 徐艳晴：《公共服务供给主体多元化的理论来源》，《兰州学刊》2010 年第 5 期。

与消费者直接发生关系的是私人部门,而与政府直接发生关系的也是私人部门,因此消费者具有选择私人部门的权利,他们以"用脚投票"的方式来表达自己对服务的满意程度。

市场供给模式的作用方式主要包括由私人部门生产并供应的方式,由政府供应而由私人部门生产的方式,公共服务与私人服务的联合供给方式。市场供给模式在业已运行的几十年间的绩效产出是值得肯定的。首先,对政府而言,其最大的收益是减少了政府的财政压力。其次,是对于政府采购私人部门生产的公共服务,私人生产商能从政府采购中获得利润。最后,对消费者而言,公共服务的商业型供给模式将市场竞争机制引入某些公共服务领域,消费者能够拥有更多的选择权和更优质、更优惠的公共服务。但是,我们不可忽略的是,私人部门介入公共服务领域是以利润最大化为最终目的的,其在追求利润的同时仍存在一些缺陷,如私人部门为争夺某些公共项目或服务的特许权,往往进行不正当的招投标竞争,存在潜在的寻租隐患;利润的最大化使私人部门存在侥幸心理,履行合同期间减少公共服务的数量,降低公共服务的质量。

(3) 自愿供给模式。该模式主要强调通过慈善行为和非营利组织供给公共服务,其主要方式有无偿捐助、志愿服务和不以盈利为目的的收费服务等,[①] 在公众的监督下直接或间接地用于教育、卫生、医疗、扶贫等公益用途的公共服务供给模式。

与前述两种供给模式的最大区别在于,自愿供给模式是以志愿贡献的方式投资或生产公共服务。自愿供给模式按主体不同可以分为两种:第一种是公民个体用自己的私有财产向他人或社会无偿地提供服务或资助的个体志愿供给形式,其实质是以自由意志从事利他主义的事业;第二种形式是团体志愿供给形式,这种形式是指由各种非营利组织提供的公共服务。在各国的实践操作中,个体志愿供给者通常通过非营利组织提供无偿服务。非营利组织活动存在的主要价值是通过对社会资源的使用来提供公共服务,承担公共责任。自愿供给模式在西方发达国家发展

---

① 何精华:《区分供给与生产——基于政府公共服务职能实现方式的分析框架》,《中国行政管理》2007年第2期。

较为成熟,随着公民参与意识的提高,各种非营利组织如雨后春笋般迅速发展,其范围涉及各个领域。但非营利组织的资金主要依赖于政府拨款以及社会各界的捐赠,对于外界资金的依靠使其经济基础并不坚实,因此部分非营利组织在提供服务时向消费者收取一定的费用,如政府在卫生、医疗、教育等领域实行的收费服务。

(4)多元主体供给模式。多元主体供给模式其实是政府、市场、志愿组织等既可以单独提供,也可以相互联合共同提供公共服务的模式。

多元主体供给模式认为政府、市场、志愿组织等主体既可以单独提供公共服务,也可以两个或几个主体联合起来提供公共服务。这种模式认为公共服务的公共性处于这样一个区间之内,按公共性程度的不同构成一个连续体。由于种类繁多,公共服务的供给者和生产者并不总是一一对应的,各主体之间交互相连,一个提供者可以对应多个生产者,或一个生产者对应多个提供者。随着公民生活质量的提高,其对公共服务数量、质量以及供给方式提出了更高的要求,从而引起了公共服务内容的分化和异质性程度的增加,尤其是公共服务供给和生产的分离,都为多元主体供给模式的应用提供了可能性和可行性。对于多元供给主体分工问题,有学者认为应当以对政府责任边界的界定为前提,将那些用以纠正市场失灵、维护社会公平为目标的公共服务明确界定为政府责任,认为这是一种主体责任,在公共服务的供给中具有不可替代性。但政府可以在组织、监管、协调的前提下吸引、利用其他供给主体共同参与公共服务的供给,比如可以利用命令、企业化、社会化、市场化等方式,以政府为主以其他供给主体为辅来共同供给公共服务。①

2. 公共服务供给创新

随着经济、社会、技术等的不断发展,对于公共服务供给提出了更高、更多的要求。目前,学者对于提高公共服务供给效率的讨论不再仅仅局限于供给主体,部分学者考虑通过借助现代化工具或供给方式创新以最大限度满足公民需要,提高供给效率,促进社会公平。

(1)"互联网+"公共服务供给。随着互联网技术的发展,其高效、

---

① 张菀洺:《政府公共服务供给的责任边界与制度安排》,《学术研究》2008年第5期。

便捷等特点,与公共服务供给有着较大的契合度,并逐渐引起了学者的关注。"互联网+"的概念是易观国际董事长于扬于2012年11月发表的一场以《"互联网+"》为题的演讲时提出的。对于"互联网+"由于关注重点不同于现有的定义也存在较大差异,其中有学者认为"互联网+"是互联网通过利用新一代的信息技术譬如移动互联网、云计算、物联网、大数据等,从而使社会生产和经济生活的各个部门的发展和应用进一步融合,其实质就是实现传统产业的数据化和在线化。[1] 2016年,"互联网+政务服务"在中国政府工作报告中正式出现,"互联网+公共服务"是对"互联网+政务服务"的延伸和拓展。由于这一概念诞生不久,而针对这一领域的相关研究多属于应用研究,再加之公共服务本身就是一个颇具争议的名词,因此学术界和产业界对其尚未达成统一认识。

"互联网+"重要的特征之一是协同,这正适应了公共服务供给由单向线性向网络化发展的趋势。有学者综合相关研究对此下定义,认为"互联网+公共服务"是"政府、企业、社会组织、公民等社会多主体以追求公共服务便利化、规范化、精准化、一体化为目标导向,以解决供需信息失配、提升供给效率、人本位思想为宗旨,通过运用互联网新思维、新技术,整合社会资源、优化供给要素、更新供给体系、重构供给模式,从而促进公共服务供给的转型、升级和创新,实现公共服务供给差异化、标准化和高效化要求"。[2] 根据该定义我们可以归纳出"互联网+"公共服务具有以下两个特点。第一,供给主体是多元的,与传统的单一政府主体或单一市场主体的公共服务供给模式相比,"互联网+"公共服务供给模式是建立在政府、企业及公众多元化供给主体基础之上的,各主体通过沟通协调,在公共服务供给规则中选择彼此适应,形成公共服务供给稳定发展的归属关系。第二,信息技术是重要手段,与传统公共服务供给模式相比,"互联网+"公共服务供给模式更多依靠以互联网为主的信息技术手段提供硬件保障,改变了传统公共服务供给模式的垂直一

---

[1] 宁家骏:《"互联网+"行动计划的实施背景、内涵及主要内容》,《电子政务》2015年第5期。

[2] 何继新、李原乐:《"互联网+公共服务"模式建构中的管理问题——基于供给效率观》,《电子政务》2016年第10期。

体化结构，使公共服务供给组织结构趋于扁平化，打破了公共服务供给者与执行者甚至需求者之间的严格界限。

（2）流动式公共服务供给。偏远地区存在的"流动警务室""流动图书馆""流动小药箱"等，这些公共服务供给方式很好地满足了当地居民的各类公共服务需求，得到了居民的认可，提升了政府公共服务效能。基于对上述公共服务供给创新方式的长期观察研究，学者提出了"流动公共服务"供给设想。"流动公共服务"基于某些地区地广人稀、公共服务供给困难、公共服务需求难以满足等客观情况，主张各地区应依托不同载体，让各类公共服务流动起来，是一种主动上门为服务对象提供各类公共服务的方式。①

"流动公共服务"强调主动、灵活、无缝隙的公共服务供给。其认为以往公共服务供给过程，无论是从韦伯的科层制还是现代国家治理形式，基于公共服务供给者自身数量和公共服务需求者的数量及分布，一般而言公共服务供给属于"被动服务"，即等待公共服务需求者"找上门来"，公共服务供给部门才能有针对性地提供不同的公共服务，而这种传统的"被动服务"模式，自身缺陷在于无法适应地域辽阔、地广人稀地区的现实需求。因此，其强调公共服务供给者走出去、走到有公共需求的公众当中来，实施一种主动服务。"流动公共服务"体现了灵活的服务理念。首先，"流动公共服务"可以灵活把握公共服务路线和区域，哪里有需求就去哪里提供服务。其次，"流动公共服务"可以灵活调整公共服务规模，按照公共服务需求者的人数、年龄、民族等要素有针对性地提供公共服务。再次，"流动公共服务"的灵活性还体现在能够及时快速地了解公众的真实需求，灵活调整一个时期或者一个区域的公共服务内容和方式。"流动公共服务"这种公共服务供给方式，在一定程度上消除了公共服务供给中的盲区和死角，为那些因各种客观条件无法及时享受各类公共服务的消费者提供服务，消除公共服务供给中的不公平和不均衡，让公共服务的阳光普照到有需求的广大农村、牧区，还体现出了典

---

① 刘银喜、任梅：《流动公共服务：公共服务供给方式创新——概念提出、逻辑起点及创新价值》，《中国行政管理》2015 年第 8 期。

型的无缝隙服务。

二 公共服务均等化

1. 公共服务均等化的内涵

研究公共服务均等化问题时，界定和理解"公共服务均等化"是逻辑起点。对此，学者进行了较多的研究，但目前学术界对这一概念并没有取得完全一致的看法，甚至还存在较大分歧。分歧主要存在于以下几个方面：一是对于公共服务范畴界定的不明晰；二是对于基本公共服务认识上不完全一致；三是对于均等的内涵及判断标准也存在较大差别。根据包含内容的差别，将学者观点主要总结为以下四种。一是基于居民基本需求的"基本公共服务"的均等化。黄卫红等将公共服务分为有关生存的公共服务、有关发展的公共服务、有关享受的公共服务。[①] 有关生存的公共服务是指国民维持最基本生活的公共服务，如国民基本的医疗、供水、供暖、住房、为特殊人群或弱势群体人员的特殊服务。该观点认为有关生存的公共服务具有社会保障的性质，是政府对所有居民平等供给的基本公共服务。二是基于公共服务的"基本均等化"。该观点认为，基本均等化是指均等化的水平或标准较低、保障最低水平的公共服务、大体或相对的均等化。贾康提出这就需要政府"托一个底"，政府应该提供义务教育、实施社会救济与基本社会保障等"最低限度的公共供给必须由政府托起来"。[②] 三是基于基本权利的基本公共服务均等化。该观点认为，基本公共服务均等化的目的是保障全体居民的基本权利，这是实现政府基本职能的目标。四是基于"基本权利平等"的均等化，该观点认为那些由经济条件所决定的、人民必需的、直接关系基本人权的公共服务，即基本公共服务必须被平等地提供。

基于以上观点，我们认为基本公共服务均等化是指政府要为居民或法人提供基本的、在不同阶段具有不同标准和范围的、最终大致均等的

[①] 黄卫红、朱晓婷：《和谐视角下基本公共服务均等化问题》，《浙江经济》2008年第13期。

[②] 贾康：《区分"公平"与"均平"把握好政府责任与政策理性》，《财政研究》2006年第12期。

基本公共服务。具体而言，均等化基于公平原则，把贫富差距控制在合理的范围之内，促进区域之间、城乡之间、经济社会之间协调发展，使不同社会阶层均衡受益，由此保证全体人民公平分享经济社会发展成果，保障公民基本权利，消除不和谐因素，但均等化不是平均化。

2. 实现公共服务均等化的原则

在实现公共服务均等化过程中应当遵循哪些基本原则，学者们关注重点不一，也使得最后结论存在较大差异，但其中以陈海威提出的受益均等原则、主体广泛原则、优惠合理原则得到最为广泛的认可。①

（1）受益均等原则。该原则强调每一成员享受大致相等的基本公共服务，包括品种和受益程度两个层面，这意味着基本公共服务均等化最终体现为一种结果公正。该原则保证"底线完全平等"，即基本公共服务的供给水平应该平均，所有地区和所有个人都应该享受到这一水平以上的公共服务。这里不排除某一特殊群体（如老少边穷地区居民、下岗职工、特殊疾病者）享受更多的基本公共服务。基本公共服务均等化概念的提出，其初衷正是为了解决公众受益严重不均、部分居民明显受到歧视的公共服务供给问题。因此在三大原则中，受益均等原则最为重要。

（2）主体广泛原则。根据罗尔斯第二正义原则的机会均等原则，全体社会成员作为社会契约的签订方，在接受（或拒绝）政府提供的某种服务上具有大致均等的机会。该原则保证所有社会成员在基本公共服务的分配上要起点公正，无人被排除在外，即保障最广泛的主体、社会的最大多数成员能够享受到政府提供的基本公共服务。

（3）优惠合理原则。该原则强调享受额外的照顾和优惠必须有合理合法的理由和程序。这里要明确的是政府必须公开特殊优惠的合理标准和享受范围，同时还要经过有关认可程序得到全社会公认或多数成员认可，以保证程序公正（即过程公正）。程序公正意味着除了合理合法的优惠之外不存在其他形式的豁免、特权和优惠，特别是既得利益集团不能利用其社会地位的优势获得更多的公共服务。

---

① 陈海威：《我国基本公共服务均等化问题探讨》，《中州学刊》2007年第3期。

3. 基本公共服务均等化的一般标准①

根据动态的发展过程，可将公共服务均等化分为最低标准均等化、平均标准均等化、相等标准均等化。根据词义最低标准的均等化不难理解，而平均标准均等化是最低标准均等化的进一步发展，指政府提供的基本公共服务应达到中等的平均水平。相等标准均等化是指经济社会发展到较高水平时，政府提供的基本公共服务的结果是均等的。具体而言，实现基本公共服务均等化就是要实现地区之间的均等，居民个人之间的均等和服务区之间的均等。

（1）地区之间基本公共服务的均等化标准。严格意义而言，公共服务均等化，是指向全国各地的居民提供在使用价值形态上水平大体相同的公共服务。在该标准中，人均财力的均等化水平是重要的衡量标准。人均财力均等化主要是通过各级政府间纵向财政平衡和横向财政平衡两者的有机结合来实现的，并且主要是通过各个层级的政府之间的转移支付来实现财政的横向均衡和纵向均衡，从而缩小地区之间、城乡之间和个体之间财政能力的差异，最终达到各个地区、城乡和个体之间基本公共服务供给水平的均等化。

（2）城乡之间基本公共服务的均等化标准。该标准最早是1978年由英国学者C. 布朗和P. 杰克逊在总结财政联邦主义经验时提出来的②，具体是指国家确定具体的基本公共服务项目，制定出最低的提供标准，通过多级政府分担经费来保障各地政府有能力提供最低标准的服务；国家允许并鼓励有财政能力的地方政府提供更多更好的公共服务，但其经费由提供服务的政府承担。

（3）人群之间基本公共服务的均等化标准。该标准是难度最大、涉及面最广、层次最高的一种格局和目标。具体而言，该标准以具体的公共服务项目为对象，采用统一的全国或地区标准，在经费供给上采用地方与中央分担的方式。设立公共服务标准方法优势明显：能够保证公共

---

① 岳登：《基本公共服务均等化与公共财政制度创新》，中国财政经济出版社2011年版，第88—90页。
② [英] C. 布朗、P. 杰克逊：《公共部门经济学》，中国人民大学出版社2000年版，第233页。

服务质量,灵活可变,有利于减少地方政府在设备供给上的浪费。

4. 基本公共服务均等化的实现途径

比较不同国家基本公共服务的均等化,可以看到各国虽然在实现公共服务均等化过程中时间、方式、程度上存在差异,但都具有一定规律,根据这些规律大体可以总结出以下几条公共服务均等化的实现途径。

(1) 完善财政转移支付法律体系。财政转移制度是实现地区间基本公共服务均等化的有效手段。推进公共服务均等化的实现应当完善财政转移支付法律体系,对财政转移支付的政策目标、资金来源、分配形式、分配程序和分配公式等作出具有权威性的统一规定,增强转移支付决策的公开性、稳定性和权威性。

(2) 以基本公共服务均等化为目标划分各级政府职责,完善中央地方公共服务分工体制。要进一步明确中央和地方的事权,健全财力与事权相匹配的财税体制,根据支出受益范围等原则,依法规范中央和地方的职能和权限,科学界定各级政府的基本公共服务支出责任。充分考虑基本公共服务均等化进程以及各地的财政能力,合理确定中央与地方的负担比例,引导地方政府将公共资源配置到社会管理与基本公共服务领域。

(3) 建立绩效评价制度,强化激励约束机制。[①] 绩效评价机制应体现转移支付资金的政策目标,以量化指标为主。可从投资性项目的评价起步,将投资规模大,对国家和地方影响大,既有社会效益又有经济效益的项目纳入绩效评估范围。而中央财政在分配专项转移支付资金时,应结合上一年对专项转移支付资金的绩效评估结果,对专项转移支付支出效益好的地区适当加大投入力度,对支出效益不高的地区,要相应调减部分专项资金。

---

① 廖文剑:《西方发达国家基本公共服务均等化路径选择的经验与启示》,《中国行政管理》2011 年第 3 期。

第 五 章

调控公共资源

公共资源是相对于私有资源而言的,其调控是行政管理的重要内容。本章将介绍公共资源的基础理论,阐述公共资源的基本领域,并分析公共资源管理的前沿主题。

第一节 调控公共资源概述

近年来,越来越多的学者致力于公共资源的管理,以期能够合理地利用公共资源,维护公共利益,实现公共目标。市场经济条件下,具有理性人假设的消费者对于公共资源的利用往往从私利的角度出发,忽略了过度使用公共资源所导致的外部成本,造成公共资源利用效率低下等困境。早在数千年前,人们就知道了关于公共资源的类似结论,如古希腊哲学家亚里士多德说过:"凡是属于最多数人的公共事物常常是最少受人照顾的事物,人们只关心自己所有的,而忽视公共的事物;对于公共的一切,他至多只留心到其中对他个人多少有些相关的事物。"[1] 在当今社会过度使用公共资源的现象时有发生,在该种情况下如何调控公共资源,维护公共利益,实现公共资源的高效利用就显得尤为重要。

一 公共资源的内涵分析

1. 公共资源的定义

根据《现代经济词典》里的解释,公共资源是属于人类社会公有、

---

[1] [古希腊]亚里士多德:《政治学》,吴寿鹏译,商务印书馆1983年版,第48页。

公用的自然与社会资源。鲍文涵、张明认为，"公共资源是具有排他性却无竞争性的物品";① 艾昆鹏、徐雅杰提出，"人类群体在社会生产和生活中公有共用的基本资料来源都属于公共资源，它既包括自然界自然形成的自然资源，也包括社会中通过人类活动而形成的各种公共设施、公共物品，如各种公共教育、卫生、文化设施与服务，以及国防、司法、行政资源等"。② 学术界关于公共资源的定义存在分歧。韩方彦则认为，"公共资源是指自然生成或自然存在的资源，它能为人类提供生存、发展、享受的自然物质与自然条件，这些资源的所有权由全体社会成员共同享有，是人类社会经济发展共同所有的基础条件，包括空气资源、水资源、土地资源、森林资源、草地资源、湿地资源、矿产资源、海洋资源等"。③ 曾韵也曾提出，"公共资源是指一些不为任何个人或组织所拥有的资源，且社会成员可以自由地对其进行利用，生活离不开公共资源，拿身边的例子来说，环境、空气以及水资源就是典型的公共资源"。④ 卓越、陈招娣认为，"公共资源是一种公共物品，但它并不是经济学家所认为的纯公共物品，它无法同时满足效用的不可分割性，消费的非竞争性和受益的非排他性等三个条件。同时，并不是所有的公共物品都是公共资源。公共资源是指为人类提供生存、发展、享受的自然物质和自然条件，是非人为原因自然生成、自然存在的资源"⑤。综合不同公共资源的定义，本书更倾向于把公共资源定义为自然资源。基于此，本书将公共资源视为一种自然资源，它是自然生成的而非人为创造出来的，其中公共资源包括海洋资源、土地资源、环境资源、水资源等。除此之外，公共资源的所有权是由社会所有成员共同拥有的，而非是个人所有，它是人们生存、发展、享受的重要物质基础。

---

① 鲍文涵、张明：《从市场治理到自主治理：公共资源治理理论研究回顾与展望》，《吉首大学学报》（社会科学版）2016年第6期。
② 艾昆鹏、徐雅杰：《公共资源治理困境与治理模式选择》，《郑州轻工院学院学报》（社会科学版）2017年第4期。
③ 韩方彦：《公共资源的经济属性》，《理论与实践·理论月刊》2009年第3期。
④ 曾韵：《浅谈公共资源的特性及其自组织治理模式》，《现代经济信息》2015年第6期。
⑤ 卓越、陈招娣：《加强公共资源管理的四维视角》，《中国行政管理》2017年第1期。

2. 公共资源的特点

（1）公共资源的一般性特点：从经济学的角度出发，公共资源是公共物品的重要组成部分，具有公共物品的一般属性。萨缪尔森在1954年发表的《公共支出的纯理论》中，指出公共物品是"每个人对这种物品的消费，都不会导致其他人对该物品消费的减少，具有消费的非排他性和非竞争性的特征"[1]。换句话说，公共资源具有效用的非可分割性、消费的非竞争性和受益的非排他性。基于以上说法，本书将公共资源的一般性特点归结为以下几点。一是公共性。公共资源是一种非专有的资源，它是属于国家和全体公民，其使用权也应该属于公众，其目标是为了实现社会大众的共同利益。二是外部性，也称外部效应。公共资源具有整体性，不可分割。一旦遭到破坏，将影响公共资源的整体价值，同时将会产生负面效应，对其他使用者产生负面影响。例如，工厂排放的污水污染了江河，使渔业受到损失，对于受害者而言，这是一种负的效应。三是非排他性。与私人资源相比，公共资源在使用上具有不同程度的非排他性，即集体中每个人对其都有使用权。一定区域和一定时间内，所有成员都可以共同使用公共资源，不能因为某些人使用而不允许其他人使用。为了减少其使用上的冲突，提高公共资源的使用效果，大家就必须共同遵守一定的规则。这种规则是在充分听取所有成员的意见或代表一定范围内利益群体意见的基础上制定的。四是社会性。公共资源的效益是经济、社会和生态三者效益的综合体，评价公共资源价值不仅要注重其经济价值，也应该重视其社会价值，即其追求经济价值的背后，也应当追求包括生态价值、环境价值在内的社会价值。而公共资源的最大社会价值，就是维护公共利益，增进公共福利，让所有社会公共服务资源，不受人们地位、种族、富裕程度和城乡差别的限制，均可平等享受，能够让更多的社会成员享有公共资源，并得到公平公正的公共服务。

（2）公共资源的特性：在本书中，公共资源特指自然资源。基于该理论，公共资源除了具有一般性特点外，又具有自然资源的特性，即系

---

[1] Samuelson, P. A., The Pure Theory of Public Expenditures, *The Review of Economics and Statistics*, 1954 (36), p. 387.

统性、不均衡与稀缺性、非排他性以及效用综合性。首先,公共资源的系统性,是指自然资源是自然界在漫长的过程中自发演化的结果,在自然界中,各种资源形成了一个相互联系、相互依存、相互影响、相互制约的生态系统。所以,公共资源具有系统性和整体要求人们必须合理开发利用资源。一旦人们在开发利用自然资源的过程中,没有合理地利用与开发,那么就很容易破坏这个系统,导致自然资源生态圈的失衡。比如,过度的砍伐会导致水土流失、过度的放牧则会引起草场沙化等。其次,自然资源在全球各地的分布很不均衡,具有失衡性。在全球的分布中,有的地区自然资源丰富,而有的地区则相对贫瘠。即使某地区的自然资源绝对总量相当丰富,如果分布不均匀也会导致相对的短缺。同时,绝大部分的资源是有限的,不是取之不尽、用之不竭的。对于可再生资源来说,其具有一定的再生能力,如果过度开发利用也会出现再生能力锐减等问题。这就是公共资源的不均衡性与稀缺性。再次,公共资源的非排他性。公共资源相对于私人资源而言,它的产权界定非常困难,它不像私人资源那样产权明晰,归属明确,具有较强的排他性。作为公共资源,具有非排他性,在一定的时间或区域内,所有的成员都可以对其进行使用,而不被排斥在外。最后是公共资源的效用综合性。公共资源是属于社会所有成员的,是全社会共有的资源,而非个人和组织的,因而公共资源的开发与利用,最终都是为了社会大众的利益,维护公共利益[①]。为了实现该目标,公共资源在效用上就必须要兼顾全社会的共同利益和社会经济的发展,而不能仅仅局限于满足社会某些特定群体,忽略了社会大众。只有这样,才能体现它的公共属性。公共资源所具有的属性与特点,决定了它是社会所有成员共同拥有的,需要所有社会成员的共同维护。同时也要求人们必须合理地开发与利用这些资源,一旦这些公共资源没有得到较好的开发与利用,得到有效的监督与管理,就有可能导致所谓的公地悲剧、囚徒困境等现象的发生,降低社会福利水平,损害社会所有成员的共同利益。

---

① 艾昆鹏、徐雅杰:《公共资源治理困境与治理模式选择》,《郑州轻工业学院学报》(社会科学版)2017年第2期。

二 公共资源的比较分析

1. 公共资源与公共物品的比较

公共物品是指公共使用或消费的物品，是与私人物品相对应的一个概念，具有消费的非竞争性和受益的非排他性特征。美国的经济学家萨缪尔森在1954年发表的开创性论文《公共支出的纯理论》中，"把物品区分为私人物品和公共物品"。针对私人物品消费的竞争性，萨缪尔森给公共物品定义为"具有消费非竞争性的物品，任何一个人对该物品的消费都不会导致其他人对该物品消费的减少"。此后，在公共物品的定义问题中，马斯格雷夫（Masgrave）在1959年出版的《公共财政理论》一书中明确将非排他性引入公共物品定义，使之与非竞争性一同成为公共物品的基本界定标准[①]。上述观点中的公共物品是指纯公共物品。一般来说，公共物品可分为纯公共物品和混合公共物品，公共资源是混合公共物品的一部分。经济学上"公共资源"的界定是在产权的基础上进行的，是指公共资源具备了不同程度的"竞争性"，同时在一定条件下不具备"排他性"的特征。因此与纯公共物品相比，公共资源具有公共物品受益的非排他性，也具有消费的竞争性。

2. 公共资源与社会资源、行政资源的比较

关于公共资源的内涵，目前还没有统一的定论。首先，在本书中公共资源特指的是自然资源。其次，在《国土资源实用词典》中，社会资源是指除自然资源以外的其他所有资源的总称。它是人类劳动的产物，包括人力资源、智力资源、信息资源、技术资源、管理资源和旅游资源中的人文因素等。也就是说，社会资源是指除自然资源以外，用于公共服务的资源，如图书馆、学校、医院、城市道路、城市公园、路灯、桥梁等，这些公共设施和公共物品是人类长期生活积累创造的为公众所共有的财产，它能为人类的生存和发展创造必要的条件，是关系社会公共利益、关系人民群众生活质量、关系国民经济和社会可持续发展的资源。

[①] Masgrave, Richard A., *The Theory of Public Finance*. New York: McGraw-Hill, 1959, p. 135.

最后，从法学角度来讲，公共资源还应包括行政法所衍生出来的资源。关于行政法衍生出来的公共资源，有的学者认为，"公共资源指自然资源以外、基于有限准入的公共政策形成的稀缺资源，包括对航线航道、无线电频率等有限资源的使用权、限制利用市政资源形成的出租车营运牌照、公交线路以及政府保障垄断地位的公用事业经营权"，[①] 也有学者提出"行政许可法所衍生的公共资源，是指国家建设开发或社会投资形成的、归国家所有且供公众使用的资源，以及在此基础上基于政策而衍生的资源"[②]。

综合以上观点可知，广义上的公共资源是由自然资源和社会资源以及行政许可法所衍生的资源共同组成，在该基础上这三者之间便具有了共性。首先是实体与非实体共存。自然资源一般是以物质实体的形式存在的，而对于社会资源以及行政法衍生的资源则还包括抽象的、非实体的客观存在。这两种存在都有可能被人类所认识并在经济活动中加以利用，形成新的价值。其次是动态性。由于资源是在认识与被认识两方面相互作用的过程中产生的，而作为这一过程的主体的人及其所从事的经济活动与经济活动的客观环境都是在不断变化发展的，这就决定了被认识的资源内容也是在不断变化发展的。最后，分布空间的不均衡性。自然资源由于自然界自身运动规律的作用，表现出来的空间分布的不均衡性是显而易见的，而人类以经济效益为尺度对自然资源有目的、有选择地高强度开发，又进一步加强了自然资源分布的不均衡性。对于社会资源来说在空间分布上同样具有不均衡性。由于自然环境的影响和经济活动本身的规律作用，便造成了人类经济活动的聚集行为，同时各区域社会人文因素各不相同，因而对社会资源的认识和开发程度也各不相同。在世界范围内，社会发展水平造成的这种差距日益增大，资源的空间不平衡性还在逐步加强[③]。因为在本书中公共资源特指自然资源，除了三者的共性外，还有其特殊性，即系统性、不均衡与稀缺性、非排他性以及效用

[①] 王智斌：《行政特许的私法分析》，北京大学出版社2008年版，第86页。
[②] 欧阳君君：《行政许可法中的"公共资源"界定及其合理配置——基于公物理论的分析》，《城市问题》2012年第11期。
[③] 刘镇：《现代社会经济活动中的资源概念》，《当代财经》1989年第10期。

综合性。

三 调控公共资源的价值分析

公共资源作为人类社会公有、公用的自然资源与社会资源,具有竞争性(可交易、定价)和无排他性(产权不明晰),即任何一个人都可以免费使用,但一个人使用该类资源会相应减少其他人对它的享用[①]。正因为此,公共资源在配置和使用上往往会产生"公地悲剧"现象,损害社会所有成员的共同利益。在本书中,自然资源作为公共资源,在维系人们的日常生活和生存、发展以及享受的过程中具有重要作用,同时它也是人们从事各种经济活动的重要资本。自然资源的利用与管理对社会经济和生态环境具有双重效应,既能促进社会经济的发展,又必然对生态环境带来不同程度的影响。合理利用与管理公共资源既可以最大限度地促进社会经济的发展,又能最大限度地减少对生态环境的不利影响,最终达到或趋向可持续发展的目标。

1. 合理调控自然资源配置对经济发展具有促进作用

自然资源是人类社会存在和发展的物质基础。在社会发展过程中,经济活动是人类开发利用自然资源以满足物质和文化需要的活动,它以自然资源为物质基础和劳动对象,充分利用能源、土地、水、森林和矿产等资源来发展经济,因而自然资源是人类立足生存之本和发展进步的源泉。自然资源的合理利用有利于满足人们发展的需求,促进经济的发展。从经济发展角度来看,随着经济增长,人口持续增加以及生活水平不断提高,人类对资源的需求消耗一直呈上升的趋势。由于大部分自然资源的有限性和不可再生性,如果继续沿袭高消耗的发展模式,将会导致自然资源的可采储量不断减少,自然资源的持续供给能力下降也将严重危及人类生存和发展的持续。从整个社会角度看,公共资源具有稀缺性且会被过度使用,当一个人(一代人)使用公共资源时,就减少了其他人(下一代人)的享用。这种"过度使用",最终将导致"公地悲剧"

---

① 周雪飞、景平:《公共资源配置改革的历程、核心问题与机构角色定位》,《产权导刊》2015年第11期。

的出现。哈丁认为，之所以会出现公地悲剧，原因在于"在这样一个人人都被理性规则锁定的系统里，每个人都被驱使在一个有限的牧场上无节制地增加自己的牲畜，结果是每个人都在追求自己最大利益的道路上走向共同毁灭"。[①] 由此可知，国家在面对越发稀缺的公共资源，尤其是许多不可再生的自然资源时，加强对公共资源的管理与利用就显得尤为重要。此外，合理调控公共资源也可以有效地解决各种社会问题，保持社会稳定，为经济发展创造良好的社会环境。合理调控公共资源还可以增强社会凝聚力，调动劳动者的积极性，促进人力资本的增加等为经济长远发展奠定基础。目前，全球越来越重视自然资源的利用与管理，希望能够促进经济的发展。例如，在中国的"十一五"和"十二五"规划中，对自然资源的利用与管理方式不断深化，使得自然资源的配置效率得到明显提升，综合效率逐步提高，这对中国未来经济发展起到了积极的引导作用。

2. 合理调控自然资源配置对可持续发展具有促进作用

目前，全球非常重视可持续发展战略，可持续发展是人类对新情势审思作出的必然选择，自然资源作为可持续发展的一个独立子系统，决定着可持续发展的得失成败。可持续发展作为人类未来的共同发展战略，它将人类社会发展与自然资源开发和环境保护结合起来，是当前最新的一种发展理念，并逐步成为全球立法的一项指导性原则。基于可持续发展角度，就要合理开发和利用自然资源。如何调控自然资源，应遵循以下原则：公平分配原则，效益发展原则，协调持续原则，合理利用原则以及市场调节和国家宏观调控相结合的资源有偿使用原则。在国家发展历程中，如果单纯追求经济增长的速度而忽视自然资源自身的发展模式，那么自然资源就会面临严峻的挑战，从而阻碍可持续发展战略的实施；而合理利用自然资源有利于践行可持续发展战略，促进国家发展。因此，自然资源的利用与管理应当既满足当代人的需求又不对后代人需求构成危害，人类对自然资源所采取的保障措施应当对自然生态环境，人类（当代、后代）生活环境构成最有效的维护屏障，并在此基础上实现延续

---

① Hardin, G., The Tragedy of the Commons, *Science*, 1968 (12), p. 162.

不断、良性循环的发展，以最终满足人类不断提高的生活质量①。例如目前中国组建自然资源部，便是一个典型案例，其目的是保护自然资源，促进自然资源的可持续发展。

四 公共资源管理的模式选择

在现实生活中，公共资源困境时有发生，如何有效地去管理公共资源，避免公共资源悲剧的发生，确保公共资源能够得到永续利用，实现社会整体利益或公共利益的最大化，这个难题一直困扰着社会大众。为了更好地管理公共资源，本书提出了四种公共资源的治理方式：政府的公共资源科层制治理模式、市场的公共资源市场机制治理模式、社区的公共资源自主组织治理模式以及多中心的公共资源网络治理模式②。

1. 政府：公共资源的科层制治理模式

科层制治理，作为一种传统的治理模式，最早由韦伯所提出，主要特征可以概括为："强调集权主义，以精确、稳定、有纪律、严肃紧张和可靠为准则，在既定的章程和规则的约束范围内，通过职务等级而形成的权威影响所形成的集体行动形式。"③科层制是一种社会组织的特殊形式，它建立在组织内部的等级权威关系之上，政府制度是科层制最重要的体现。一般当人们在面临公共资源的困境与难题时，最先想到的是依靠政府的强制性权威。在1973年，奥普尔斯就提出，"由于存在着公地悲剧，环境问题无法通过合作解决，所以加强政府强制性权力的合理性得到了普遍认可"。同时，哈丁也认为，"在一个杂乱的世界上，如果想要避免毁灭，人民就必须对外在于他们个人心灵的强制力，用霍布斯的术语来说就是'利维坦'，表示臣服"。从上述观点中我们可以得知，在公共资源管理上，政府起着非常大的作用，是公共资源管理的重要主体。

---

① 靳文辉、曾涛：《可持续发展视野下自然资源法的基本原则》，《商洛师范专科学校学报》2003年第4期。

② 唐兵：《公共资源的特性与治理模式分析》，《重庆邮电大学学报》（社会科学版）2009年第1期。

③ ［德］马克斯·韦伯：《经济与社会》，阎克文译，上海人民出版社2010年版，第85页。

其中，科层制政府可以通过以下方式对公共资源进行管理。首先，政府利用强制性的公共权力管理公共资源。例如，通过禁止令和处罚权来禁止和处罚滥用公共资源的人们。其次，建立完善的公共资源保护体系。最后，政府通过制定政策法规，引导和激励全社会共同参与公共资源的治理。要想发挥政府在公共资源管理上的作用，政府必须具备完全信息、具有监督的能力、制裁的可靠有效以及管理的成本费用为零，否则，政府难以发挥其作用，实现公共资源管理的预期目标。

2. 市场：公共资源的市场机制治理模式

对于政府科层制治理模式，存在着争议，例如学者对政府的过度警惕和对市场的充分信赖，认为通过市场机制来解决公共资源治理难题是一种最优的选择。其中，市场机制包括价格机制、供求机制、竞争机制以及风险约束机制等。市场如何有效地解决公共资源困境，主要是由市场的价格、供求与竞争等法则来管理公共资源，以期达到公共资源配置效率的最大化。按照这些学者的设想，只要产权明晰，在利益激励和风险约束下，利用市场交换和价格机制来分配公共资源，就能实现对自然资源的最佳管理与利用。对于市场机制来说，产权明晰是其发挥作用的关键。事实上，在现实生活中难以通过市场来对公共资源的产权范围进行界定。由此可知，市场对于管理公共资源方面也是有限的，即市场管理的公共资源必须具备如下条件。一是公共资源的规模和范围。在市场发挥作用的前提下，公共资源的规模和范围不能太大，涉及的消费者必须是有限的。二是公共资源在排他上应当是可能的，如公共池塘资源和公共牧场资源，可以通过一定的技术手段，或者实行"使用者付费"实现排他，否则市场的作用难以奏效。三是市场机制在资源管理方面必须要有制度保障，如产权制度和政府规制。正如盖瑞·米勒所说："市场经济能否平稳有效地运行，取决于产权能否清晰界定、市场参与者之间能否以低成本进行暗盘，以及监督并实施合约的能力。"[1] 因此，在公共资源管理问题上，不能过度地夸大市场的作用，否则有可能造成公共资源的

---

[1] [美]盖瑞·米勒：《管理困境——科层的政治经济学》，王勇译，上海三联书店2002年版，第39页。

恶性循环以及负面效应。总之，要想更好地管理公共资源，必须有效地利用政府和市场的作用，将二者有机结合。

3. 社区：公共资源的自主组织治理模式

在公共资源管理方面，如果科层制政府和市场都失灵，那么就要充分利用社区的作用。制度分析学派研究表明："无论国家还是市场，在使个人以长期的、建设性的方式使用自然资源系统方面，都未能取得成功。而许多社区的人们却能借助既不同于国家也不同于市场的制度安排，在较长的一段时期内，对某些资源系统成功地实行适度治理。"[①] 这说明社区在公共资源管理方面具有独特的优势，在社区中，人与人的管理比较密切，具有共同的价值观，在公共资源问题上就比较容易达成一致性。此外，社区内部长期形成的社会机制，诸如声望、信誉、道德、舆论等，对社区成员构成了一种无形的监督和约束，使得违规者难以逃脱社会的惩罚。同样的，社区治理不是万能的，它也具有局限性。由于现在社区文化经常受到外来文化的冲击，社区在公共资源管理中的作用越来越微弱。

4. 多中心：公共资源的网络治理模式

公共资源网络治理是新的治理模式，有利于解决公共资源问题。公共资源网络治理模式是指，在公共资源治理过程中，政府组织、非政府组织、营利性组织、公民个人等多个相对独立的治理主体之间构成一种相互依赖和相互信任的关系网络，并在这一网络中，通过相互学习与资源共享，以及有效的沟通与协作等方式，最大化地维护和增进公共资源治理效果的过程。换句话说，在公共资源治理中，除了政府之外，还存在着其他的治理主体，例如非政府组织、企业以及公民等，它们共同组成了一个治理网络，共同对公共资源进行管理。公共资源的网络治理是多个治理主体通过彼此间的沟通与协调来共同管理、利用公共资源，它们有一个相同的目标，那便是有效利用公共资源，实现公共资源的永续利用，维护公众的利益。此外，网络治理在公共资源管理方面具有如下特征：一是治理网络是建立在一种资源的相互依赖关系中，通过相互的

---

① ［美］埃莉诺·奥斯特罗姆：《公共事物的治理之道》，余逊达、陈旭东译，上海三联书店 2000 年版，第 286 页。

沟通与信息交流，弥补公共资源治理中信息的不完全和不对称现象，以减少公共资源的不确定性；二是网络治理是一种相互协作的而不是命令式的关系，它是多个主体之间相互合作与协商，共同管理公共资源；三是网络治理的适用性相对来说较为广泛，它可以是全球性的环境问题，也可以是一个小范围的资源管理①。目前网络治理在公共资源管理方面仍存在着问题，还需进一步地探索与研究。

第二节　公共资源的基本领域

自然资源是人类社会存在与发展的物质基础，人类开发利用自然资源以满足自身物质和文化的需要。本书所涉及的自然资源如土地资源、矿产与能源、水和环境、海洋资源、森林与草原等资源是人类立足生存之本和发展进步的源泉。随着经济增长、人口持续增加和生活水平的不断提高，人类对自然资源的需求消耗一直呈上升的趋势。由于大部分资源具有有限性和不可再生性，如果继续沿袭高消耗的发展模式，资源的可采储量将不断减少、自然资源的持续供给能力下降将严重危及人类生存和发展的持续，因此对自然资源的基本领域进行分析具有重大的意义。

一　土地资源

1. 土地资源的内涵

随着可持续发展战略的实施及城市化建设工作的推进，土地资源的开发、利用及保护成了首要问题，解决土地问题可以避免城乡建设与人地矛盾进一步加深，还能够缓解土地资源大量浪费与污染的问题，改善土地资源供不应求局面。这要求我们对土地资源进行合理化的规划和整顿，确保土地资源能够实现可持续发展。

土地资源是由地球表面一定范围立体空间的气候、地貌、地质、土壤、水文、生物等自然要素组成，同时又时刻受到社会经济条件影响的一个复杂的自然、经济综合体。人们通过对土地的特性、质量及数量等

---

① 唐兵：《社会资本与公共资源网络治理》，《中共福建省委党校学报》2011 年第 8 期。

问题进行研究，从而让土地资源得到有效合理的利用及保护①。

土地资源有着位置固定、各类土地资源分布不平衡、土地资源开发难度大、各种土地灾害频发等特点。因为各种类型土地资源的地理位置是固定不变的，我们不能像搬动各种物品那样把土地从一地运往另一地，不能移动的土地和特定的社会经济条件结合在一起，从而使土地利用具有明显的地域性差异。与位置固定相联系的是土地自然条件的地带性规律，如气候条件、温度条件、水文条件都是与此相联系的；由于不同地区区域差异显著，地形条件复杂，山地、高原、丘陵、盆地、平原等各类地形交错分布，形成了复杂多样的土地资源类型，各类型土地资源分布不平衡；在各种土地类型中，沙漠、戈壁、冰川和永久性积雪等难以开发利用、质量不高、不能供农林牧业利用的土地所占比例较大；土地灾害是指在自然或者人为因素的作用下形成的对人类生命财产、环境造成破坏和损失的现象，随着人类对自然索取的加重，超量开发土地资源，造成水土流失、土地沙化等土地灾害频发，崩塌、滑坡、泥石流等灾害也随之增多。

2. 土地资源的内部结构

土地类型研究是综合地理学和土地科学研究的重要内容，对土地资源调查和监测、用地布局和结构调整、土地开发利用和整治、土地评价与规划管控等均具有十分重要的指导意义。

（1）按土地的自然属性分类即按照基本地貌类型的土地自然类型划分。首先，根据受大地构造控制的陆地地貌类型，将土地划分为大平原、大高原、大盆地和大山地4种大型单元的土地自然类型纲②。然后，再依据基本地貌类型，对大平原、大高原、大盆地、大山地进一步划分。基本地貌形态类型是由宏观地貌形态和地势等级综合而成③。陆地基本地貌形态包括山地、丘陵、高原、平原和盆地。地表的相对起伏度和地貌面

---

① 李暾吾：《浅谈中国土地资源研究进展与发展趋势》，《西部资源》2015年第6期。

② 吴诗嫚、李祎琛、卢新海、匡兵、赵微：《利益均衡下农地整治权属关系调整的研究进展》，《中国土地科学》2016年第30卷第7期。

③ 周成虎、程维明、钱金凯、李炳元、张百平：《中国陆地1∶100万数字地貌分类体系研究》，《地球信息科学学报》2009年第11卷第6期。

的海拔在宏观上体现了地貌内营力作用的特征和性质，是最基本的地貌形态指标。因此，基于基本地貌类型的土地自然类型，称为土地基本自然类型，共33种类型①。

（2）按土地的经济属性分类：如按土地的生产水平、土地的所有权、使用权等进行分类。按所有权性质分类，土地可以分为国有土地和集体土地；按获得途径分类，可以分为出让土地和划拨土地。

（3）按土地的自然和经济属性以及其他因素进行的综合分类：中国从实际情况出发，同时借鉴国外一些发达国家的经验，中国新颁布的《土地管理法》，科学地将土地分为三大类，即农用地、建设用地和未利用地。农用地是指直接用于农业生产的土地，包括耕地、林地、草地、农田水利用地、养殖水面等；建设用地是指建造建筑物、构筑物的土地，包括城乡住宅和公共设施用地、工矿用地、交通水利设施用地、旅游用地、军事设施用地等；未利用地是指农用地和建设用地以外的土地。

为了更有效地管理土地，在上述三种分类的基础上，中国土地管理工作者又将土地作了更进一步的分类，其方法是按照《土地利用现状调查技术规程》中使用的土地利用现状体系，根据土地的用途、利用方式和覆盖特征等因素，将土地分为8大类46小类。

3. 公共土地资源的重点研究趋势

国内外学者针对土地资源、利用与规划问题展开了大量研究，并取得了一定进展。关于公共土地资源的重点研究主要涉及土地资源，利用与规划研究涉及土地资源保护、土地生态、土地利用变化、土地利用规划等方面②。

土地资源研究方面，探讨土地资源价值评估理论及方法，重点关注制度层面的土地资源保护，土地资源配置问题。土地生态研究方面，重点关注土地生态风险评价和生态服务价值评价，注重生态变化机制等理论研究，关注城市建设用地扩张的生态安全模式、土地利用对生物多样

---

① 尹海魁、许皞、李大伟、夏书培、周亚鹏、赵文廷：《中国土地自然类型划分的探讨》，《江苏农业科学》2017年第45卷第1期。

② 林坚、付雅洁、马俊青、叶子君：《2016年土地科学研究重点进展评述及2017年展望——土地资源、利用与规划分报告》，《中国土地科学》2017年第31卷第3期。

性的影响等。土地利用变化研究方面，关注土地利用变化的驱动因素及其生态影响效应、土地利用变化研究的技术工具进展。土地利用规划研究，强调规划评估的现实与规划的一致性以及土地利用规划与各类资源规划的整合，国土空间分类体系、土地利用评价、土地利用管控策略以及规划协同创新等方面得到较多的探讨。

4. 土地资源管理

土地资源管理的核心问题是土地合理利用。关于充分合理地利用现有土地资源的途径，借鉴古今中外之经验，无非有两条：一是从土地利用广度扩展，不断扩大可利用土地面积，即提高土地利用率（外延型）；一是向土地利用深度挖潜，增加劳动和物质投入，不断提高土地集约经营水平，即提高土地生产率（内涵型）。土地在社会物质生产中占有的重要地位，它既是生产力的组成要素，又是生产关系（土地关系）的客体。土地关系一方面体现为人和物之间的意志关系，另一方面也体现为人和物之间的物质关系。意志关系表现为土地的占有关系，如某块土地归谁所有，归谁使用；物质关系表现为土地占有关系的量的表现，如丈量土地面积，确定土地利用界线，在用地单位之间、国民经济各部门之间分配土地。从再生产角度来看，这种部门间的土地分配不可能是一次性的。随着生产力的发展，必然产生在时空上周期性地更新再分配过程的必要性，土地关系也随之发展与变化，并在此基础上形成其特有的规律。土地不是简单的有关因素的空间综合体，而是个有机的目标系统。其内部构成因素的组合要达到一定的组织上的整体性要求。因此，土地资源利用与保护的组织的目的在于建立系统的有序性。从系统论观点来看，组织土地资源利用和保护是一个复杂的系统。协调和控制土地资源合理利用与保护的生产（包括生产力和生产关系）诸因素之间的相互关系，重新组合新的整体，从而获得整体的组合效应。对土地资源实行科学管理，必然涉及社会科学和自然科学中有关学科的研究领域，必须综合运用有关学科在土地资源利用与保护方面所取得的各项成果。因此，土地资源管理学是一门多学科大交叉形成的应用性和综合性学科[①]。

---

① 王万茂：《土地资源管理学》，高等教育出版社2003年版，第19—34页。

二 矿产与能源资源

1. 矿产和能源的内涵

矿产资源是一个自然概念，矿产资源是指地球在亿万年的演化过程中经过地质作用、地质变化过程等外在条件形成的，因为大部分矿产资源来源于地壳，包括来自地壳内的，也包括地壳上的物质，由于地质作用、外在因素形成的呈现出固态、液态或气态的具有潜在经济价值的天然富集物。既包括发现的对其储量、特性和地理位置等特征已经取得一定了解的矿物质，也包括经过预测可能存在的矿物质；既包括通过科学技术的投入取得一定经济价值的矿物质，也包括未来可能开发利用并具有经济价值的矿物质[1]。

能量作为物质的重要属性，是一切物质运动的动力。从科学意义上讲，凡是能够提供某种形式能量的物质或物质的运动，统称为能源。例如，阳光、风、流水、潮汐、木材、煤炭、石油等，它们或能直接产生能量，或可在一定条件下转化为能量。这些都是大自然赋予人类的宝贵能源，并分别以光能、热能、电能、机械能等不同的形态服务于人类。

矿产资源具有不可更新性和分布不均衡性两个特点。首先，矿产资源具有不可更新性。矿产资源的形成时间和人们开采利用时间是非常不成比例的，有用元素或有用矿物的富集过程都是经历了漫长的岁月，多达几百万年、几千万年，甚至几亿年至几十亿年；而被人们开采和利用的速度却是相当惊人的，一个贮藏量较丰的矿床，往往几年、几十年就可被人们开采殆尽。因此，对于短暂的人类社会历史阶段而言，矿产资源是不可能再生的。其次，矿产资源分布不均衡性。矿产资源在地球上的分布是极不均衡的，它不像生物资源那样具有明显的地带性。矿藏往往集中分布在某些地域，而多数地区没有分布。由于地壳构造及其物质组成在空间分布上常呈镶嵌状格局，相邻地块之间的差异又比较大，因而造成了矿产资源分布的不均匀性。

---

[1] 吕文生、杨鹏：《矿产资源法基础》，《资源科学》2012年第3期。

能源的特点分为常规能源和新能源两类来叙述。常规能源在技术上比较成熟，开采简单容易，便于运输和储存，而且提供能源的过程很稳定。首先新能源清洁环保，使用中较少或几乎没有损害生态环境的污染物排放；其次，除核能和非常规化石能源之外，其他能源均可以再生，并且储量丰富，分布广泛，可供人类永续利用；最后，应用灵活，因地制宜，既可以大规模集中式开发，又可以小规模分散式利用。

2. 矿产和能源的重点研究趋势

（1）能源的重点研究趋势：主要从"石油"与"天然气"、"常规"与"非常规"、"化石"与"非化石"三个方面来叙述

①"石油"与"天然气"新趋势。从国际能源发展形势和石油公司勘探开发动向来看，"稳油增气"是大势所趋，天然气将形成对石油的"第一次革命"，进入天然气发展时代。

②"常规"与"非常规"新趋势。"常""非"并举已经被纳入各大石油公司的发展战略，坚持常规油气为勘探主体，做足常规，搞透非常规关键技术理论，循序渐进实现有效开发。从长远看，页岩气、页岩油、天然气水合物（以下简称为水合物）等非常规资源潜力很大，一旦技术取得突破，必将形成对常规油气的"第二次革命"，尤其是"水合物革命"，有可能比页岩气革命来得更具颠覆性。

③"化石"与"非化石"协同发展的新趋势。传统化石能源不可再生，可再生的非化石新能源必将完成对传统能源的"终极革命"。风能、太阳能、地热能以及当下快速发展的储能、氢能，均展现出广阔的发展前景，或许还等不到化石能源枯竭，"新能源革命"就将提前到来[1]。

（2）矿产资源重点研究领域：主要从加强海底资源开发和新型代替资源两方面讲述

①加强海底资源的勘查开发。辽阔的海洋是全人类的共同财富，特别是深海底资源开发有着诱人的美好前景。但深海底资源开发必须造福于人类，开发者必须妥善解决好海底资源开发与环境保护的问题，使资

---

[1] 邹才能、赵群、张国生、熊波：《能源革命从化石能源到新能源》，《天然气工业》2016年第36期。

源开发与环境保护协调发展,有助于满足当代人和后代人不断增长的生活需要。同时,还要注意积极发掘无人区的采矿量,例如我国西部矿产资源勘查程度仍远低于东部,与此同时要以西部无人区找矿突破支撑保疆戍边国家战略。在矿产勘查突破战略行动上,要有针对性、突出重点,找矿突破不仅支撑国家的经济社会发展,更是开发国土、保疆戍边的国家重要战略。

②加强新型替代资源的寻找评价和开发利用研究。赋存于页岩中的天然气,以吸附气和水溶气形式赋存,属于低产。如今关键是开采技术,水平钻井、水力压裂、微地震监测是页岩气开发的核心技术。燃烧 1 立方米天然气水合物(可燃冰)释放的能量约相当于 164 立方米的天然气,全球可燃冰的总量是所有煤、石油、天然气总和的 2—3 倍[①]。

三 水和环境资源

1. 水和环境资源的内涵

由于水的类型繁多,水资源具有动态特征,各种类型水体相互联系,相互转化;水资源包含质和量两方面,并在一定条件下可以改变。所以我们从广义和狭义两方面来定义水资源的概念。广义上,它强调的是水资源具有被人类利用的潜力,地球上一切形态的水都有可能被人类利用,因此一切旨在被利用和可能被利用的水都属于广义水资源[②]。目前,较为统一的定义是自然水体中的特有部分,即由大气降水补给,具有一定数量和在人类现有技术条件下直接被利用,且年复一年有限可循环再生的、水质满足特定行业标准的淡水,它们在数量上等于地表和地下径流的总和[③]。狭义上的水资源概念同样回答了水资源具有什么样的形态、如何用的问题,考虑了水资源的时间、空间和数量质量的限制,强调在现有人类社会经济和技术条件下能被人类利用和对人类有价值的水。地表水资

---

① 熊永兰、张志强、张树良、赵纪东:《矿产资源领域国际科技发展趋势分析》,《世界科技研究与发展》2010 年第 31 期。

② 胡德胜:《最严格水资源管理制度视野下水资源概念探讨》,《人民黄河》2010 年第 3 期。

③ 孙福德:《关于水资源概念界定的探讨》,《现代化工》2012 年第 6 期。

源和地下水资源都属于上述狭义水资源范畴,与常规水资源概念具有一致性。

"环境资源"概念的含义并不是简单的"环境"和"资源"的概念之和。它既包含了"环境"概念的含义,又包含了"资源"概念的含义,但更重要的是它体现了"环境"与"资源"之间的辩证关系,即"环境的资源化"和"资源的环境化"双重含义。关于环境的概念是指影响人类生存和发展的各种天然的和经过人工改造的自然因素的总体。关于资源的概念,是指在一定时间条件下,能够产生经济价值,提高人类当前和未来福利的自然环境因素的总称。从环境和资源的概念含义看,二者有着重要的共同点,即都是指"自然因素的总称";二者又有着重要的不同点,即两个概念强调的重点不同:环境概念强调的是自然总体对人类的生存和发展的影响,而资源概念强调的是自然环境因素产生的经济价值①。

水资源特点具有可再生性、不可替代性、有限性和不均性。首先,可再生性是指水资源系指在某一区域内逐年可以得到更新和恢复的淡水资源量,大气降水是其补给源。水资源其可再生性主要表现在:经人类开发利用后能够通过大气降水得到补给,并在一定时空范畴内保持动态平衡,其补给恢复性主要决定于自然环境条件系统中水的可循环性。其次,是不可替代性,水资源不仅是人类及其他一切生物生存的必要条件和基础物质,也是国民经济建设和社会发展不可缺少的资源。水是一切植物生存生长进行光合作用和输入营养物质的要素;水是工业生产不可缺少的原料、溶剂、交换介质等②。最后,是水资源的有限性及不均匀性,从对水资源量的分析中可以看到,可供人类开发利用的地球淡水资源量不多,在空间和时间上分布都极不均衡,与人类的需要相差很远。加之水基本上是就地利用,难以远距离输送,世界上不少地区水资源匮乏。例如,我国是世界上水资源比较贫乏的国家之一,同时,也是世界

---

① 耿世刚:《环境资源一个全新的概念》,《中国环境管理干部学院学报》2013 年第 2 期。
② 耿雷华、黄永基、郦建强、陈晓燕:《西北内陆河流域水资源特点初析》,《水科学进展》2002 年第 4 期。

上水旱灾害频发的国家之一。突出表现在水资源地区分布很不均匀,与人口、土地、矿产资源、经济建设的分布与匹配也不相适应,年际变化和年内变化较大。

环境资源具有区域分异性及整体性、多用途性、计量不准确性三个特点。首先,区域分异性及整体性,由于地质营力对地壳的长期作用和演化形成变化万千的地质地貌,从而造成了环境资源在地理上的区域分异性。而各种资源并非孤立存在于某一区域,它们相互作用、共存于某一区域乃至整个地球并构成一个整体。所不同的是各种资源在区域或整个地球的分布存在着显著的非均衡性,有着贫富之分。其次,是多用途性,不同资源有不同的用途,而同一资源在不同条件下或不同时期也具有多种用途,也就是说环境资源具有非唯一性用途。最后,是计量不准确性,环境资源存在于复杂而广阔的地域空间,乃至整个地球[1]。由于人类认识和科学技术水平的局限,人类不可能对环境资源的种类和数量进行全面而准确的计量。

2. 水和环境的重点研究内容

(1) 水资源重点研究领域及热点问题

①热点问题。纵观国内外相关研究,水资源研究领域的热点问题主要包括以下六个方面:第一是水资源配置与管理新方法;第二是集成经济、环境、生态、水文与水资源管理的综合模型;第三是水资源分配系统的水质安全与公共健康;第四是地下水含水层保护修复;第五是水资源管理决策的不确定性和风险分析;第六是流域管理中的公众参与[2]。

②环境资源重点研究内容。这个充满环境危机感的时代,开发新资源、创造新生产方式的时代,环境危机为技术、制度和组织创新提供了激励。国内外重点研究如何构建好绿色政策体系和监控机制与绿色考评体系、如何让科技创新机制成为环境资源利用主要的动力机制。

---

[1] 庞淑萍:《论环境资源的概念及其价值》,《经济问题》2010年第12期。
[2] 夏军、左其亭:《我国水资源学术交流十年总结与展望》,《自然资源学报》2013年第28期。

(2) 水资源重点研究领域

实现水资源的安全、高效和持续利用,是当前人类发展进程中所面临的重大实践需求,也是水资源研究的中心任务。围绕上述中心任务,国内外在水资源评价与价值量核算、水资源配置、水资源调度、水资源利用效率评价和水资源管理等五方面开展了深入研究,并成为水资源研究的重点领域[1]。

四 森林和草原资源

1. 森林和草原资源的内涵

森林资源是指一个国家或地区林地面积、树种及木材蓄积量等的总称[2]。森林资源是林地及其所生长的森林有机体的总称。这里以林木资源为主,还包括林中和林下植物、野生动物、土壤微生物及其他自然环境因子等资源。林地包括乔木林地、疏林地、灌木林地、林中空地、采伐迹地、火烧迹地、苗圃地和国家规划宜林地[3]。草原是一种自然资源,是自然界中存在的、非人类创造的自然体,它蕴藏着能满足人类生活和生产需要的能量与物质。因此草原资源可以定义为具有数量、质量、空间结构特征,有一定面积分布,有生产能力和多种功能,主要用作畜牧业生产资料的一种自然资源。草原资源数量是指草原面积的大小、草原产草量和载畜量的高低。

森林资源具有可再生性和再生的长期性、不可替代性的特点。首先,在一定条件下森林具有自我更新、自我复制的机制和循环再生的特征,保障了森林资源的长期存在,能够实现森林效益的永续利用。但是,森林资源所具有的可再生性和结构功能的稳定只有在人类对森林资源的利用遵循森林生态系统自身规律,不对森林资源造成不可逆转的破坏的基础上才能实现。因为林木从造林到其成熟的时间间隔很长,天然林的更

---

① 赵生才:《全球变化与中国水循环前沿科学问题》,《地球科学进展》2015 年第 17 期。
② 崔国、邢韶华、姬文元、郭宁:《森林资源可持续状况评价方法》,《生态学报》2011 年第 19 期。
③ 涂超华:《中国已成森林资源增长最多和林业产业发展最快国家》,新华社网 2016 年 12 月 18 日。

新需更长的时间，即便是人工速生林也要 10 年左右的时间，这就影响到森林资源的再生性和系统的稳定性。其次，森林资源功能的不可替代性，森林作为一个生态系统，是地球表面生态系统的主体，在调节气候、涵养水源、保持水土、防风固沙、改善土壤等多方面的生态防护效能上有着重要的作用，并且地球表面生态圈的平衡也要依靠森林维持①。

首先，草原资源具有分布广泛性和结构整体性的特点。草本植物的抗逆性和适应性很强，资源分布广泛而量大。它是在气候、土壤等自然条件下形成的植物群落，并与环境因素构成一个整体。其次，草原资源类型具有地域性和演变的不可逆性。地球上有多种多样的草地生态环境，从而形成了各种类型草资源的地域性特点。草资源的演变常取决于环境因素的影响，但也改变着环境因素，从而形成了草资源演变过程的不可逆性。最后，草原资源量具有有限性和生产潜力的无限性。草资源及其利用是有限的，但科学技术的进步可不断提高草原资源的量与质，因而生产潜力是无限的。草原资源对人类具有生产功能、防护功能和环境功能。

2. 重点发展趋势

（1）生物质能源战略已成为许多发达国家的重要能源战略

利用现代科技发展生物质能源，已成为解决未来能源问题的重要出路，被认为是解决全球能源危机的最理想途径之一。森林作为一种十分重要的生物质能源，就其能源当量而言，是仅次于煤、石油、天然气的第四大能源，而且具有清洁安全、可再生、不与农争地、不与人争粮等优点，被称为"未来最有希望的新能源"。当前，国际林业生物质能源发展的新动向主要有以下几点。在政策方面，世界上大多数国家都在寻求林业生物质能源发展之道，出台了各种扶持政策，并制定了林业生物质能源利用规划。在技术方面，一是世界上许多国家都在开展能源植物及其栽培技术的研究，通过引种栽培建立新的能源基地，如"石油植物园""能源农场"等，并提出"能源林业"的新概念。二是在生物燃料技术方

---

① 张永利：《强化政策落实，实现森林资源永续利用》，"全国天保工程区公益林管护和森林抚育工作现场会"，2012 年 10 月 19 日。

面，除了传统的燃料乙醇、生物发电、颗粒燃料之外，木质纤维素生物化学转化、生物炼制转化、热化学转化、化学转化等先进技术的研发，为林业生物质能源拓展了更广阔的发展空间。

(2) 牧区开展现代化草业生产

当前，世界农业发展的规律是畜牧业（特别是食草动物）的比重日益增加，发达国家大都完成了由以农业向以牧业为主或农牧并重的转变。草是农、林、牧三者之间的纽带，应该充分利用这些自然和资源条件，发展草业和畜牧业，形成新的农业生产结构体系。这也是弥补这些地区耕地少和减轻农田压力的有效措施。

这是一项包括种植、畜牧、养殖业在内的综合性事业，也是知识密集型的产业。在畜牧环节，涉及放牧方式、肥育饲养、畜草平衡等。畜产品的加工利用要运用现代生物学技术，综合加工，取得有价值的产品，如培养食用真菌、废物饲料化、产沼气等。所以牧区发展现代化草业，将会形成符合生态规律的牧业生产新体系，保护和促进草原生态系统的恢复和发展[1]。

五 海洋资源

1. 海洋资源的内涵

海洋资源指的是自然资源分类之一。指形成和存在于海水或海洋中的有关资源。包括海水中生存的生物，溶解于海水中的化学元素，海水波浪、潮汐及海流所产生的能量、贮存的热量，滨海、大陆架及深海海底所蕴藏的矿产资源，以及海水所形成的压力差、浓度差等[2]。

海洋资源具有两个特性，即自然特性与经济特性。首先，海洋资源的自然特性是海洋资源自然属性的反映，是海洋资源所固有的，海洋资源的自然特性有以下几个方面[3]：海洋水体流动性；海洋空间立体性；海

---

[1] 韩文祥:《草原生态保护补助奖励机制政策的实施及存在的问题》,《畜牧与饲料科学》2013年第1期。

[2] 王泽宇、卢雪凤、韩增林:《海洋资源约束与中国海洋经济增长——基于海洋资源"尾效"的计量检验》,《地理科学》2017年第10期。

[3] 姜旭朝:《海洋资源——中国的资源宝库》,《中国报道》2010年第10期。

域质量差异性；使用功能永久性。任何生产资料都会在使用中逐渐磨损，直至废弃，而海洋资源作为一种生产要素，只要合理使用，就可以做到海洋的永续利用。其次，海洋资源的经济特性，是以海洋资源的自然特性为基础，在人类开发利用海洋中产生的。主要有以下几点[①]：供给的稀缺性；利用方向变更的困难性；报酬递减的可能性；利用后果的社会性。由于其一体的构成和流动的形态，某一海洋经济区域的开发利用，不仅影响本区域内的自然生态环境和经济效益，而且必然影响到邻近海域甚至更大范围内的生态环境和经济效益。

2. 海洋资源的内部结构

（1）海洋矿产资源和食物资源。人们已经发现的矿产资源有以下六大类：石油、天然气；煤、铁等固体矿产；海滨砂矿；多金属结核和富钴锰结壳；热液矿藏；可燃冰。位于近海水域自然生长的海藻，如果把这些藻类加工成食品，就能为人们提供充足的蛋白质、多种维生素以及人体所需的矿物质，海洋中还有丰富的肉眼看不见的浮游生物，都可加工成食品，海洋中还有众多的鱼虾，都是人类的食物。

（2）海水能源和海洋药物。海水不但可以通过其热能和机械能等给我们电能，从海水中还可提取出像汽油、柴油那样的燃料——铀和重水。人们从海洋生物中提取出了一些治疗白血病、高血压、迅速愈合骨折、天花、肠道溃疡和某些癌症的有效药物。

（3）海滨旅游。充分利用大海的自然风光，开发海滨旅游，也是人们利用与开发海洋资源的一个重要方面。中国十分重视海滨风景区的开发和建设，像我们熟悉的秦皇岛、普陀山和厦门等都是重点开发的海滨旅游区，每年都有大批的海内外旅客到这些地方旅游。

3. 海洋资源的重点研究趋势

（1）海洋环境与物种保护

当今世界非常重视海洋保护，不管是生态环境还是海洋资源，这在海洋战略中就能体现出来，因此这也是海洋研究的重点之一。为了开展相关研究工作，应建立冷水珊瑚和海绵礁专业中心水产风险评估专业中

[①] 孙吉亭：《论我国海洋资源的特性与价值》，《海洋开发与管理》2003 年第 3 期。

心和水生动物健康与研究诊断专业中心。在具体研究中，水生动物健康、水生入侵物种、濒危物种考察、海洋酸化研究、海洋污染防护以及海洋噪声影响等都是世界各个科研机构的热点话题，应有针对性地开展海洋保护区项目与生态系统监测项目①。

(2) 海洋监测与数据信息

随着海洋科技的不断发展，了解海洋构成与原理监测、海洋实时动态与量化海洋研究工作必然成为海洋研究的重点。为此，先后实施了多个海洋观测网项目，收集海洋的各类动态数据，并开展海洋建模与数据分析工作。同时，也要积极投入水文测量、海洋预警地质调查与海图绘制等工作，并致力于收集海洋健康数据、海洋保护区评估数据以及生态系统监测数据等，以期获得完善的海洋信息，为制定各类评估指标提供支持。另外，海洋气象灾害研究与响应海洋预警等内容也是研究的重要内容②。

(3) 海洋技术与管理工具

海洋技术与管理工具也是海洋科技关注的内容之一，特别是生物技术与基因组学研究方面的内容。为了发展和推广海洋技术，要先后搭建海洋技术网与技术示范平台。为了协助海洋生物健康监测，则需成立水产生物技术管理研究中心，开发基因组与生物技术工具，开展生态风险评估。此外，还需设立国家海洋报告专业中心，开发海洋管理工具（如生态系统综述与评估报告），用以制定生态系统评估指标，识别生态性重大领域③。

(4) 蓝色经济发展之路

通过发展蓝色经济促进海洋经济增长，同时保证环境的可持续发展和社会公平，成为一种新的经济发展形式。目前，与低碳经济和可持续发展相伴随的蓝色经济发展理念逐渐代替传统的海洋经济发展观，以海洋经济为主体的"蓝色经济"正日益成为实施可持续发展战略的重要领

---

① 贺仕昌、张远辉、陈立奇、林奇、李伟：《海洋酸化研究进展》，《海洋科学》2014 年第 6 期。

② 於维樱、冯志纲、王琳：《加拿大海洋学研究态势与最新进展分析》，《地球科学进展》2016 年第 5 期。

③ 高峰、王辉、李超伦：《世界主要海洋研究机构概况》，科学出版社 2015 年版。

域。以海洋为核心的蓝色经济,被视为实现可持续发展的重要方式,对世界海洋国家的可持续发展和转变经济发展模式的重要性不言而喻。探索蓝色经济发展之路、推动海洋可持续发展,已成为重要的发展主题。2014 年,APEC 海洋与渔业工作组就蓝色经济理念进行了探讨并达成了共识,认为蓝色经济是"促进海洋和海岸带资源的可持续管理与保护以及可持续发展,实现经济增长的有效途径与方式",[①] 该共识对蓝色经济发展的理念与模式进行了比较明确的界定。总体上看,蓝色经济的基本内容可以理解为寻求海洋资源开发利用与海洋环境保护之间平衡、实现海洋可持续发展的一种发展方式。

第三节　公共资源管理前沿主题

生态文明建设,是关系人民福祉、关乎国家未来发展的长远大计。在资源约束趋紧、环境污染严重、生态系统退化的严峻形势面前,只有尊重自然、顺应自然、保护自然,协调好人类社会发展与自然环境保护之间的关系,加强公共资源开发和利用的有效管理,才能从根本上建设好生态文明社会,促进公共资源管理的发展。

一　公共资源管理与生态文明建设

1. 生态文明及生态文明建设的内涵

中国共产党第十七次全国代表大会胜利召开以来,建设生态文明已经成为举国上下的共识,全国各地掀起了生态文明建设的热潮。建设生态文明,是我国社会主义现代化建设的新探索,也是新挑战。党的十七大报告中明确将生态文明建设列为 2020 年实现全面建设小康社会奋斗目标的五大新要求之一。从此,生态文明与物质文明、精神文明、政治文明,共同构成中华文明建设的四大维度,生态文明建设与经济建设、政治建设、文化建设、社会建设,成为社会主义现代化建设事业不可或缺的"五大建设"。

---

① 王卓一:《"蓝色经济"成为 APEC 合作新前沿》,《中国海洋报》2014 年第 1 期。

在中国共产党第十九次全国代表大会上，习近平总书记用了相当大的篇幅在向大会做的报告中对加快生态文明体制改革、推进绿色发展、建设美丽中国做出部署。2018年5月，习近平在全国生态环境保护大会上进一步提出，"要加快构建生态文明体系"，并详细阐述了生态文化体系、生态经济体系、目标责任体系、生态文明制度体系、生态安全体系等五大生态体系。土地、矿产、能源、水、环境、海洋和森林草原等公共资源，是建设美丽中国、生态文明的根本载体。生态文明建设，既要发挥政府在生态文明建设中的主导地位，更要发挥人民群众在生态文明建设中的主体作用。同时要尊重自然、顺应自然、保护自然，加强公共资源开发和利用的有效管理，实现对公共资源的有序利用和可持续发展。

在对生态文明的定义上，俞可平指出："生态文明就是人类在改造自然以造福自身的过程中为实现人与自然之间的和谐所作的全部努力和所取得的全部成果，它表征着人与自然相互关系的进步状态。"[1] 刘湘溶等侧重从宏观视野和历史视角，将生态文明理解为一种全新的、高级的人类文明形态[2]。生态文明是一种人与自然和谐发展的新的生存方式，卢风认为它"继承了现代文明的一切积极成果而又避免了现代文明的致命弊端"[3]。廖福霖则认为生态文明的内涵有广义和狭义之分，广义的生态文明是指人类充分发挥主观能动性，遵循自然—人—社会复合生态系统运行的客观规律，使之和谐协调、共生共荣、共同发展的一种社会文明形态，包括物质文明、精神文明、政治文明和社会文明以及狭义上的生态文明，它相对于原始文明、农业文明和工业文明；狭义的生态文明则指人与自然和谐协调发展的一种人类的文明形式，它相对于物质文明、精神文明、政治文明等。

生态文明建设是一项系统的复杂的工作，需要从各个方面、各个环节上努力。作为国内探索性研究著作，廖福霖在其所著《生态文明建设理论与实践》一书中系统、全面地探讨了生态文明建设的理论体系和实

---

[1] 俞可平：《科学发展观与生态文明》，《马克思主义与现实》2005年第4期。
[2] 刘湘溶：《生态文明论》，湖南教育出版社1999年版，第30页。
[3] 卢风：《从现代文明到生态文明》，中央编译出版社2009年版，第302页。

践途径。廖福霖以生态文明为核心,有力地阐述了生态文明的内涵、建设目标和内容,生态安全观、生态生产力观、生态文明哲学观等。同时,还运用多学科知识和多种研究方法,从理论和实证分析的角度总结生态文明建设的实践,具体到城市、乡村、森林以及江河流域的生态建设,环境治理与保护,人口与生态文明建设,生态道德建设等方面。

归纳其他学者对生态文明建设的研究,可以看出其成果主要集中在以下几方面,即树立生态文明观、加强生态文化建设;加大政策推动力度、重视生态行政建设;转变经济发展方式、深化生态产业建设;倡导健康的消费方式;建立生态文明评价指标体系;健全生态法制;加强公共资源管理;等等。

2. 以生态文明建设促进公共资源管理新实践

(1) 生态文明建设事关最广大人民的根本利益,与社会公众的生活质量、获得感息息相关。公共资源合理分配与生态文明建设密切相关,与社会成员的切身利益密切相关。政府在生态文明建设中的主导地位,以及对公共资源管理的决定性作用会促使政府加强自身建设,提升政府工作效率,更好地履行公共资源管理职能以获得社会公众对政府等公共部门的信任和支持。政府在生态文明建设中承担着大量的工作,需要建立健全相配套的公共政策、投入大量的公共资源到生态文明建设之中,这一系列活动为政府的公共资源管理积累了宝贵的实践经验。

(2) 生态文明建设优化了现有国土空间开发格局。基于空间管制思想、公共政策理论以及"人—地"协同论等,肖金成等认为,生态文明的国土空间开发格局,应能促进要素充分流动和优化配置、人的发展机会和福利水平相对公平、生态环境可持续发展,经济、社会、环境发展与人的发展相协调,资源本底、政策环境和发展阶段等因素通过路径依赖、集聚与知识溢出、外部性、政策和制度四种作用机制,影响国土空间格局的形成。当前,我国优化国土空间开发格局的具体举措就是加快形成主体功能区,主体功能区的形成有效提高了土地资源的利用效率,避免了重复建设和土地资源浪费,对土地资源的集约高效利用具有重要意义。

(3) 生态文明建设有利于社会公众树立正确的生态观。公共资源有别于私人物品,不具有严格意义上的"排他性"和"竞用性"。主体参与者可同时享有并使用,参与者之间公共资源使用得到的效用具有极强的相关性,但该市场缺乏调控公共资源达到最优化配置的内在机制。人民群众是公共资源的直接消费者和享用者,是推进生态文明建设的主体。推进生态文明建设能够实现广泛的社会公众参与,如增强全民环保意识、生态意识、节约意识,引导树立正确的生态观,营造爱护环境人人有责、良好环境人人共享的良好风气,这对引导社会公众正确有序利用公共资源具有重要意义。

(4)生态文明建设为公共资源可持续利用开辟了道路。以往地方政府为了加速本地国民生产总值的提升,过度攫取本地公共资源,过度开发暂时使得地区生产总值有所提高,但地区生态环境却遭到严重破坏,经济可持续发展受到威胁,最终导致该地生态急剧恶化,当地民众对政府多有抱怨。通过加强生态文明建设,推动社会经济结构转型。不仅能够有效引导公共部门对公共资源合理开发、可持续利用,提高社会公众的生活质量和获得感,也能够增强社会公众对公共管理部门的认可,进而提高公共管理部门在国家治理的公信力,为后续的公共资源管理活动奠定良好的社会基础。

(5)生态文明建设催生了一批公共资源管理部门。工业文明时期,公共部门把经济发展放在首要位置,并为此目标的实现而设置了一大批相配套的职能部门和人员。随着生态文明建设的深入开展,公共部门必须转变其职能结构,优化部门机构组成方式,如最近几年兴起的公共资源交易中心及公共资源监管部门。这种转变实质上是一次公共管理的飞跃,其为公共部门在生态文明时期的公共管理活动奠定了良好的组织基础。

(6)通过在生态文明建设中倡导更加绿色健康的消费方式,一些公共资源得到了更好的维护和利用。例如,抵制白色污染、一次性餐具等活动,使得森林资源、水资源等得到了更好的维护和利用。

(7)生态文明建设密切了社会公众与公共资源管理部门的沟通。生态文明建设事关社会公众的切身利益,事关社会公众的生活质量,是公共部门与社会公众都不可掉以轻心的国家大计。伴随着一大批新媒体平台的出现，社会公众有更多的渠道和手段向公共部门传递民意，公共部门也可以更及时地作出反应。例如，曾有民众通过微博、微信举报华北平原的一些化工企业向地下水偷排污水等。这对公共资源的管理和维护是十分有益的，对公共资源管理的发展具有重要意义。

二 公共资源管理与可持续发展

1987 年联合国世界环境与发展委员会上提出了可持续发展战略，这一战略有利于实现经济、社会、资源与环境的协调与可持续发展，得到当今社会的普遍认同。

1. 可持续发展的基本概念

可持续发展是将健康的经济发展，建立在生态可持续能力、社会公正和人民积极参与自身发展决策的基础上，既要使人类的各种需要得到满足，个人得到充分的发展，又要保护公共资源和生态环境，不对后代人的生存和发展构成威胁的一种发展战略。

可持续发展涉及可持续经济、可持续生态和可持续社会三方面的协调统一，要求人类在发展中讲究经济效率、关注生态和谐和追求社会公平，最终达到人的全面发展。这表明，可持续发展虽然缘起于环境保护问题，但作为一个指导人类走向 21 世纪的发展理论，它已经超越了单纯的环境保护。它将环境问题与发展问题有机地结合起来，已经成为一个有关社会经济发展的全面性战略。

2. 可持续发展如何促进公共资源管理

从经济方面看，可持续发展鼓励经济增长而不是以环境保护为名取消经济增长，因为经济发展是国家实力和社会财富的基础。但可持续发展不仅重视经济增长的数量，更追求经济发展的质量。可持续发展要求改变传统的以"高投入、高消耗、高污染"为特征的生产模式和消费模式，实施清洁生产和文明消费，提高经济活动中的效益、节约资源和减少废物，实现公共资源的合理利用。中国经济经历了非常的发展阶段，不仅人们的温饱问题得到解决，整个国民经济也得到空前的发展，综合国力明显增强，人民生活水平随之不断提高。与此同时，环境保护作为基本国策得到贯彻执行，许多对公共资源持续利用意义重大的工程或区域建设项目得以实施,如五大防护林体系工程、治理山水、江湖与水土流失等重大项目以及对"三废"的控制与处理等方面取得了显著的成就,对于促进公共资源管理起到了举足轻重的作用。

从生态方面看,可持续发展要求经济建设和社会发展要与自然承载能力相协调。发展的同时必须保护和改善地球生态环境,保证以可持续的方式使用自然资源和环境成本,使人类的发展控制在地球承载能力之内。因此,可持续发展强调发展是有限制的,没有限制就没有发展的持续。生态可持续发展强调环境保护,但不同于以往将环境保护与社会发展对立的做法,可持续发展要求通过转变发展模式,从人类发展的源头、从根本上解决环境问题。可持续发展同样强调追求公平,其指的是代际间的公平即世代平等。要认识到人类赖以生存的自然资源是有限的,本代人不能因为自己的发展与需求而损害人类世世代代满足需求的条件——自然资源与环境,要给世世代代以公平利用自然资源的权利。人类发展对自然资源的耗竭速率应充分顾及资源的临界性,应以不损害支持地球生命的大气、水、土壤、生物等自然系统为前提。换句话说,人类需要根据持续性原则调整自己的生活方式、确定自己的消耗标准,而不是过度生产和过度消费。发展一旦破坏了人类生存的物质基础,发展本身也就衰退了。因此,可持续发展需要公众一同参与,通过公众参与来促进公共资源的共同管理。

从社会方面看,可持续发展强调社会公平是资源环境保护得以实现的机制和目标。鉴于世界各国历史、文化和发展水平的差异,可持续发展的具体目标、政策和实施步骤不可能是唯一的。但是,可持续发展作为全球发展的总目标,所体现的公平性原则和持续性原则,则是应该共同遵从的。要实现可持续发展的总目标,就必须采取全球共同的联合行动,认识到我们的家园——地球的整体性和相互依赖性。这就是说,在人类可持续发展系统中,生态可持续是基础,经济可持续是条件,社会可持续才是目的。随着当前社会发展、公共资源的需求扩增,政府逐渐明晰公共资源的管理愿景,确立了环境保护、公共资源永续发展的价值理念,积极促进社会生态环境的改善、创造公平竞争的发展环境,加强公共资源的开发、规划、管理、保护与合理利用,努力提高公共资源的利用效率，最大限度地发掘公共资源的经济效益、社会效益和环境效益，以此促进公共资源管理，实现公共资源最优化配置。可持续发展使社会发展稳定，人民群众共享公共资源带来的利益。

三　公共资源交易管理

推进公共资源交易市场化改革是当前我国公共资源管理的一个重要领域。在经济全球一体化的趋势下，社会主义市场经济不断深入和发展。在此种社会背景下，公共资源交易市场化作为社会关注的热点，与国计民生息息相关。我国已经建立全国公共资源交易平台及各级交易平台，制定了《公共资源交易平台管理暂行办法》，今后需要进一步完善公共资源交易管理。公共资源监管是一个持续性的过程，而加强公共资源的监管又是一个实践性的过程，目的是为了公共资源的可持续发展。因此，要实现好、维护好人民群众的根本利益，要求对公共资源交易市场化进行监督，建立监督体系，利用市场优化公共资源的配置，让公共资源交易在阳光下运行。以此实现公共资源效益的最大化，做到从源头上防止腐败，促进社会和谐。

1. 公共资源交易政府监管基本概念

公共资源政府监管是在市场经济条件下，政府为实现某些公共政策目标，对微观经济主体进行的规范与制约。主要是对特定产业和微观经济活动主体的进入、退出、资质、价格及涉及国民健康、生命安全、可持续发展等行为进行监督管理。可以说，政府监管的产生是市场经济发展和民主政治发展的自然结果，是在市场失灵，竞争引起生产资本集中而导致垄断的出现，以及存在外部性等情况下逐渐发展形成的，政治发展水平与法律秩序是有效政府监管的决定因素。不同的时期，政府监管的主要内容、制度结构与运行方式也各不相同。

（1）在监管对象方面。政府、社会以及市场均是公共资源的监管对象。加强对社会的监管，对于市场化配置的项目要强化后续监管，对不依照法规、合同约定履行义务的，采取有效措施，责令限期改正；对于严重违反法律法规，损害公共利益的，应当依法处罚，清出市场；行业管理机构和社会中介组织依法承接政府转移职能的过程中，要规范行为，强化行业监管。同时，更要加强对政府主体的行政监察和效能监察，按照"谁主管谁负责"的原则，明确监管责任，严格实施责任追究，防止出现越位、缺位和错位现象，着力解决行政不作为和乱作为的问题。完善相关制度，建立定期考评制度与办法，对实行市场化配置项目的实际效果进行科学评估与分析。

（2）在监管权限方面。监管权限方面，行业分散监管模式权力分散，由各行业部门掌握，难以形成监管合力；"综合监管＋行业分散监管"模式在行业监管之外加入综合监管，对行业监管一定程度上起到了制约和补充作用，较之行业分散监管覆盖面更广，但容易出现权力交叉和冲突的问题；统一监管模式权力高度集中，较之前两种模式更加高效、独立，但该模式权力较为集中，可能引发集体权力寻租。

（3）在监管手段方面。加强法制建设是最重要的监管手段。在国家制定的《土地管理法》《矿产资源法》等基本法律的基础上，地方政府要结合实际，制定和完善公共资源交易监督管理、公共资源招标投标监督管理、公共资源交易统一规范平台建设公共资源交易管理等地方性法规。同时，在相关的法律法规中积极推行目录管理，具体规定进入公共资源交易中心配置的资源种类，实现公共资源的市场化配置。在内容上，包括政府采购、工程建设招投标、药品集中招标采购等采购招标和国有产权交易、土地出让、矿产转让等自然资源交易两大类型。凡是列入目录的公共资源都应该采取市场配置的方式进行配置，通过招标、拍卖、竞价、挂牌、竞争性谈判、询价等方式进行交易管理。此外，要积极依靠现代科技手段，通过互联网、电子政务的平台建设，增强监督的客观性、准确性和有效性，提高监督的整体水平。

2. 公共资源交易与政府监管

（1）政府对公共资源交易监管的必要性。政府之所以对公共资源交易进行监管，其原因如下。一方面，市场失灵为政府监管提供逻辑起点，纠正市场失灵成为政府监管的必要性来源。信息不对称与市场的不完全发育这两个元素是导致市场出现垄断、外部性的根源，政府监管对市场主体及其行为的介入正是基于此，当前公共资源交易采取市场化的配置方式就存在市场失灵的风险，那么政府监管的介入就是理所当然的。但是，市场失灵为政府监管提供了介入的正当性，这并不足以推导出政府监管是取代市场经济的措施，而政府干预带来的一系列问题也并不意味着对市场的放任不管。我们应该注意到二者间的矛盾并非不可调和，而是有着一致的地方。无论是出于市场失灵还是对政府失灵的质疑，政府监管本身都存在可以协调二者矛盾的因素，即效益的追求。况且，在当今市场经济不断发展，民主政治不断完善的情况下，政府监管理论与实践也在不断进行调适，以期在政府公权力与市场机制之间寻求一种平衡，达成经济、效率与效益之间的平衡发展。另一方面，公共资源的公有性和利用的公益性特点又决定了公权力介入的正当性。公共资源作为一种具有特殊属性的资源，与社会福利、政府履行职能息息相关。公共资源由政府处置，把有关事项委托给具有一定专业知识的政府成员管理，可以节约大多数人为此付出的成本和时间。政府监管能够满足公共资源交易最终要达成的目标，即资源的高效利用和社会福利的最大化。

（2）公共资源交易管理与政府监管的契合性。公共资源交易与政府监管的第一个契合点是实质相同。作为弥补市场失灵做出的制度安排，政府监管的实质是运用公权力配置相关公共资源的行为，在个人利益和公共利益之间寻求恰当的平衡。公共资源具有非排他性和竞争性的典型特点，是一种向全体社会成员平等开放、多人共享的资源；同时，作为一种有限的资源，在向社会全体成员开放的过程中，并不能保证每个人都实际地获得该资源。公共资源交易的实质就是为不特定的大多数人提供福利，最大限度地将这种具有竞争性的资源满足全体社会成员的需要。因而，作为一种对合理分配资源的追求，政府监管和公共资源交易二者在实质上保持一致。第二个契合点是追求目标相同。梳理政府监管的变迁我们可以看到，出于纠正市场失灵目的而进行的政府监管，关注的起点在于经济上的公平公正；试图通过监管结构与体制的调整，实现经济增长与社会公正。在之后的发展过程中变为侧重于监管程序与方式的改进，主要关注的是效率与效益，努力增强政府的回应与责任感，改革的基本取向是市场功能、公众参与和社会自治等一些社会价值的实现。

（3）公共资源交易管理与政府监管的同步性。公共资源交易与政府监管具有同步性。传统政府监管手段代表着政府对市场和社会极大地介入和干预，当然这也就意味着需要付出许多代价。代价不仅包括严格管制给进入市场制造壁垒带来的相当大的福利损失，以及行政机关授予许可前进行审查造成的任何延误所带来的机会成本损失，而且包括行政机关对所有申请人的申请进行逐一严格审查所衍生出的高额行政成本。坚持目标导向的现代政府监管则是在合理界定政府与市场关系基础上的选择，在坚持市场配置资源的主导地位的同时，更好地发挥政府的作用；以信息规制的方式来追求目标导向是政府职能由管理转变为服务的需要，是配合简政放权、权力下放政策的配套措施，是治理能力和治理体系现代化建设的重要一环。

3. 公共资源交易监管模式比较

（1）安徽模式。对公共资源交易平台建设进行统一规范。鼓励设区的市与所属县公共资源交易场所一体化管理，鼓励跨市异地利用公共资源交易场所交易。省、设区的市政府通过整合工程建设项目招投标、政府采购、建设用地使用权和矿业权出让、国有产权交易等平台，推动建立由制度规则、信息系统、运行机制和必要场所构成的公共资源交易平台，提供交易保障、信息服务和监督支持；逐步实现公共资源交易从依托有形市场向电子化平台过渡。

（2）武汉模式。武汉市成立了公共资源交易管理办公室，按照平台"物理"整合、机构"化学"整合、电子交易全市一网整合"三步走"的改革路径，将原本分散在各部门的建设工程交易中心、土地交易中心、国家专利技术（武汉）展示交易中心等7家机构全部集中到"市民之家"，实行"物理整合"，在同一个平台上进行交易和监管；并且以建设工程交易中心为基础，整合建立了市公共资源交易中心，将相关区级机构整合为市交易分支机构；同时，加快市级电子服务系统建设，实行全市一网交易、一网服务、一网监管。

（3）江西模式。江西省按照"部门职能不变、规范交易流程、统一交易软件、集中进场交易、共享评标专家、全程电子监察"的模式进行公共资源交易系统建设。开发了统一的公共资源交易软件，并在各级省直机关以及市、县（区）、乡（镇）推广使用，涵盖政府采购、工程建设、产权交易和土地出让四大类以及其他公共资源交易。江西省还建立了全省统一的评标专家库，采用所有专家共享、分级分行业管理的方式随机抽取专家。

近年来我国公共资源交易市场发展迅速，在工程建设招标投标、土地使用权和矿业权出让、政府采购、国有产权及其他公共资源交易等领域取得了一些成绩。但是推进公共资源交易市场化改革是一项系统工程和长期任务，改革仍然任重道远。

4. 机构改革凸显改革公共资源管理紧迫性

根据党的十九大和第十九届三中全会部署，深化党和国家机构改革的总体要求，国务院机构改革组建了自然资源部和生态环境部。结构改革有利于解决政出多门、相互掣肘等体制问题，有利于破除制约使市场在资源配置中起决定性作用、更好发挥政府作用的体制机制弊端，有利于消除机制性障碍、消除部门内耗、降低管理成本、提高管理效率、促进资源的优化高效可持续利用，有利于生态文明建设和国家的转型发展。

一是组建自然资源部。将国土资源部的职责，国家发展和改革委员会的组织编制主体功能区规划职责，住房和城乡建设部的城乡规划管理职责，水利部的水资源调查和确权登记管理职责，农业部的草原资源调查和确权登记管理职责，国家林业局的森林、湿地等资源调查和确权登记管理职责，国家海洋局的职责，国家测绘地理信息局的职责整合，组建自然资源部，作为国务院组成部门。绿水青山就是金山银山，加强全国自然资源合理开发、利用和保护，是建设生态文明的必然要求，有利于稳固发展根基、守住天然财富，实现永续发展。

二是组建生态环境部。将环境保护部的职责，国家发展和改革委员会的应对气候变化和减排职责，国土资源部的监督防止地下水污染职责，水利部的编制水功能区划、排污口设置管理、流域水环境保护职责，农业部的监督指导农业面源污染治理职责，国家海洋局的海洋环境保护职责，国务院南水北调工程建设委员会办公室的南水北调工程项目区环境保护职责整合，组建生态环境部，作为国务院组成部门。新组建的生态环境部，统一行使生态和城乡各类污染排放监管与行政执法职责，是推进生态环境领域、生态文明建设领域、治理体系现代化和治理能力现代化的变革。

第六章

加强自身建设

随着公共事务的日益多元化和复杂化，公共事务的良善治理对政府提出了更高的要求。正所谓：打铁还需自身硬，加强政府自身建设，其实本身就是狭义行政管理的主要内容和建设主线，要实现国家治理体系与治理能力现代化须臾离不开政府自身建设。本章将从政府自身建设的基本理论、行政组织、政府人力资源管理、行政领导以及行政监督等方面来介绍政府自身建设。

第一节 政府自身建设概述

世界各国的政府在向现代化发展过程中扮演着十分重要的角色，尤其在"后发型"国家现代化进程中政府发挥着主导作用。正因为如此，世界银行1997年发表的《变革世界中的政府》报告中指出："如果没有有效的政府，经济的、社会的和可持续的发展是不可能的。有效的政府——而不是小的政府——是经济和社会发展的关键，这已越来越成为人们的共识。"① 在我们国家追寻现代化的历程中，政府也同样扮演着重要角色。在向"两个一百年"奋进的进程中，各级政府和领导干部必须要能适应新形势，完成好新任务，不断提高行政能力和管理水平。"政府是国家治理模式中最为重要的公共治理主体，而经济转型深化与现代国

---

① 世界银行：《1997年世界发展报告：变革世界中的政府》，中国财政经济出版社1997年版，第1页。

家治理模式构建也必然要以一个有能力的政府的存在为前提。"① 无论是"有效的政府"还是"有能力的政府"都要求加强政府自身建设。经过改革开放40年来的发展，我国政府的自身建设已取得了较为明显的成效，它在促进社会经济发展、推动国家治理体系现代化方面起到了重要的作用。

一 政府自身建设的内涵

政府自身建设近似于传统意义上的行政管理，行政管理有广义和狭义之分。从广义上讲，指所有国家机关（包括立法、司法机关）和企事业单位所进行的管理工作，包括政府自身管理和对社会的管理。从狭义上讲就是政府对自身的管理，本章中的政府自身建设指的是狭义上的政府自身建设。狭义的政府自身建设具体包括行政组织、政府人力资源管理、行政领导、行政监督等基本要素。

1. 政府自身建设的特点

（1）周期性。纵观各国政府的自身变革，都可以发现其周期性的这一特点，在我国也不例外。从时间上看，自改革开放以来，政府为加强自身建设，经历了三大阶段共七次改革，分别在1982年、1988年、1993年、1998年、2003年、2008年以及2013年。大致就是每5年进行一次机构改革，表现出很强的周期性；从形式上看，政府的自身建设在机构改革方面始终都没有办法摆脱"精简—膨胀—再精简—再膨胀"这一怪圈。

（2）回应性。政府自身建设的回应性主要表现在对社会需求的回应性。政府多次的机构改革都是为了满足和适应社会的需要，采用机构改革的方式来回应当前社会环境下对政府职能的要求，一方面使我国的行政体制能够适应社会主义市场经济的需要。另一方面行政管理体制的改革要能为社会公众提供便利，近年来各地方政府纷纷提供的"一站式"便民服务便是政府回应社会需求最显著的表现。

---

① 景维民、张慧君、黄秋菊等：《经济转型深化中的国家治理模式重构》，经济管理出版社2013年版，第29页。

（3）整体性。政府的机构改革并不只是精简机构裁减冗员这种政府内部的问题，同时还要在调整政府与市场、社会之间关系的过程中，深化行政管理体制改革。政府机构改革的核心是转变政府职能，对政府内部而言，通过机构改革建设廉洁型政府和法治型政府来防范可能发生的行政腐败，保证政府自身的合法性和正当性；政府职能转变对于外部而言则是利用机构改革建立服务型政府和创新型政府，确保政府职能的转变能够使行政管理体制适应社会主义市场经济的需要以及通过建立创新型政府来提高公众参与社会管理的积极性。

2. 加强政府自身建设的作用

政府通过加强自身的建设，将为社会和群众带来利好，主要表现在以下几方面。

政府通过转变自身观念，从"官本位"思想向关注民生转变，增强了政府的服务意识，实现了从"管理型政府"向"服务型政府"的转变。张康之教授从服务型政府视角分析政府服务职能，他指出："所谓服务型政府，就是'为人民服务的政府'，用政治学的语言表达是为社会服务，用专业的行政学语言表述就是为公众服务，服务是一种基本理念和价值追求，将政府定位于服务者的角色上，把为社会、公众服务作为政府存在、运行和发展的基本宗旨。"[①] 政府从一个管理者向一个协助者的身份转变，减少了对市场的干预，让市场发挥其应有的效用，促进了资源的有效配置。同时，政府也更好地为社会提供公共服务，发挥其宏观调控的作用，防止市场失灵和经济失序并为市场经济的稳定发展保驾护航。

政府通过创新行政管理的方式，建立政府决策科学化民主化机制，大大提高了政府决策的科学化民主化水平；通过推进行政审批制度的改革，为民众提供"一站式"方便、快捷服务，为民众带来极大的便利；通过建立健全的危机管理和应急机制，提高了政府在应对突发事件以及防范和化解社会矛盾的能力，可以有效降低在突发事件中的损失。

政府通过健全行政责任体制和监督制度，使政府法律责任机制得到加强，真正做到有权必有责、用权受监督、侵权须赔偿和违法必追究。

---

① 张康之：《限制政府规模的理念》，《行政论坛》2000 年第 4 期。

对以权谋私、滥用职权等现象必须及时纠正，这不仅能提高干部的责任感，促进各项工作的有效实施，提高政府的公信力，让民众对政府有信心，同时也能加快政府职能的转变。

二 政府自身建设、行政现代化与行政改革

随着经济全球化、社会信息化发展的不断深入，"互联网＋"、大数据、人工智能和实体经济深度融合，整个经济社会正处于前所未有的数字化转型中，在这样的时代境遇中，对政府自身建设提出了更高的要求，既构成了行政现代化和行政改革的重要内容，又影响着行政现代化和行政改革的推动进程和发展质量。

1. 自身建设与行政现代化

行政现代化是指国家行政管理在组织、人事、方法、观念及技术上与现代社会发展的要求相适应，达到高度发展的水平。行政现代化一般包括：行政管理手段的现代化、行政管理文化（包括理念、价值观等）的现代化和行政管理体制的现代化。行政现代化是国家整体现代化的有机组成部分，它直接影响国家整体现代化的进程，而一国政治、经济、文化、价值观念的现代化，则更直接对行政现代化进程造成极大影响①。行政现代化除了上述的行政管理手段、行政管理体制、行政观念的现代化，还包括行政人员素质方面的现代化。而要实现这些多维度、深层次的行政现代化离不开政府的自身建设。

（1）自身建设与行政管理手段现代化。行政管理手段现代化是指将现代科学技术的成果应用于行政管理的过程，主要是将互联网和电子信息技术成果应用于行政管理，实现行政管理的自动化。

政府的自身建设包括积极运用数字技术，实施电子政务，以此来有效推进政务公开、廉政勤政、提升政府管理和服务水平等管理工作的开展。当前，网络信息技术已广泛应用于政府部门，数字时代成为基于信息传递扩散的多元化治理工具充分发挥效用的舞台。政府机构熟练使用现代计算机和网络技术，在网上完成管理工作和服务事项，向大众提供

---

① 杨斌：《软科学大辞典》，中国社会科学出版社1991年版。

规范高效、优质透明的服务，优化和完善了传统行政方式，使政府运作和管理业务数字化、网络化、智能化、现代化。

（2）自身建设与行政管理体制现代化。行政管理体制现代化是指组织、人事制度的科学化、法律化、民主化。

政府的自身建设包括人力资源管理，即运用科学的方法选拔、任用、培训人才；建立合理的薪俸、职位分类、考核、奖惩、升迁、福利、抚恤、退职、退休等制度；以协调工作人员在精神上、物质上和一切有关行政事项中"人与人"和"人与事"的关系，达到"人尽其才""事兑其功"的目的。以最经济的手段，获得最佳的效果。政府做好人力资源管理工作会有效地调动公职人员的积极性，提高工作效率。此外，进一步简政放权也是政府自身建设的内容，将原先政府承担的公益性社会职能归还社会，分散给各种各样的自治组织，激发其积极履行社会责任。对公益性的社会事务，政府主要负责监督和协调，具体的日常办理则由自治组织负责。这样，政府可以集中精力管大事，避免陷入利益冲突之中，实现政府中立。所谓政府中立，是指为了实现诚信政府和良好行政的目标，政府应当平等对待各方当事人，避免成为利害关系的一方当事人，尤其是不能陷入矛盾利益冲突之中①。而这本身就是行政管理体制现代化的具体表征，行政组织理论之父马克斯·韦伯认为作为现代社会的命运，科层制体现了行政管理中的理性化追求，而中立高效就是理性科层制的典型特征，客观上能够为公职人员完成各项行政任务时保持公正提供制度保障，而这也就为现代公务员制度奠定了重要基础。

（3）自身建设与行政管理文化现代化。行政管理文化的现代化是指有关行政管理的指导思想、观念和信息是与社会发展水平相适应的。

政府自身建设在观念方面强调转变行政观念，建设服务型政府。消除"官本位"思想，增强服务的意识，把人民的利益放在第一位，强化"人民公仆"意识。通过定期开展思想教育和培训工作，宣传正确的行政观念和治理精神，营造服务行政的氛围。在社会事务管理中，落实"以人为本""执政为民"的治理理念。这种理念使得政府职能得到了真正的

---

① 高家伟、吴小龙：《论公共行政的现代化》，《行政法学研究》2003年第2期。

转变,管理方式也得到了真正的创新。该观念体现了我国政府行政管理活动由管理行政转变为服务行政,也在客观上体现和带动了行政管理文化的现代化。

(4) 自身建设与行政人员素质现代化。行政人员是行政管理工作的灵魂,因此若是想要从根本上提高我国行政管理工作的效率,早日实现行政管理现代化的目标,提高行政人员素质是十分必要的。

现代化不是线性的,而是多维度的,其中人的现代化——从"传统人"向"现代人"转型就是重要维度之一。美国著名社会学家阿历克斯·英格尔斯指出:"人的现代化是国家现代化不可缺少的因素。它并不是现代化过程结束后的副产品,而是现代化制度与经济赖以长期发展并取得成功的先决条件。"① 由此可见,"行政人"的现代化就构成了自身建设的有机内涵和必然要求。依托现代化的行政管理手段,打造公共部门的学习型组织,不断提升行政人员的现代化素质,营造现代化的行政文化环境,实现公职人员的民主高效、依法依德自律、勇于革新,同时制定科学合理的人事管理制度,激励与约束并重,努力提高公务员的综合素质和业务能力。通过个体和制度的双重建设打造一支助推公共行政现代化的"铁军"。

2. 自身建设与行政改革

对国家政府管理机构设置的改变、有关的人事组织制度的改进、政府职能的转化以及办事程序的简化等,统称为行政改革。我国行政部门层次繁多,机构臃肿,人浮于事;职责不明,互相扯皮,虚职、兼职、副职过多以及效率低下,官僚主义严重,不仅距离行政现代化目标甚远,某种程度上还制约了市场经济活力,妨碍社会领域的发育成熟,因此必须进行行政改革。行政改革的内容包括:行政部门人事制度的改革和行政制度、机构的改革,从机构配置的科学性和整体性出发,适当加强决策咨询和调节、监督、审计、信息部门,精简非职能机构②。

(1) 自身建设与人事制度改革。长期以来,干部"能上不能下"问

---

① [美]阿历克斯·英格尔斯:《人的现代化》,四川人民出版社1985年版,第8页。
② 杨斌:《软科学大辞典》,中国社会科学出版社1991年版,第8页。

题成为制约干部队伍建设的一个难点。这一问题造成干部队伍规模偏大，部分单位超领导职数配备干部，"庸、懒、散"等问题突出；一些不合格、不称职的干部长期滞留，阻碍了干部队伍健康发展，进行人事制度改革刻不容缓。

建立健全行政问责制，提高政府执行力和公信力，本身就是政府自身建设工作的一项重要内容。长期以来，有些官员认为只要在位不犯错就可以，不作为也无所谓，庸政懒政现象普遍，对干部生态也产生了不良影响。而行政问责制就是针对这种不当思想，建立了一种能上能下的机制，逐步打破公务员的"金饭碗"和"铁交椅"。不仅对犯错、过错者进行追究，而且也对能力低下者、推诿扯皮者进行追究，实现从"乱为""错为"到"无为"的全覆盖，实现"能者上，庸者下"，通过问责来倒逼其履责到位，从而加强公务员的责任心。通过建立健全行政问责制，从人管人到制度管人、从无序监督到有序监督，从而加强了行政人员的责任意识，加快政府职能的转变，逐步打造一个责任政府，同时也加强了民众对政府的信任感。

（2）自我建设与行政机构改革。党的十九大报告把"深化机构改革"作为"健全人民当家做主制度体系，发展社会主义民主政治"的重要部分加以强调。

为了适应管理重心下移的需要，加之为了回应社会民主参与和降低行政成本的诉求，政府通常会在减少管理层级方面着手。传统的科层制层级节制、程式化严重，已经成为行政低效率的重要原因。政府因此进行组织结构的优化，即加快形成权界清晰、分工合理、权责一致、运转高效、法治保障的政府机构职能体系。一是统筹党政群机构改革。按照党总揽全局、协调各方要求，科学配置党政部门及内设机构权力和职能，明确职责定位和工作任务，完善决策权、执行权、监督权既相互制约又相互协调的行政运行机制。二是科学划分中央和地方职责，充分发挥两个积极性。明确中央事权、中央和地方共同事权以及地方事权的范围。在加强中央政府宏观调控职责和能力的同时，"赋予省级及以下政府更多自主权"。按财力与事权相匹配的原则，科学配置各级政府的财力，增强地方特别是基层政府管理服务能力。

（3）自身建设与行政体制改革。行政体制是国家体制的重要组成部分，行政体制改革是政治体制改革的重要内容。党的十九大报告对深化行政体制改革，"建设人民满意的服务型政府"提出了明确的任务，而重要抓手则体现为"行政体制改革的核心是转变政府职能"。要按照创造良好发展环境、提供优质公共服务、维护社会公平正义的总方向，科学界定政府职能范围，优化各级政府组织结构，理顺部门职责分工，突出强化责任，确保权责一致。

我国政府自身建设的任务之一就是进行行政体制改革，创新行政管理方式，提高政府效能。深化行政管理体制改革，首先建立政府决策科学化民主化机制，提高决策的科学化民主化水平。其次，推进行政审批制度改革，进一步落实扩大基层经济社会管理权限的政策和措施。加快行政审批权相对集中改革，政府在政务大厅设立一个个"办事大厅"，为社会民众提供"一站式"方便、快捷服务。发挥网络作用，政府加快电子政务建设，努力提高电子政务应用水平，为城乡居民提供更多便捷的公共服务[①]。继续推进政务公开，拓展政务公开的广度和深度，在网上公布政府信息，公开办事程序，原来不可知的政务运作变成可视的审批流程，网络面前人人平等，减少了人为干预和暗箱操作，增强了政府透明度，便于发挥公众的主观能动性，行使对政府的监督权利，从源头上防止腐败现象的发生，促进公务人员廉洁从政。同时，建立健全危机管理和应急机制，提高政府应对突发公共危机事件和防范与化解社会矛盾的能力。

第二节 政府自身建设的基本要素

政府自身建设具体包括行政组织、政府人力资源管理、行政领导、行政监督等要素。

一 行政组织

行政组织是行政职能的载体，也是国家机构的重要组成部分。设计

---

① 郭文平、张阳：《浅论政府自身建设》，《决策与信息旬刊》2016年第5期。

科学合理的行政组织体系，不仅是国家有效发挥行政职能、增强行政效率的重要前提，更是政府为实现"加强自身建设、提高现代化治理水平"目标迈出的重要一步。显然，行政组织在政府自身建设中占有举足轻重的地位，因而政府自身建设的脉络应首先从行政组织展开。本节将围绕行政组织的定义和特点、基本要素、结构、类型、变革趋势等方面展开。

1. 行政组织的定义与特点

行政组织是管理国家行政事务和社会公共事务的机构体系。行政组织有广义和狭义之分。"广义的行政组织是指各种为达到共同目的而负有执行性管理职能的组织系统，它既包括国家机关的立法、司法系统中负有执行性职能的各类单位和国家的整个行政机关，也包括各类企事业单位、群众团体、政党中负有管理职能的组织系统。狭义的行政组织指的是国家的行政机关，即国家权力机关的执行机关。本节的研究对象即是狭义的行政组织。"①

行政组织有六大特点。第一，政治性。行政组织是国家的代表，是国家政治体制的组成部分，是实现政府职能的机构，一般具有较强的政治性。第二，社会性。任何一种行政组织都承担着管理社会公共事务的职能。在现代各国国家行政机关干预社会事务的范围和程度不断扩大和加深，行政组织直接或间接干预和管理经济等社会事务。第三，服务性。行政组织是社会上层建筑的组成部分，要适应和服务于经济基础，为社会经济的稳定和发展服务；行政组织为人民和公共利益服务。第四，整体性。行政组织是一个规模庞大和结构复杂的社会系统。行政组织需按不同层次、不同业务部门、不同区域以及不同管理功能和程序，设置相应的具有隶属和制约关系的完整的组织结构和权责分配体系。第五，适应性。行政组织的建立、调整受各国的历史条件、经济发展水平、社会政治和经济制度以及文化传统诸因素的制约和影响，各国都根据行政管理的实际需要，建立相应的行政组织，并适应客观需要不断进行调整。第六，法制性。行政组织是依法代表国家行使行政权力的机构，行政领导依法由选举或任命产生，一般公务人员的任用也要根据有关法律或法

---

① 倪星：《行政组织学》，北京师范大学出版社2011年版，第2页。

规；行政组织在行使行政权过程中按法律规定进行管理；法制贯穿于行政管理的全过程，行政组织及公务人员必须依法办事，违法必究。①

2. 行政组织的基本内容

（1）行政组织的基本要素。行政组织的基本要素包括以下六点。

职能目标。职能目标是行政组织存在的基础，一切没有明确目标的行政组织都是没有必要的；职能目标是有层次的，总目标确定后，将其按层级进行分解，依次确定所属各组织的分目标，或者将目标划分为近期目标和长远目标。

机构设置。机构设置是行政组织的核心，是决定行政效率的关键。机构是行政组织的实体，是行使行政权力的载体，依据法律设置机构是行政组织构成的基础。通常情况下是根据职能目标和职能要求来设置机构。

权责体系。明确机构设置后，应该确定行政组织的权责体系，即明确组织间的隶属关系和平行关系，以及行政组织的权责划分。

人员构成。人员是行政组织中的主角，合理的行政组织应由具有一定素质和专业技能的人员组成。人员构成讲究结构合理，形成不同的年龄、性别、气质结构。

运行程序。行政组织具有一系列办事程序，确定行政组织的运行程序时，应采取科学合理的方法，以提高行政效率。

法制规范。有效的行政组织具有健全的规章制度和法律规范，对行政组织成员具有普遍的约束力，以保证行政组织依法办事。

（2）行政组织的结构。行政组织结构是指行政组织的各组成要素之间的相互联系方式。科学合理的组织结构能够保证行政组织内的各个构成要素达到最佳的配置状态，最优地实现行政组织的目标。行政组织的基本结构一般可分为纵向结构与横向结构。

其一是纵向结构。行政组织的纵向结构，也称行政组织结构的层级化，它是行政组织纵向分为若干层级的直线制，上下层级之间存在着领导与被领导、命令与服从的一种垂直关系的排列组合方式。行政组织的

---

① 徐双敏：《公共管理学》（第二版），北京大学出版社2014年版，第47页。

纵向结构包括不同层级政府之间上下级关系，还包括每级政府各组成部门之间的上下级关系。纵向结构的特点是，第一，层级越高，管辖范围越广，但是组织的数量越少；而层级越低，则管辖的地域范围越窄，但组织的数量越多。如国务院是最高国家权力机关的执行机关，是最高国家行政机关，作为最高一级行政组织只有一个，但其管辖范围覆盖全国，而基层行政机关数量众多，管辖范围较小。第二，行政指挥和命令按照垂直方向自上而下地传达和贯彻。纵向结构具有事权集中、权责明确、指挥统一、便于控制的优势，但是各级行政领导管理过多，责重事繁，容易顾此失彼。

其二是横向结构。行政组织的横向结构也称行政组织的部门分工，它是指同级行政组织的部门分工，或者一级行政组织内部各组成部门之间的平衡分工，它反映了同级行政组织之间的相互合作与协调关系。横向结构的特点是，专业分工、业务相似，有助于提高行政效率。各组成部门统分结合，既相对独立，又相互配合，使得行政组织的管理流程既灵活又有序。同时又可以使行政领导摆脱日常具体业务，节约注意力资源。缺点是，如果分职不当、分工过细，容易造成结构臃肿、部门林立、管理失控，反而增加了协调难度，降低决策效率。[①]

(3) 行政组织的类型。行政组织类型有多种划分方式，本节简要介绍两种划分类型。

第一，按照上下级的权限关系来划分，行政组织可分为集权制组织与分权制组织。集权制组织的行政决策权主要集中于上级组织，上级组织对下级组织具有完全的指挥、监督和控制权力，下级组织接受和服从上级组织命令。分权制组织中，地方行政组织对其管辖地区的地方行政事务具有自主决定权，上级组织一般不加干涉，比较典型的有美国的分权制行政组织，法国的中央集权制组织。

第二，按照组织内部形式最高决策的人数来划分，行政组织可分为首长制组织、委员会制组织、混合制组织。首长制组织的法定最高决策权由行政首长一人执掌，对行政组织各项事务具有最终决定权，委员会

---

① 徐双敏：《行政管理学》，科学出版社2008年版，第51页。

制组织的决策权交由若干人组成的集体共同负责，并由集体承担领导责任。比较典型的有瑞士委员会制组织。

二　政府人力资源管理

21世纪是知识经济时代，人是知识的承载主体，人力资源是现今最宝贵的资源，人力资源管理的重要性和影响力也在日益显现。

1. 政府人力资源管理的基础理论

（1）政府人力资源管理的定义及重要性。政府人力资源管理是指政府依法对本部门内现实的人力资源进行开发、管理的活动和过程，具体包括政府人力资源战略管理、人员招募与甄选、培训与开发、绩效管理、薪酬管理以及劳动关系管理。

研究和探讨政府人力资源管理的规律和科学方法，可以将工作人员有效地组织起来，达到人力资源的充分利用，形成良好的人际关系，促使每个工作人员充分发挥自己的聪明才智，以不断提高工作效率、较好地完成任务。政府人力资源管理是政府工作的重要方面，其好坏对于政府部门能否保持正常运转，发挥正常职能，实现自己的工作目标，具有决定性的影响。

（2）政府人力资源管理与相关概念的比较分析。人力资源管理起源于私人部门，在西方"新公共管理"（又称"政府再造"）浪潮之后，总结传统人事管理经验及人力资源管理的新经验，逐步将其引入公共部门人力资源管理当中。本节主要将政府人力资源管理与公共部门人力资源管理、传统人事行政管理以及私人部门人力资源管理进行比较分析。

其一是政府人力资源管理与公共部门人力资源管理。学界大多将整个社会部门分为政府组织、私人企业以及第三部门。公共部门泛指拥有公共权力、依法管理社会公共事务、以谋取社会的公共利益为目的的组织体系，以及由政府投资开办、以国有制形式运作的公营企业、公立学校、公立医院等组织体系。政府基于公共权力管理社会公共事务，提供公共服务，将追求和维护公共利益作为自己的行为目标，是最纯粹的公共部门。

公共部门人力资源管理的主体包括国家行政组织和相关的国有企事

业单位，而政府人力资源管理仅限于政府这一主体，主要对各级政府部门公职人员进行人力资源管理。

其二是政府人力资源管理与传统人事行政管理。人力资源管理的称谓随着其演进过程不断变化，20世纪30年代前被称为劳动管理；30—70年代被称为人事管理；80年代开始演变为人力资源管理；90年代至今，逐步向战略人力资源管理发展。① 相较于传统的人事行政管理，现代政府人力资源管理有着以下特点。

①以人为本的管理理念。传统的人事行政管理的局限性在于以"事"为中心。根据事情的需要来配置人力，以人适事，把人看作一种成本，是对组织资源的消耗，从而不同程度上忽视了对人的开发和利用，造成人才使用不当的现象。现代政府人力资源管理倡导以"人"为中心的管理思想，将人的劳动能力看作一种资本，把开发性和增值性统一起来，强调通过教育和培训等方式的投资来开发人的潜力。②

②将市场机制引入政府人力资源管理。由于官僚制在公共服务中具有垄断性，使其缺乏竞争性，缺乏监督机制，造成了公务员服务效率低下，从而导致了政府的低效和规模的膨胀。将市场机制引入政府部门人力资源管理，能够促使公职人员形成竞争意识，以竞争促进激励，从而提高政府部门人力资源管理的效率和降低公共部门管理的成本。

③采用私营部门成功的管理方法。公共部门管理和私营部门管理具有一定的相通性，公共部门可以适当采用私营部门一些较为成功的管理原则和方法，将私营部门管理中的弹性管理、绩效管理、合同外包、分权化管理等先进的企业管理方法和经验应用于政府部门，以此来提高政府部门人力资源管理的质量和效率。

其三是政府人力资源管理与私人部门人力资源管理。政府部门与私人部门人力资源管理的区别主要是由二者的性质以及在社会经济中的不同地位与作用决定的，具体如下。

---

① 郑志龙：《行政管理学》，高等教育出版社2011年版，第173页。
② 张焕英、王德新、张雪峰：《公共部门人力资源管理的发展趋势与应对研究》，《理论探讨》2007年第4期。

①价值取向有所不同。谋求和促进公共利益是政府部门存在的前提和发展目标,政府部门的人力资源管理必然要求顺应公共利益,实现社会公平。相较之下,私人部门追求自身利益最大化,激励员工合理的自利动机,通过等价交换原则来满足自身的利益要求。①

②管理对象有所不同。"私人部门人力资源的管理对象是企业各种类型、各种层面的员工,素质和能力参差不齐。而在采用公务员制度的国家里,公共部门的管理对象是国家公务员,公务员是经过严格的考试选拔上来的,因此其素质较高、工作能力较强。管理对象的不同以及管理对象之间的具体差异将导致两种人力资源管理的实践具有相当大的差别,私人部门人力资源管理活动由于管理对象的复杂性和多样性会比较不稳定,方式也趋向于多样化,而公共部门人力资源活动由于管理对象层次的一致性会比较稳定。"②

③关注重点有所不同。两部门人力资源管理关注的重点略有差别,其根本原因是两系统的基本价值取向有所不同。在政府部门,人力资源管理最为关注的是政治回应性和社会公平,因此尤为注重人员的招募录用。而私人部门基于绩效的考虑,则更注重人力资源管理的开发功能,员工的培训、教育与发展方案设计和绩效评估成为人力资源管理者的重要工作。此外,在人力资源管理的程序上,政府部门一般比私人部门要多一道程序,公共部门的人力资源管理计划特别是招募计划必须得到上一层组织的许可。③

2. 政府人力资源管理的主要内容

政府人力资源管理的具体内容包括有政府人力资源战略管理、人员招募与甄选、培训与开发、绩效管理、薪酬管理以及劳动关系管理。以下是每一模块的具体介绍。

---

① 段华洽、苏立宁:《论公共部门人力资源管理与企业人力资源管理的区别与互动》,《中国行政管理》2006 年第 6 期。

② 雷玉琼:《公共部门与私人部门人力资源管理的异同分析》,《云南行政学院学报》2008 年第 6 期。

③ 周建国、郑海涛:《论公共部门与私人部门人力资源管理之差异》,《江海学刊》2003 年第 5 期。

(1) 政府人力资源战略管理。人力资源战略管理是实现组织目标的基本保障，是组织战略的核心。政府部门的人力资源战略是在科学预测组织未来对人力资源的需求和供给情况的基础上，借助于人力资源管理政策和手段，将组织战略目标和使命向组织成员不断渗透和传播，确保人力资源管理与组织战略相一致的管理措施，以提高人力资源绩效发展和贡献能力推动组织战略目标的达成，是保障组织目标实现的重要手段。① 它强调的是人力资源对组织战略目标的支撑作用，人力资源战略选择应该结合组织的中长期规划，进行综合、动态的设计。

第一，战略与规划。与人力资源规划不同，人力资源战略是通过适应不断变化的新环境，确保人力资源管理的目标和组织目标一致的管理措施。人力资源战略过程中需要考虑的因素比人力资源规划更多，在时间跨度上，人力资源战略考虑得更久，一般是3—5年，而人力资源规划相对较短。从内部来看，关注的是人力资源管理的每一个环节都应以组织战略目标为价值基础；从外部来看，组织的当务之急是分析自身的战略环境，了解人力资源在市场上的分布情况，通过理念和技术的创新，做好选人、育人和用人工作。战略较为宏观，例如在国家层面上，美国为维护国家战略和经济发展战略，采取竞争型的战略模式，不断更新自身人力资源战略，以强化其对经济发展战略和国家战略目标的支撑作用。②

第二，具体内容。政府人力资源战略管理的具体内容包括战略制定、战略实施和战略评价。战略制定阶段的工作包括战略问题分析、战略环境分析、选择战略制定的方法和着力点。战略实施是战略管理最重要的阶段，各个职能部门在对战略进行必要的可行性评估之后，根据利益相关者和所需资源的具体情况，制定具体的战术，以便使制定的战略得以贯彻执行。战略评价是保障实现战略目标的必要条件，一般分为两部分：一是将预期结果与实际效果相比较，二是发现问题并采取纠正措施。

---

① 孙柏瑛：《公共部门人力资源开发与管理》，中国人民大学出版社2006年版，第129页。
② 刘迫、邢春雷：《美国人力资源战略的实施策略及对我国的启示》，《中国行政管理》2011年第4期。

（2）人员招募与甄选。人员招募与甄选是在人力资源规划与预测的基础上，根据工作分析的数量与质量要求，吸收所需要的人力资源，再通过采取相应的科学方法，来对申请人审查选拔的过程。人员招募与甄选是人力资源管理过程中比较靠前的环节，是整个政府部门进行人力资源管理的基础和平台。同时，由于其招募主体的特殊性，容易引起广泛的社会关注效应，这也决定了招募与甄选在政府部门人力资源管理过程中的特殊地位。

①招募与甄选流程。人员招募与甄选是一个复杂、完整而又程序化的过程，其基本程序如下。首先，进行人力资源规划。这一环节是要考虑与组织战略相关的未来引入员工的需要、挑战和机会等，以实现政府从"反应性"组织向"前瞻性"组织的转变。其次，进行职位分析。职位分析是对组织"岗位"的分析，通过详细地分析工作细节以及胜任工作所需要的技术和能力而制定必要标准的过程。再次，编制招募甄选计划，招募甄选计划通常包括招募数量与结构、录用标准与质量、招募对象、范围和地点以及甄选的程序与方法，其招募计划需要报之批准。最后，发布招募信息、进行甄选与录用。在这一过程中需要广泛、及时地发布信息，保证招募效果，并通过一系列的方法技术筛选合适人才予以录用。

②甄选常用方法。政府公职人员的甄选，是政府为了确认最有可能有效胜任者，采取科学方法而对求职申请人进行筛选的过程。甄选常用的方法和技术有笔试、面试、情景模拟和心理测试等。

笔试。笔试是让求职者在试卷上笔答事先拟好的试题，然后根据求职者解答的正确程度予以评定成绩的一种选择方法。

面试。面试是通过谈话形式，以语言为媒介对应试者进行测试的一种方法。

情景模拟。情景模拟是将求职者放在一个模拟的真实环境中，使其解决某方面的一个"现实"问题或达到一个"现实"目标。

心理测试。心理测试在甄选过程中常用的是能力测试和个性测试，是基于特质理论，通过对人的观察的样本行为，进行系统的测量来推论人的心理特点。

(3) 人力资源培训与开发。"人力资源培训与开发是指组织为使员工获得或改进与工作相关的知识、技术、能力、态度、动机和行为而开展的有计划的活动,通过这些活动增进员工绩效,并促使员工行为与组织战略目标相一致。"① 政府部门人力资源培训的教育机构多是行政学院、管理干部学院、党校和高等院校等部门。据不完全统计,我国已通过新建、改建、挂牌等各种方式成立地方行政学院三十余所,现有各级各类管理干部院校五千余所。②

培训常用的方法有课堂讲授法、研讨法、案例分析法、角色扮演法等,在此就不一一赘述。随着培训理念的不断更新,越来越多的组织将培训看作一个连续性的、周而复始的过程,其过程主要包括以下三个阶段。

①组织成员培训需求分析。首先应该根据组织目前所处的外部环境以及发展战略,提出对成员素质与能力的要求;其次对组织成员现有能力素质进行测评,找到与理想状态的差距;然后根据测评比较结果,确定培训需求。

②培训的计划与实施。在培训计划的制订方面,需要设计培训目标、培训方法、培训内容和各种活动等。在实施过程中,要确保培训计划的落实,加强管理和监督,以保证培训工作的顺利进行。同时,培训管理者还应该针对培训中遇到的问题,与受训者、培训师进行沟通交流,及时调整,通过动态管理使培训达到最佳效果。

③培训效果评估与反馈。此阶段主要是指对课程设计、培训方式、授课效果的评估以及对受训者受训后的工作状态的追踪反馈。培训效果的评估与反馈主要是为了找出此次培训中的不足之处,以便在下一个阶段的培训中进行改进。③

(4) 薪酬管理。政府部门的薪酬管理主要包括三个部分,即工资、福利和保险,这三个部分作为公职人员生存和安全需要满足的主要途径,

---

① 孙柏瑛、祁凡骅:《公共部门人力资源管理》,中国人民大学出版社2013年版,第176页。
② 吴琼恩:《公共人力资源管理》,北京大学出版社2006年版,第231页。
③ 赵曼:《公共部门人力资源管理》,清华大学出版社2005年版,第111页。

是激励和开发人力资源的基础,因此,薪酬管理是公共部门人力资源管理中的重要环节。

与私人部门相比,政府工作人员的薪酬制度主要具有以下特点。

①薪酬主要由政府决定。公职人员受雇于、服务于全体国民,其所得报酬主要来源于税负,是由政府决定的。而私人部门的员工薪酬则是由其雇主决定的,随意性较大。

②薪酬水平相对稳定。政府工作人员的薪酬来源于政府,一般说来,政府的财力比较雄厚,且收入来源稳定性强,因此,公职人员的薪酬水平可保持相对稳定,很少出现大起大落的情况。

③薪酬制度规范性强、透明度高。政府部门薪酬制度一般是国家依据有关法律制定的,等级、标准、发放规则等都相对稳定,而且公开透明,任何单位和个人都无权任意改变,因而它具有很强的规范性和很高的透明度。

④直接报酬相对较低,其他报酬相对较高。与其他组织相比,公共部门的直接报酬相对较低,这主要体现在公职人员的工资一般低于企业组织,且往往差距较大。如美国在 20 世纪 70 年代联邦部门和私人部门之间的工资差距达 30%,此后虽经多次改革,差距似乎有所缩小,但仍然存在。而与企业相比,公共部门的其他报酬则要相对高些,稳定性和安全性比较高,各项福利也较有保障。同时,公共部门的员工很多时候是代表国家,个人常常可以因为工作而获得很强的荣誉感和成就感等心理收益,因而较高的内在报酬是公共部门吸引人才的一个重要因素。[①]

(5) 绩效管理。绩效管理是指为了达成组织的目标,通过持续开发的沟通过程,推动团队和个人做出有利于目标达成的行为,形成组织目标所预期的利益和产出。绩效管理是组织实现其战略目标的有效工具之一,也是人力资源管理其他环节的基本依据和基础。进行人力资源绩效管理的必要性在于以下几点。

①有利于公共管理新工具的运用。政府人力资源绩效管理是体制改革不断推进下产生的新型管理方式,其根本是一个全新的机制管理模式,

---

① 魏成龙:《公共部门人力资源管理》,北京师范大学出版社 2008 年版,第 310 页。

目的在于将管理工作变得更加精细、准确,将任务的个数、流程、效率等方面进行改进来达到管理目的。

②有利于降低管理成本和提升效能。政府部门人力资源绩效管理可以把行政机关日常管理目标转化成可测量的标准,可以把组织成员的工作内容与本部门的计划相互关联到一起,绩效变化可以通过量化指标进行追踪,可以及时发现问题,进行改进。绩效管理是一个成体系的管理方式,它能够及时地帮助管理者根据绩效考核过程中的数据、流程进行分析,鼓励持续改进,通过解决个体的问题来提高组织结构的整体水平。

③有利于维护政府部门的公信力。政府部门公信力受到的影响一方面源于信息的不公开和不透明,另一方面是个别的部门和公职人员在处理问题时方法不当,在社会上造成了不良影响。人力资源绩效管理就是要在后者上施加影响,纠正由于员工问题给政府公信力带来的不良影响。

(6)劳动关系管理。私人部门的劳动关系管理主要是讲员工参与、民主管理、劳动合同管理和劳动标准管理等内容,鉴于政府部门的特殊性,在此政府劳动关系管理主要指公职人员的交流调配与回避管理,以及辞职、辞退和退休管理。

公职人员交流调配是指根据组织工作的需要、锻炼人才的需要或者其他法定原因,依据法定的管理程序和方法,对系统内部公职人员的人事流动,以及系统之间的人事流动,进行的组织、控制、协调等管理活动和过程的总称。公职人员回避制度是指为了保证国家公职人员不因亲属关系等因素,对公务活动产生不良影响,而在公职人员所任职务、任职地区和执行公务等方面做出一定的限制性规定。

政府公职人员辞职是其自由择业的体现,是指组织成员依照法律、法规规定,申请终止其与用人单位的任用关系。辞退是政府依据相关法律法规的规定,解除其与组织成员的任用关系,一般表现为对员工过失行为的一种处罚。退休制度是指由国家制定并颁布实行的关于公职人员的退休条件、待遇、安置、管理等方面的法律法规体系的总称。在此需要提到的是离休制度。离休是我国建立的具有中国特色的公共人力资源退出管理机制,离休人员一般是在中华人民共和国成立前参加革命战争或从事地下革命工作等在中国特殊历史条件下形成的特殊群体。

三　行政领导

行政领导是行政管理的"首脑",在行政管理各方面和全过程中,都处于主导地位。因此,研究行政领导是行政管理学的一个重要课题。

1. 行政领导内涵

行政领导是指在行政组织中,经选举或任命而享有法定权威的领导者,依法行使行政权力,为实现一定的行政目标所进行的组织、管理、决策、指挥等的社会活动。

行政领导的主要特点表现为以下几个方面。(1)行政领导只是对"行政"的领导。在一定的行政环境中,为实现一定的行政目标,行政领导者依据法律,对纳入行政活动的被领导者进行指挥与统御,从而保证国家行政权力的行使,有效地为组织和管理国家行政事务进行决策、指挥、协调、控制、监督。(2)从行政领导活动方式的特性上讲,行政领导具有执行性。按照上级行政领导合法指示,依法行政;根据上级合法要求,迅速组织人力物力,提高工作效率,完成行政目标。(3)从行政领导活动的社会属性来看,其具有鲜明的政治性。行政领导的使命是执行国家意志,体现统治阶级意志和利益,实现国家的统治职能。[①]

行政领导与公共领导的概念比较。"公共领导指社会公共组织协调统一地在公共领域,为实现社会共享利益的有效维护、合理享用和可持续增长,组织提供公共服务或公共产品,并且为此进行战略、规范的确定,以及相应的资源配置和调控的领导活动。对公共管理而言,公共领导的活动不仅局限于组织内部,而且更主要的还包括组织之间进行的复杂多变的外部环境下的领导活动。即公共领导比以往行政领导更加关注组织内外的变化和与此相应的管理。这是因为公共管理的社会性内涵,随着经济全球化趋势加快,公共领导的社会化倾向日益明显。公共领导要以开放的思维模式,走出内部管理的'禁区',关注和解决更为广阔的领导外部世界的方方面面问题,有效地推动公共领导向前发展。公共领导包括行政领导,行政领导构成公共领导的主体部分,并且行政领导成为公

[①] 夏书章:《行政管理学》(第三版),高等教育出版社2003年版,第105—108页。

共领导的'非零'起点，也就意味两者并非此消彼长的关系，而是彼此借鉴和利用，共同发展。"①

2. 行政领导基本内容

（1）行政领导职责。行政领导的职权，是其行使指挥与统御过程的支配性影响的实质条件。从职权的范围来看：行政职权是有限度的权力，由国家因社会公共管理分工的不同而进行功能性划分，并由国家授予，包括人事权、物权、财权、组织权。从职权的特点来看：①职权与职位相互联系；②职权与职位有对称关系；③职权是法律认可与确认的权力。

现代社会的行政管理工作已越来越复杂，综合性特征越发明显，这就要求行政领导具有多方面功能。美国行政学家 L. D. 怀特认为行政领导有 8 种功能。①决定重要政策。②发表必要命令和指示。③协调组织内部关系和活动。④授权下级处理具体事务。⑤控制财务的管理。⑥任免工作人员。⑦监督、控制并考核工作行为。⑧处理对外公共关系。根据现代行政管理实践，一般认为行政领导的主要功能有以下几个方面。①执行功能。执行国家权力机关、上级行政机关制定的法律、法规、政令和交办的行政任务。②决策功能。对管辖内的行政事务作出决策，并拟定计划，组织实施。③协调功能。协调各部门、各方面的关系和公务人员之间的关系，创造有效的沟通形式，使他们团结一致完成任务。④激励功能。采取物质和精神鼓励的形式激励部属，调动他们的工作积极性和创造性。⑤指导功能。在授权下级处理各项具体行政事务的同时，对他们实施指导，以利各项行政工作顺利开展。⑥督查功能。对所属行政机关及其公务人员实行经常的、有效的检查和监督。

行政领导者的责任是指行政领导者担任领导职务所应承担的具体工作责任和法律上应负的行政责任，正是在这个意义上，人们常常把行政领导者称为"负责人"②。现实的行政实践中，行政领导者的责任是多面向的，主要是由政治、法律、职业、道德责任四个层面构成。①政治责任即领导责任，是指行政领导者因违反特定的政治义务或没有做好分内

---

① 王续琨：《公共领导学教程》，大连理工大学出版社 2010 年版，第 25 页。
② 郭小聪：《行政管理学》（第四版），中国人民大学出版社 2016 年版，第 97—98 页。

之事而导致的政治上的否定性后果，以及所遭受的谴责与制裁。②法律责任是指行政领导者在行政管理活动过程中因违反法律规范所应承担的法律后果或应负的责任。③职业责任是指行政领导者的岗位责任，即行政领导者担任某一职务所应承担的义务以及对成败的个人担当。④道德责任是指行政领导者在一定的社会关系及自然关系中所应该选择的道德行为和对自然或社会或他人所承担的道德义务，以及对自己行为的过失及其不良后果在道义上应承担的责任。①

（2）行政领导方式。行政领导方式是领导方法的一种表现，是在领导过程中领导者、被领导者及其作用对象相结合的形式。按行政领导活动的侧重点分为以下三个方面。①重人式致力于建立和谐的人际关系和宽松的工作环境，以人为中心进行行政领导活动。②重事式注重行政组织的目标、任务的完成和效率的提高，以人为中心进行行政领导活动。③人事并重式则既关心人，也注重工作，做到关心人与关心事的辩证统一。从行政领导作用于行政人员的方式角度划分为以下几个方面。①强制式。行政领导通过发出行政指令来约束或引导行政人员的言行。②说服式。行政领导通过劝告、诱导、启发、劝谕、商量、建议等方式贯彻行政领导的领导方略。③激励式。行政领导使用物质或精神的手段激发下属的工作积极性，达到决策目标的推进型领导方式。④示范式。行政领导通过对自身的精神面貌、行为方式、工作方式、工作动机、价值观念乃至个人趣味的形象塑造对本组织的人员产生明显或潜移默化的影响。②

（3）行政领导艺术。行政领导艺术是行政领导方法的个性化、艺术化，是行政领导在工作中结合普遍经验和个人体会而形成③。行政领导艺术的类型，从范围影响上进行区分可以划分为总体性、局部性、专业性的领导艺术；从领导事务的类别上区分可以划分为以下几个方面。①授权艺术。上级授予下级一定的权力和责任，使其在一定范围内有处理问

---

① 陈瑞莲、刘亚平：《行政管理学导论》，高等教育出版社2011年版，第138页。
② 王乐夫：《领导学：理论、实践与方法》（第三版），中山大学出版社2006年版，第282页。
③ 刘亚男：《行政领导的艺术与方法研究》，《产业与科技论坛》2017年第16卷第21期。

题的自主权，进而激发下属的责任心、上进心，从而提高绩效。②用人艺术。行政领导要了解下属、知其短长、以诚相待、扬长避短、用养结合、合理激励、奖励有度，提高工作效率。③处事艺术。行政领导要忠于职守、专心本业、统筹安排。④运时艺术。行政领导要做好自己本职工作事物处理的时间安排，也包括对本组织内各类事物处理的时限的了解和运筹。①

（4）行政领导风格。行政领导风格在一定程度上取决于行政领导者的个人特性，而各个领导者风格各异，除了在行为取向上冷酷独裁或者民主，还有在具体的决策制定时是偏重指挥还是参与。另外，有的领导喜欢授权，有的更强调服务。

典型的行政领导风格包括以下几个方面。①独裁型与民主型领导。独裁型领导最忌讳他人的干涉与质疑，甚至组织中其他成员存在的价值就是无条件地服从与追随。冷酷、无情的领导风格极易使下属陷入失落、沮丧的情绪之中，会严重地打压下属人员的工作积极性，但由于他们对于行政目标的高度关注，在一定程度上保障了团队的工作效率；民主型的领导提倡人性关怀、全民参与，致力于营造平等、信任、尊重、开放的团队氛围，并积极地给予下属支持和鼓励。温和、人性化的领导风格能够增强团队凝聚力、促使下属保质保量地完成工作任务，且能大幅度提高工作满意度，但同时当行政组织处在危机中时民主型领导风格则效率更低。②指挥型与参与型领导。指挥型领导不仅关心目标是否实现，而且从流程进度到员工的工作方式，无不悉心过问甚至直接包办替代，甚至每个细节都需要他们的指挥。其优势在于能够为缺乏工作经验、个人能力薄弱的下属提供明确的指示，以免走太多弯路，但也使得下属缺失了锻炼和成长的机会。参与型领导多鼓励员工积极地参与到决策过程中去，利用群策群力的团队力量帮助自己更加全面地看待问题，并借此获得决策的支持与认同，以促进政策的落实。参与型领导提倡的是"放宽自主空间"，而非"无为而治，放任自流"。③授权赋能型与公仆型领导。授权赋能型领导，将下属视为具有自主意愿的独立个体；善于倾听，

---

① 夏书章：《行政管理学》（第五版），中山大学出版社2013年版，第106—107页。

尊重团队成员的不同意见；营造积极的授权氛围，引导下属进行自我激励以更好地完成组合承诺；关注下属个人能力、道德规范等综合素养的提升。公仆型领导或者服务型领导包括五个维度，利他主义、情绪抚慰、智慧、说服引导、社会责任感。他们总是将服务下属、成就他人作为首要目标，以倾听替代臆断，用真诚培养信任，关注并极力满足下属在成长过程中的多样化需求。①

（5）行政领导体制。行政领导体制指独立的或相对独立的组织系统进行决策、指挥、监督等领导活动的具体制度或体系，其用严格的制度保证领导活动的完整性、一致性、稳定性和连贯性。它的核心内容是用制度化的形式规定组织系统内的领导关系、领导机构、领导权限及领导活动方式。领导体制的重要性表现在两个方面。第一，从制度化上决定整个组织系统由谁进行领导。第二，从制度上决定在整个组织系统内如何进行领导。②

根据最高领导者或最高权力中心的权力分配和实施领导的具体方式，可以将领导体制划分为以下四种类型。①个人专权制也叫个人独裁制，是一个人独自掌握最高领导权的一种极端形式。在这种领导体制中，领导者个人是整个行政组织系统最高权力的化身，凌驾于整个组织系统之上，不受任何的牵制、束缚或监督。这种体制受领导者个人因素影响极大，当他具有远见卓识的时候，可以保证组织的延续和发展，但在领导者个人有重大失误或者领导者更迭时，容易使组织产生动荡。在现代社会，这是一种不利于组织系统健康发展、落后的领导体制类型。②个人负责制又称首长负责制，最高领导者的权力受到某种限制，并要求对最高权力的代表或机构负责。优点在于领导个人职责明确，受到一定监督，有责任感，组织系统运行的整体性强，避免个人专权制所产生的各种弊端。缺点是对领导者个体素质依赖比较大，责任系于一人容易使其他副职或下属产生依赖，在监督和制衡机制不健全的情况下，也有可能出现权力滥用。③集体负责制又称委员会制，是由两个以上的群体执掌权力，

---

① 刘松博：《领导学》，中国人民大学出版社2013年版，第101—110页。
② 彭和平：《公共行政学》（第五版），中国人民大学出版社2015年版，第73页。

组织的权力和责任不是集中或主要集中于一个人身上,而是由两个以上的地位平等的人共同分享。优点在于有利于克服个人的主观片面性和局限性,提高决策质量和领导效果;较为民主,避免出现滥用权力和个人专断现象,但也会出现意见分歧,决策迟缓,贻误战机,个人责任不明确,易于出现争功诿过现象,等等。④分权负责制包括多元制和复合制,前者是整个组织系统的最高领导权分属于两个以上的、相互制约的个人或群体,相互之间的领导权限界限分明;后者是个人负责制和集体负责制结合运用的形式,在行政组织中较常见的就是委员会领导下的首长负责制。作为一种制衡机制,它的优点是既能发挥领导的集体智慧,又可以发挥个人的积极性和创造性,同时又有利于克服个人局限和权力滥用。领导层既有分工又有合作,使整个组织系统的领导人员处于一种协调、制衡状态中。但也会出现一些问题,当领导层的权限范围划分不明确或不合理时,往往就会失去制衡效果,造成相互间的对立、摩擦和冲突。此外,集体领导权限的宽窄程度不易把握。①

四 行政监督

行政监督是国家行政管理系统加强自身建设不可或缺的重要环节,是履行政府职能,取得行政绩效的重要保障,也是行政机关严明纪律,依法行政,减少腐败的关键所在。而行政监督制度是国家治理现代化体系中的重要一环,是公正、有效的政治法律秩序得以实现的保障。因此,当前行政监督制度的确立和完善在整个行政活动中的作用就显得尤为重要。

1. 行政监督的内涵

监督机制自古以来就是国家制度的重要组成部分,在古代是统治阶级有效控制国家机器、保证其正常运转的必要手段;在现代国家则是政治文明的重要制度构成。行政监督属于现代国家的监督机制,以公共行政组织为特定的监督对象,就其本质内容而言,行政监督亦可表述为"监督行政"。对行政监督的理解有广义和狭义之分。广义的行政监督是

---

① 彭和平:《公共行政学》(第五版),中国人民大学出版社2015年版,第75—79页。

指通过有法律监督权的国家机关、组织和个人作为监督主体对行政机关及其工作人员的活动进行合宪性、合法性、合理性的评价，并对行政违法行为加以纠正的活动。狭义的行政监督是指在国家监督制度体系中，有关国家机关依法定职权对行政机关是否合法、合理地行使行政职权所实施的督察、纠偏等活动。本章节既探讨狭义的内涵，又研究广义的内涵，而以狭义的内涵为重点。①

2. 行政监督的特点

（1）监督依据的法律性。行政监督的主体、对象、客体、内容、方式、程序、法律后果等都由法律明确规定，监督者和被监督者都必须遵行。（2）监督过程的程序性。一方面，行政监督程序化是实现行政监督目的的基本前提，没有相应的法律程序给予保障，行政监督的目的就不可能实现；另一方面，行政监督的程序化还意味着监督对象的合法权利的程序性保障。（3）监督内容的全面性。政府管理内容的广泛性，决定了行政监督内容的广泛性。行政监督不仅包括对行政机关各部门的监督，而且包括对行政管理各环节的监督。不仅监督行政行为的合法性，还实施合理性监督。广泛的监督内容可使各方面、各环节的行政管理活动变得更加规范。（4）监督目的的控权性。行政监督的主要目的就是为了制约国家行政权，防止行政权专横。（5）监督效力的权威性。法律赋予监督主体的监督权具有受法律保障的影响力、约束力、威慑力、执行力。行政监督以国家强制力为后盾。②

3. 行政监督的类型③

（1）按监督主体的不同划分为外部监督和内部监督。前者包括政党监督、国家监督、社会监督和公民监督等。后者包括行政系统内部各机关、各部门之间相互监督，如上下级之间的监督、行政机关内部的专业监督等。（2）按监督作用时序的不同划分为事前监督、事中监督、事后监督。事前重在防患于未然，事中重在纠偏，事后重在总结经验教训。

---

① 石书伟：《行政监督原论》，社会科学文献出版社2011年版，第4页。
② 同上书，第5—7页。
③ 郭小聪：《行政管理学》（第四版），中国人民大学出版社2016年版，第237—238页。

（3）按监督内容的不同划分为法律监督和工作监督。前者是对行政机关及其工作人员的合规合法性情况进行监督，后者主要是对日常工作实施的监督。（4）按监督方式的不同划分为一般监督和专业监督。前者是对国家行政机关全部行政管理活动实施的全面综合监督；后者是对行政机关某一项专业性工作实施的业务监督。

4. 行政监督的原则

行政监督是行政管理活动的一个重要组成部分，因此，行政监督应该遵循一定的原则，以保证行政监督的合法性和有效性。（1）民主化原则。由于行政权力是人民通过法律授予的，因此行政管理活动理应置于人民群众的监督之下。既然是人民的监督，就应该紧紧地依靠人民群众，采取民主的方式进行监督。（2）公开化原则。公开化原则要求行政机关实行政务公开，方便人民群众实施监督。同时，行政监督活动本身也要具有透明度。首先，监督中发现的问题要公开；其次，监督的过程要公开；最后，监督的结果也要公开。（3）法治化原则。为了保障行政监督的严肃性和有效性，监督主体的法律地位、监督权限、监督任务、监督范围以及监督程序等，都必须由宪法和法律作出明确的规定。各类监督主体不管以何种方式、何种手段实施监督，都必须严格按照这些法律规范进行。（4）广泛性原则。主要指监督主体、监督对象和监督范围的广泛性。行政监督的性质决定了全体公民对政府的公务活动均有实施监督的权利，这种广泛性还表现在行政监督要对一切政府行政机关的行政行为、行政措施、行政制度的实施进行监督。（5）有效性原则。行政监督必须一抓到底，抓出成效，名实相符，真正达到监督的目的。监督主体的职权要落实，使其能够真正有效地依法行使监督权；监督的措施要落实，使监督真正具有权威和威慑力。[1]

5. 行政监督的功能与作用[2]

行政监督的作用可以从两个方面予以表述。其一，行政监督通过特定监督主体行使监督权力，履行监督职责，对行政监督对象的社会关系

---

[1] 郭小聪：《行政管理学》（第四版），中国人民大学出版社2016年版，第236—237页。
[2] 石书伟：《行政监督原论》，社会科学文献出版社2011年版，第16—20页。

发生威慑力和影响力。其二，通过有目的、有意识的监督活动，行政监督行为在全社会造成相应的影响，带来相应的效果。因此，行政监督的有效性表现为有形效力和无形效力两种不同的形态：有形的效力，是通过监督行为，对监督对象及其行为产生实际的、直接的控制和约束；无形的效力，是通过监督行为，对监督对象及整个社会产生观念的、心理的控制力量。对于行政监督的功能究竟有哪些，学界也是见仁见智，但基本认同"多功能论"的观点，总体可以概括为预防、检验、反馈、保障、救济功能等。

（1）预防功能。行政监督并不只是单纯地为了制裁违法行使职权的行政机关及其工作人员，主要是为了预防其违法行使职权。主要表现为通过行政监督明确认定行政机关及其工作人员违法行使职权的标准、范围和法律后果。从更深层次看，行政监督还有着一般预防与特殊预防的功能作用，它使违法违纪的行政机关及其工作人员认识错误，自我谴责，将功补过，使其从被监督和被处罚的教训中得到警示；使行政机关及其工作人员认识和明确合法与不法行为的界限，从而不仅自身守法，而且与不法行为进行斗争。对于社会，行政监督也起着重要的导向作用，通过严明制度，严肃纪律，保证政令畅通，推动廉政勤政建设。

（2）检验功能（也包括评价功能），即通过行政监督机制，对行政行为进行识别和判定的能力和效用。通过这种检验，行政合法行为得到肯定，非法行为受到指正与批判，对于行政权力的正确行使和公务员队伍的纯洁可以起到筛选作用。

（3）反馈功能，即通过行政监督机制，向国家决策部门反映行政法治发展的动态信息的能力和效用。纠正个别的违法违纪现象仅仅是行政监督的具体目标之一，行政监督更为重要的目的应该是通过个案的监督，达到宏观观察行政法治发展动向的要求，实现有效管理控制社会的条件。

（4）保障功能，即通过对行政违法违纪行为的矫正，维护国家法律制度和法律秩序，保护国家利益和公民利益的能力和效用。

（5）救济功能，即通过行政监督，使受侵害的行政相对人得到补偿的能力和效用。

第三节　加强自身建设的前沿主题

一　信息化时代的行政组织变革

信息化时代的到来，极大地改变了行政组织运作的内外部环境，行政组织面临着深刻的变革。

1. 行政组织结构形态的扁平化

政府管理信息化改变着行政组织的结构形态。信息技术的运用改造了传统政府的行政流通模式，打破了原有政府部门之间的物理界限，这在一定程度上破解了传统行政组织部门之间条块分割、等级森严的格局，使行政组织的结构形态由高耸向扁平转化，扁平型的行政组织结构将更有利于对迅速变化的环境做出及时而有效的反应。

首先，政府管理信息化通过改变行政组织信息传递的方式改变行政组织的结构形态。政府信息化使各级政府的各部门都拥有统一的网络服务平台。政府工作人员在这个网络服务平台上，信息共享，互动管理，信息传递的高速度、全方位、大负荷、交互式，改变过去以行政组织纵向结构来传递信息的方式，因而管理层次将大大减少，使行政组织结构由高耸型向扁平型转化。

其次，政府管理信息化通过改变公务员的行为方式改变行政组织的结构形态。政府信息化为政府工作人员提供了现代化的办公手段和应用工具，使传统的技能性工作不复存在，改变了过去靠人脑来处理信息的现象，将政府工作人员从常规的事务性工作中解脱出来，从而使行政组织中的一些中间管理机构被撤销，形成行政组织结构形态的扁平化。

2. 行政组织结构虚拟化

行政组织结构虚拟化指的是政府的治理模式由过去的以实物形态为中心的静态管理转变为以信息、知识、人才为中心的动态管理，组织突破了地域和行业的有形界限，弱化具体的组织结构形式。政府管理信息化使传统的实体政府向虚拟政府转变，超越了一般组织的界限。信息化的发展使行政组织要求在组织边界以外发展关系，以开发稀有资源，获取本身所缺乏的技术，并整合新技术和政策创新，如政府管理信息化使公共部门和私营部门通过相同的门户网站提供政府公共服务，使政府和企业的界限和区别被模糊化。"如在美国，几乎所有重大的联邦决策都要求公共组织、私有组织和非营利组织进行合作，政府权力的下放、服务主体的转变也是政府虚拟化的表现特征。"①

3. 行政组织运行程序的开放化

行政组织运作的开放化表现为行政透明度的增加。政府信息化在信息技术的支持下，可以增加行政组织运作的透明度，一方面，可以防止信息被少数人专用或有选择性地公开，可以防止信息被更改、掩盖，可以建立一套相对严格的制度，将权利交给机器，防止人为干预，从而保证信息的公用性与透明度；另一方面，实施政府信息化后，由于所有行政审批的程序流程都是可视的，每一个部门的办事情况均可以被看到，所用时间也均可以被查到，降低了不确定性，从而增加了行政组织运作的开放性和透明度。

4. 行政组织运作内涵的智能化

政府管理信息化建设还涉及信息技术对政府组织机构的重组和对政府服务的整合，涉及政府行政组织运作方式的变革，即由原来的技能化运作方式转向智能化运作方式。

传统的行政管理是"规制化管理"，组织结构是金字塔式的科层制，行政管理的运行主要依靠技术官僚的专业知识，官员个人的写作、沟通、协调技巧和政府机关执行公务的效能是最重要的资源。"腿勤、嘴勤、笔勤"成为机关工作的基本功，这属于"技能行政"。然而，在信息社会，政府信息化为行政组织运作内涵的智能化奠定了技术基础。政府制定的各项规章制度、行政管理的各种背景资料、政府制定的各种规划方案、重大决策的酝酿和论证等，是通过现代化的政府信息网络进行智能处理的，即采用信息决策系统分析数据，归纳处理数据，最后做出决策方案。整个过程具有科学性、定量化、智能化的特点。

---

① 刘刚、娄策群：《政府信息化对行政组织结构变革的影响》，《科技进步与对策》2007 年第 4 期。

5. 行政组织运行成本最小化

首先，政府管理信息化可以使行政组织及时、全面、准确、完整地获得社会、经济、政治、文化发展的信息，为政府决策节省大量信息成本。在传统的行政管理中，一方面常常因为信息的不畅而导致盲目决策、重复建设、造成巨大的浪费；另一方面由于信息处理手段的落后，造成了大量的自然资源与社会资源的闲置。政府管理信息化后，行政组织可运用最先进的技术和手段整理、分析、开发、利用网络中所蕴含的巨大的信息资源，并把浩如烟海、杂乱无章的信息变为有价值的信息，通过信息的发布，引导和规范政府行为。

其次，由于行政系统内部办公自动化技术的普遍运用，使大量以往必须由行政人员手工作业的工作，可以在一种全新的网络状态下进行，从而可以有效地降低行政管理成本。电子化公文系统的运用，使公文制作及管理实现了电脑化作业，通过网络进行公文交换，使公文制作更加实现无纸化、规范化。比如，海关报单、单位和个人报税、政府批文、政府文告的发布等，若采用系统内部办公自动化技术，不仅可以节省行政组织大量的人力、物力、财力，还能够保证工作得以高效、快捷、准确地完成。

二 以技术方法为特征的政府人力资源管理发展趋势

人力资源管理是 20 世纪八九十年代逐渐在私人部门中兴起，随后被引入公共部门管理当中，是一个较新的概念，因此政府人力资源管理发展的前沿趋势主要集中于技术方法等方面。

1. 政府人力资源管理部分功能外包

外包主要是指企业对其资源进行合理配置，将非核心性、事务性的工作业务交给外包市场中从事相关领域的专业外包服务商来完成，从而达到集中资源来提高组织效率、职能，节约组织管理成本，提高组织管理效率的目的。通过人力资源管理外包可以得到专业化的服务、减少事务性工作、降低人力成本，化解用人风险，促进组织改革。①

---

① 南蒲江：《我国公共部门人力资源管理外包研究》，《财经问题研究》2013 年第 1 期。

随着科学技术的不断进步以及全球化程度逐渐加深，人浮于事，办事效率低下，成本过高，公共部门的改革刻不容缓。西方各国公共部门将企业人力资源管理外包的方法运用到自身工作当中，将一部分较为复杂常规的人事工作委托给第三方专业的服务机构来完成，这在很大程度上降低了公共部门的工作成本，提高了工作效率，使得公共部门有更多的时间和资本投入公共服务的工作当中。

近些年来，我国公共部门人力资源管理外包取得较为显著的成效，例如："招聘外包，江苏苏州、靖江和山东济宁等地将领导干部选拔、聘任制公务员选拔工作外包给猎头公司；培训外包，主要表现为将公务员、干部等的教育培训委托给高校等，采取授课、专题讲座等方式对他们进行教育和培训；绩效考核外包，例如武汉市曾经将绩效考核新方案的制定外包给麦肯锡集团，福建厦门、辽宁本溪等将绩效评估外包给第三方；工资发放外包，主要是将政府部门的工资发放委托给国有商业银行，统一定时、定点发放工资。我国各地政府进行的人力资源管理外包实践为我国政府人力资源管理外包的成长、成熟提供了范本。"① 但是，我国政府人力资源管理外包还处于起步阶段，由于公共部门具有与企业不同的组织属性，如何合理有效安全地进行人力资源管理外包还要进行进一步的探索研究。

2. 政府人力资源管理的信息化发展

信息技术的进步促进了生产方式的变化、经济的发展，推动了社会的变迁，改变了人们工作、学习和生活方式及价值观念，同时也对传统公共部门人力资源管理从工具、内容、价值等方面都提出了挑战。在以信息技术为主要特征的时代，政府人力资源管理也被赋予了知识和信息的内容和意义。行政组织人力资源管理只有具备与信息技术进步的趋同能力，才能实现其价值的最大化。信息技术进步催生了现代信息社会，信息社会是高速度、高效率、高竞争的社会，对信息的收集、整理、加工、运用将成为管理的主要内容。随着信息技术催生的电子政务的不断

---

① 林亚菲：《我国政府人力资源管理外包的问题及对策》，《中国人力资源开发》2014 年第 21 期。

发展，行政组织人力资源管理信息化电子化成为未来发展的趋势。这表明，传统公共人力资源管理对知识和能力管理的方式已不能适应不断变化的形势，行政组织人力资源管理将不再是纯粹的对人的管理，而是将人的管理和信息的管理充分融合，充分体现人与知识结合的资本价值的管理。①

人力资源管理信息化是应用计算机、网络等先进的信息技术，为组织进行人力资源管理搭建的一个标准化、规范化、网络化的信息化管理平台。目前，在一些企业、高校等部门都已建立人力资源信息管理系统，并被广泛应用。②它凭借其强大的数据收集、整理、储存和发布功能，为各级管理者提供了便捷高效的信息支持。③总之，科学技术进步推动现代公共人力资源管理驶向信息化、知识化、全球化的轨道。

3. 政府人力资源管理的柔性化发展

柔性管理是相对于刚性管理而言的。所谓刚性管理，是指以物为本的管理；管理者依靠严密的组织结构、严明的纪律规章和赏罚分明的激励来进行以生产为导向的管理。这是传统农业经济、工业经济时代典型的管理模式。这种管理视生产资料为资本，视人力为成本，曾经极大地促进了生产效率的提高和经济的发展，但已不能适应新经济时代中以知识工作者为本的需要。与刚性管理恰恰相反，柔性管理是在现今经济时代中，以知识工作者为本的管理，是随着时间、外部环境等客观条件的变化而变化，反应敏捷、灵活多变的新的人力资源管理方式。

柔性管理的本质是在以知识工作者为本的管理过程中体现出来的和谐、融洽、协作、灵活、敏捷、韧性等特征。柔性管理是新经济时代的管理产物。因为只有到了新经济时代，知识成为推动生产力发展的第一因素，知识工作者才第一次被提到了高于其他一切的地位上，才产生了

---

① 张再生、李祥飞：《公共部门人力资源管理的理论与实践前沿问题探讨》，《中国行政管理》2012年第9期。

② 王少春：《信息化背景下人与管理系统的互动机理》，《实验室研究与探索》2015年第9期。

③ 王宣承：《人力资源管理信息系统数据质量治理研究》，《中国人力资源开发》2013年第9期。

将调动人的主动性、积极性和创造性与促进人的自由全面发展放在首位的现代人力资源管理,这就需要相应的人力资源管理方式来做保证。

柔性管理强调尊重员工的人格和尊严,努力塑造公共部门共同价值观和文化精神,以提高工作人员对于社会、公共事业的向心力和凝聚力,从而调动组织成员的积极性和创造性。通过柔性管理,政府部门能够较快地适应社会发展形势和公共服务的需求,及时调整产品结构和服务水平,提高部门的竞争力。

就人力资源管理的几个具体方面而言,多是在组织结构、人员流通渠道、培训考核方式、激励机制和组织文化等主要方面作相应的"柔性"改革。例如,柔性的管理理念:充分从"以人为本"的角度出发,注重培养组织内部人员的竞争意识、奋发精神、进取精神和开拓精神,尊重组织成员的人格和尊严;强调个人与集体的配合,讲求个人与组织的高度结合,使组织在日常管理的过程中既有组织的整体性,又有个人的独创精神;管理者要与下属达成一致,使下属归心于领导,信服于领导。再如建立柔性的组织文化:组织文化是组织在长期发展的过程中逐步形成的文化观念。先进的组织文化能使成员拥有自觉意识和自觉行动,依靠成员自主性来完成组织的各项任务和工作。因此要建立一种具有团队精神、包容精神和融洽性为一体的柔性组织文化,要强调柔性思想在组织文化中的作用。

三 新时代中国行政监察体制改革

20世纪90年代以来,随着经济体制改革的深化,社会主义市场经济体制的确立,政治体制改革的逐步推进,社会主义民主与法制建设的不断发展,以及为了更好地适应改革开放新形势下反腐败斗争和加强党风廉政建设的需要,我国行政监督体制进行了一系列改革。其中一项重大改革就是在1992年党的十四大之后,中央决定党的纪律检查机关和国家行政监察机关合署办公。合署后中央纪委履行党的纪律检查和政府行政监察两种职能,对党中央全面负责;监察部按照宪法规定,仍属于国务院序列,接受国务院领导。地方各级监察机关与党的纪委合署后,实行由所在地政府和上级纪检监察机关双重领导的体制。之后为了更好地贯彻中央关于反腐倡廉的重大决策和部署，构建不敢腐、不能腐、不想腐的反腐倡廉长效机制，注重体制机制方面的改革创新就成为一项重点内容，在这一过程中我国行政监督体制也得到了进一步发展和完善。特别是党的十八大以来，在党的统一领导下强化国家行政监察职能，为深化监察体制改革指明了方向①。

2016年11月7日，中共中央办公厅印发《关于在北京市、山西省、浙江省开展国家监察体制改革试点方案》，拉开了国家监察体制改革的序幕。2016年12月25日，全国人大常委会作出《关于在北京市、山西省、浙江省开展国家监察体制改革试点工作的决定》，为改革提供了法治保障。在总结试点工作经验的基础上，2017年11月，十二届全国人大常委会第三十次会议通过在全国各地推开国家监察体制改革试点工作的决定。2018年3月20日，第十三届全国人大一次会议表决通过了《中华人民共和国监察法》。制定《中华人民共和国监察法》具有十分重要的意义：制定监察法是贯彻落实党中央关于深化国家监察体制改革决策部署的重大举措；是坚持和加强党对反腐败工作的领导，构建集中统一、权威高效的国家监察体系的必然要求；是总结党的十八大以来反腐败实践经验，为新形势下反腐败斗争提供坚强法治保障的现实需要；是坚持党内监督与国家监察有机统一，坚持走中国特色监察道路的创制之举；是加强宪法实施，丰富和发展人民代表大会制度，推进国家治理体系和治理能力现代化的战略举措。②

此次监察体制改革经由试点改革、全面铺开和宪法确认等层层递进的不同阶段，设立了位高、权重、面广的监察委员会，提升了监察主体地位，拓展了监察权限措施，扩大了监察对象范围，助推从行政监察到国家监察的制度升级，但随之而来的是行政监察制度的存废问题。作为行政系统内部的一种专门监督方式，行政监察因其专业性、综合性和实体性等特征，具有其他监督方式不可替代的重要作用，仍有存续之价值。

---

① 纪亚光：《我国国家行政监察制度的历史演进》，《中国党政干部论坛》2017年第2期。
② 李建国：《关于〈中华人民共和国监察法（草案）〉的说明》，http://www.xinhuanet.com/2018-03/14/c_1122532994.htm。

但为了顺应国家监察体制改革，行政监察就要进行调整。行政监察在体制上应改双重领导为垂直领导，增强行政监察机关的独立性；在职能上应从侧重对人监督转向对事监督，在剥离廉政监察职能的基础上强化执法监察和效能监察职能；在机构上应整合行政监察和审计机关，组建监审合一的行政监督机构。同时为了顺应此次监察机制改革，还应及时修订《行政监察法》等旧法，优化行政监察领导体制，调整行政监察机关的职责权限，以促成行政监察制度的转型。立足长远，实行监审合一的行政监督新模式，则应适时整合《行政监察法》和《审计法》，制定一部统领行政监察和审计监督的法律。①

---

① 刘峰铭：《国家监察体制改革背景下行政监察制度的转型》，《湖北社会科学》2017年第7期。

第七章

法律、政策与制度工具

法律、政策与制度这三者尽管存在内涵与外延的某种程度的交叉，但是在内在特性、构成要素与运行逻辑等方面，都存有差别，对政府职能履行，特别是对履行能力，具有不同的影响。

第一节 法律工具

一 法律工具的内涵与特征

什么是法律工具？目前学理上尚无明确定义。大部分学者在论及政府工具时，虽然都会提及诸如管制、合同等具体的法律方式，但将法律工具作为政府工具的一个专门类别，目前可见的有公共政策分析家狄龙（Van der Doelen），他把法律工具、经济工具和交流工具作为政府工具的类型。① 其中的法律工具大致相当于其他学者所称的"管制性工具"。在我国通行的行政管理学教科书中，一般会专列"行政方法"或"行政手段"一章，包括"法律手段""行政手段""经济手段"和"思想教育手段"四种基本手段。其中，法律手段是指运用行政立法、执法和遵法、守法教育等手段，规范和监督组织及其成员的行为，以使行政管理目标顺利实现的方法。② 狄龙所言的"法律工具"关注的这类政府工具具有法律强制性，但是，具有法律强制性的，不仅包括规制性工具，还包括像

---

① 参见陈振明《政府工具导论》，北京大学出版社2009年版，第8页。
② 李景平：《行政管理学》，兰州大学出版社2006年版，第55页。

行政给付、行政奖励等非规制性手段。我国行政管理学教科书则关注这些工具是否具有"法律"的形式。不过，被许多教科书视为行政手段的，如行政许可、行政处罚、行政强制等，在多数国家都已经为法律所规定，这使得法律手段与行政手段的边界就比较模糊了。

无论如何，法律工具总是与法律密不可分。因此，在理解法律工具之前，首先必须理解法律本身。依据通常观念，法律是通过国家立法机关制定或认可，并由国家执法机关强制执行和实施，是调整社会关系、规范人们行为从而支配一个社会的一系列原则和规则。一般而言，法律具有如下特征。

第一，法律是一种社会规范，它所调整的是人们之间的相互关系即社会关系或交互行为，法律规范性是指法律所具有的规定人们行为模式、指导人们行为的性质。

第二，法律是由国家制定、认可的社会规范，这与同是社会规范的道德、宗教不同，法律是国家机关按照法定程序创制规范性文件的活动，通过此种方式产生的法称为制定法或成文法，并且国家通过一定方式承认且具有法律效力。

第三，法律是由国家强制力保证实施的社会规范，特别是具有"司法可适用性"。一切社会规范如道德、纪律等都具有强制性，即借助一定的社会力量强迫人们去遵守的性质，国家的强制性是依靠国家的强制力保证实施从而强迫人们去遵守，人们必须遵守法律，否则会受国家强制力的干涉从而受到相应的法律制裁。

第四，法律是具有普遍约束力的社会规范，所谓普遍约束力，是指法律约束范围是国家权力管辖范围内的一切成员，在形式上不分阶级、阶层、个人社会地位等差别而要求以平等适用。

第五，法律以权利和义务为主要内容，首先法律规则包括行为模式和法律后果，授权性规范、义务性规范、禁止性规范构成法律的行为模式，其以规定主体的权利和义务为主要内容，其次法律规则后果模式中也以权利和义务为主要内容，如肯定性的后果模式中国家依法对人们行为的有效性加以肯定，而否定性的后果模式中国家依法对人们行为的有效性加以否定，根据这两种后果模式，合法行为和法定权利受法律的保障。

由此可见，法律作为社会规范的一种，其实质在于以国家意志的形式、以权利义务的内容来规范或者调整人与人之间的社会关系，并以国家强制力保证法律规范内容的实现。从这个角度看，凡是政府通过一定方式和手段，使得政府与其他组织和个人所形成的社会关系具有前述法律特点的，那么，这些方式和手段都具有法律意义。不过，是不是所有这些手段和方式都是法律工具呢？

这就需要回到"政府工具"概念本身，特别是"工具"一词。所谓"政府工具"，其基本内涵是为实现政府职能所采用的方法和手段。换言之，政府工具与政府职能之间，前者应当具有积极实现的功能意义，否则，难以称为"工具"。从这一定义出发，很多具有法律意义的方式方法，对于政府职能的实现就不一定具有积极的"工具"意义，而仅仅具有或者主要具有对政府行为的消极防控功能。例如，行政法中"正当法律程序"，通过设置回避、告知、听证等法律程序，其主要目的就在于规范政府行为的作出过程，而并非去实现某种政府职能。

基于前述认识，本书将法律工具定义为：政府通过法律或者根据法律，借由一定行为或方式，与其他政府机关、公司企业、社会组织、公民个体等形成法律上的权利义务关系，以实现一定政府职能或政策目标。根据这一定义，法律工具具有如下特征。

第一，法律性。法律工具的法律性体现在三方面，其一，法律工具或者直接表现为法律条文，或者是政府根据法律规定采取的法律措施。前者如地方人民政府制定养犬管理办法，规定禁养犬的种类、区域、养犬手续等相关问题，以规范城市养犬秩序、维护公共安全。后者如政府机关根据《行政许可法》颁发许可证，根据《行政处罚法》作出处罚决定等。其二，基于法律工具，政府与其他政府机关、公司企业、社会组织、公民个体的社会关系的性质，就不仅仅是一般的社会关系，而是法律关系；彼此之间的利害关系，展现为权利义务。例如，有些地方政府规定对提供招商引资有突出贡献的公民进行一定奖励，如果某公民完成了政府规定的招商引资任务，符合奖励规定的，那么，政府对其的奖励，就不仅仅是一种单纯的物质奖励，而是基于政府信守承诺的法律规定而必须履行的法律义务了。① 其三，通过法律工具建立的权利义务的实现，具有法律强制性，对拒不履行的责任主体，会带来制裁性的法律责任，有可执行内容的，可以通过强制执行程序完成。

第二，工具性。法律工具属于政府工具，应当具有政府工具的一般特点，例如行动性、公共性等，但是，这里要特别强调指出的是，作为法律工具，必须具有"工具性"的特征，即政府选择此类法律手段，其目的或者主要目的，在于积极履行和实现一定的政府职能，而不是单纯地消极规范政府行为。

二 法律工具与依法行政的关系

法治是现代国家普遍遵循的基本准则，我国宪法第五条明确规定"中华人民共和国实行依法治国，建设社会主义法治国家"。党的十八大报告也指出"法治是治国理政的基本方式"。依法治国涉及国家和社会生活的各个方面，其中，依法行政是法治国家的核心内容。所谓依法行政，是指国家各级行政机关及其工作人员依据宪法和法律赋予的职责权限，在法律规定的职权范围内，对国家的政治、经济、文化、教育、科技等各项社会事务，依法进行有效的管理活动。

从法治原理上讲，政府作出的几乎所有行为都必须"依法"而为。"违法行政"将导致行政行为被撤销或者归于无效。但是，法律对于行政的关系，有两个基本面向，一是消极的规范性，二是积极的根据性。在前者，"依法行政"主要体现为政府行为必须遵循一定的法律规范，遵循一定的法律程序，不得违背法律。这一依法行政的要求在学理上称为"法律优先原则"。在后者，政府为达成某项目标，能否采取某种行为以及采取什么样的行为及其方式，都必须根据法律，无法律根据，则无行政。这一依法行政的要求在学理上称为"法律保留原则"。根据这一法治原理，法律工具与依法行政的关系，体现在以下两个方面。

---

① 张炽脉、裘爱玲诉绍兴市人民政府不履行招商引资奖励法定职责案，《中国行政审判指导案例》第56号。

1. 法律工具并非依法行政的内在要求

如前所述，作为政府管理的法律工具，其内涵在于政府通过建立政府机关与其他主体之间的法律关系来履行政府职能。因此，尽管与法律有密切关系，但法律工具本身并不是依法行政的直接体现，也不是依法行政的内在要求。例如，为保证完成政府所用物质的供采任务，即使在前法治社会，政府机关也可以通过与普通商人订立民事合同，使双方建立法律关系，一旦出现不履约的情况，双方就可以借助法律途径来解决，或者利用法律强制力来执行合同。法治要求政府比较多地采取法律工具，但不能等于法律及其适用，依法行政要求政府的管理整体服从法律，遵循法治原则。法律工具则较为微观，是从技术层面运用法律手段解决具体问题。一个国家和社会存在法律，但不一定就是法治国家，但可能存在法律工具及其运用。

2. 依法行政原则对政府运用法律工具提出了法治要求

依法行政原则对包括政府运用法律工具的行为在内的所有政府行为，都必须遵循法治原则和规则。政府运用法律工具，除了应遵照法律工具本身特性和运用规则外，也必须遵循依法行政的一般要求。

首先，根据法律优先原则，政府为完成特定职能，无论是否采取法律工具、采取何种法律工具，都必须依法行政，恪守法定职权与法定程序，遵循诚实守信、比例原则等法律的一般原则，不得有所背离。

其次，在某些职能领域，如果法律已经明确规定政府机关必须运用某种或某类法律工具，则政府必须运用该种和该类法律工具，不得废置或转用其他法律工具。

最后，在某些职能领域，如果法律没有明确规定特定的法律工具，但是规定政府必须通过法律工具履行职能的，政府就必须在现有法律工具中选择适宜的工具，而不能选择非法律工具。只有当法律并未规定必须使用法律工具，也没有禁止使用非法律工具，且非法律工具更为适宜时，才能采用非法律工具。

三 法律工具的基本类型

现代社会之法律是一个复合体系，形成了如宪法、行政法、刑法、民法、经济法等的法律部分体系。不同法律部门的规范，其性质和功能也往往不同，例如刑法规范，具有最强的强制性和惩罚性，民法规范则尊重当事人的意志，体现民事关系中双方当事人之间的平等地位。法律工具也会根据其所依照的法律条款的不同和所归属的法律部门的不同，各有特性，各具功能。

1. 公法工具、私法工具和公私法混合工具

公法与私法是法律的基本分类。一般而言，公法重在规范公共权力，以实现公共利益为宗旨，私法重在规范私人关系，以保护个人利益为宗旨。公法主要遵循法定主义原则，私法主要遵循"私法自治"原则。公法工具主要包括行政许可、行政征收、行政处罚、行政强制等，政府机关通过高位的权力行为，单方面设定或改变政府与行政相对人之间的权利义务关系。例如，通过行政许可，政府赋予相对人从事一定职业的法律资格，通过行政拘留等行为，限制相对人的人身自由。一般而言，政府能够采用的法律工具，限于公法工具，但是，在一些情况下，现代法律也允许政府采用私法工具。私法工具中，政府与其他主体地位平等，双方通过协商达成合意，设定权利义务关系。例如，政府为少量采购办公用品，与商人订立的买卖合同。也有一些法律工具，兼具公法和私法性质。比较典型就是行政合同，例如国有土地使用权出让合同、公共工程承包合同等，政府为完成一定的公共职能，通过与相对人的协商，订立合同。但是在合同履行过程中，政府基于公共利益的需要或法律政策的重大调整，对合同履行享有监督权、指挥权、单方变更权和解除权。

2. 刑法工具、行政法工具、民法工具、经济法工具、环境法工具、社会法工具

现代法律是一个具有复杂结构的法律体系，根据法律调整对象、调整方式的不同，分为不同的法律部门。根据法律工具所归属的法律部门的不同，政府法律工具可以分为刑法工具、行政法工具、民法工具、经济法工具、环境法工具、社会法工具。

刑法工具是通过刑事立法，把某些社会失范行为列入刑法调整范围，规定刑事法律责任。例如，依据我国原《道路交通法》规定，醉酒驾车将被吊扣驾驶执照一个月并罚款。但鉴于醉酒驾驶的严重社会危害性，

《中华人民共和国刑法修正案（八）》将醉酒驾驶作为危险醉驾入刑，面临最高半年拘役的处罚，并处罚金。值得注意的是，运用刑法工具，一般而言，超出了行政职权的范围。在我国，必须通过全国人民代表大会的立法加以规定，并通过专门的国家刑事司法机关才能实施。严格而言，刑法工具并不属于政府工具的范畴。但是，由于刑法工具内含社会管控的目的，而且部分刑事措施，实际上常常基于行政法工具在内的其他法律工具不敷使用，由政府提出立法动议。同时，部分刑法工具的实施，需要借助政府，如对醉驾施以刑罚，就需要交警部门先进行检查。

行政法工具是通过立法和行政行为，设定政府与其他主体之间行政法上的权利义务关系。政府使用法律工具完成公共职能，行政法工具是当然首选，在多数情况下，根据现代法治原理，政府必须选择行政法工具。为因应现代行政任务的复杂性、多样性，行政法工具也发展出了多种形态，除了传统的行政许可、行政处罚、行政强制等工具外，也发展出了像行政给付、政府信息公开、信息披露、行政规划等行政法工具。对此，后面将做进一步阐述。

民法工具是通过民法和民事法律行为，建立民法上的权利义务关系来实现一定公共管理目标。民法工具包括两种情形，一种是政府利用民法工具，与其他主体建立民法上的权利义务关系。比较典型的就是民事合同，前面提及的政府与私人之间订立政府物资采购合同，再如政府出售一些汰换的办公器材、出租公有房屋等。民法工具的另一种方式是通过民事立法，干预私人之间的法律关系，以实现某种政策目标。如通过《劳动法》来规定劳动合同中的某些强制性条款，以保障工人获得合理的劳动条件、劳动待遇等。再如通过《民事侵权法》，对社会具有较大危险或危害的行为、产品或行业，强化行为人或生产厂商的法律义务，保护社会弱势群体利益，维护公共利益。要注意的是，此类法律工具通常超出政府职权范围，需要通过立法机关的民事立法，并主要通过民事审判来实现。但无疑，如前述刑法工具一样，这类民法工具承载着公共管理的目的，其实现往往需要政府机关的行为，如劳动行政、工商行政、卫生检疫、食药安全等部门的检查监督。

刑法工具、行政法工具和民法工具是政府法律工具的三大基本类型。

随着政府职能的扩张和法律部门的细化，法律工具也进一步拓展为经济法工具、环境法工具和社会法工具。经济法工具是政府通过经济立法或者利用经济法所赋予的管理工具，实现一定政府经济管理等方面的职能，如为规范上市公司行为，维护股民利益和市场经济秩序，规定上市公司必须向社会公众披露重要信息。环境法工具是政府通过环境立法或者利用环境法所赋予的管理工具，实现政府生态环境管理、自然资源保护等方面的职能，如环境评价程序、环境信息披露制度、环境认知标识。[①] 社会法工具是通过社会立法或者利用社会法所赋予的管理工具，实现政府社会保障、社会管理等方面的职能。

最后，需要补充说明的是，在政府法律工具中，还存在混合性政府工具，例如前述行政合同，就兼具行政法工具和民法工具的特性。

3. 实体法工具和程序法工具

实体法和程序法是对法律的重要分类。所谓实体法是以规定和确定权利与义务或者职权与职责为主的法律，如《民法》《刑法》《环境法》《社会法》等多属实体法。所谓程序法指以保证权利和义务得以实现或职权与职责得以履行的有关程序为主的法律。在现代法制体系中，程序法一般包括两大类，一类是诉讼法，包括《民事诉讼法》《刑事诉讼法》和《行政诉讼法》，主要调整诉讼及相关活动。另一类是行政程序法，直接规范国家行政机关在行使行政权力、实施行政活动过程中所遵循的步骤、方式、时限和顺序。

总体而言，政府法律工具主要是实体法工具。但诉讼法工具和行政程序法工具，在某些职能领域也能发挥一定的管理实效。例如，许多国家通过公益诉讼制度，在环境保护、消费者保护等领域赋予公民、社会团体等诉权，以维护公共利益。在行政程序法工具方面，政府机关也经常通过行政程序的设定或调整，实现一定的政策目标。例如，在政府信息申请领域，为减少公民滥用信息公开申请权，对重复申请行为设定特别审查程序等程序要件。再如在行政立法和行政规定制定程序中，通过

---

① 如《清洁生产促进法》第13条规定，国务院有关行政主管部门可以根据需要批准设立节能、节水、废物再生利用等环境与资源保护方面的产品标志，并按照国家规定制定相应标准。

设置专家论证、公众参与等程序环节,提升公共决策的科学和民主。

4. 管制性法律工具与给付性法律工具

这是从法律工具对公民、法人和其他组织而言,管制性法律工具是对公民、法人和其他组织的限制权益、增加法律义务或负担,来达到政策目标。与此相反,给付性法律工具则是向公民、法人和其他组织提供某种权利、资格、优惠或奖励。需要注意的是,同一政策目的,既可以采取管制性法律工具,也可以采用给付性法律工具,如为防止环境污染,既可以采取对污染企业予以行政处罚的措施,也可以对排污达标企业采取奖励、补贴等措施。同时,同一性质的法律工具,也可能兼具管制和给付两重性质,例如对精神病人的强制医疗,兼具二者性质。再如补贴法律工具对受领厂商是给付性工具,但对与其有竞争关系的其他厂商,就是管制性工具。

四　政府法律工具的基本过程

法律作为现代社会的主要规范,除已经形成结构复杂的规范体系外,也形成了系统化、程序化的运作过程。政府运用法律工具履行公共职能、实现政策目标,就必须遵循法律运作的基本过程。大体上,政府运用法律工具的基本过程,包括以下主要环节。

1. 选定合法有效的法律根据

法律工具以法律的存在为其前提,无法律,则无法律工具。[①] 因此,政府要运用法律工具,必须寻找或确立合法有效的法律根据。确定合法有效的法律根据,可以从两方面着手。一是从现行有效的法律体系当中选择可适用的法律条款作为根据。例如,某地方环境行政机关拟对某企业的环境污染行为采用行政处罚,必须从现行有效的《环境保护法》《行政处罚法》《环境行政处罚办法》以及所在省市的地方环境法规中,寻找到可适用于该污染行为的具体条款,才能采取相应的行政处罚。二是在有些领域,立法相对滞后,无法提供有效的法律根据,政府机关不能直接采取法律工具,而必须等待立法的完成,或者只能采取非法律工具。

---

① 此时,政府在其职能范围内,仍然可以采取非法律工具。

在立法方面，行政机关可根据职权，向国家立法机关提起立法动议，由立法机关制定相关法律；在现代政治体系中，很多政府机关也被宪法和法律授予立法职权，在我国，国务院、中央部委、省级人民政府、较大的市的人民政府等，可以在职权范围内，按照立法程序分别制定行政法规、部门规章和地方性规章。

2. 确定具体法律权利义务

要注意的是，法律本身不能完全或直接等同于法律工具。因为生效的法律规范，是否对受该法约束主体直接产生具体明确的权利义务关系，要看法律本身是如何规定的。这里可以区分成两种情况，一种是自法律生效后，即刻在特定主体之间形成具体的权利义务关系，这些法律条款即具有法律工具的功能。大多数刑法条款直接产生相应的法律义务，如《刑法》第 140 条规定的"生产、销售有毒、有害食品罪"即规定了公民、法人和其他组织不得在生产、销售的食品中掺入有毒、有害的非食品原料，或者销售明知掺有有毒、有害的非食品原料的食品的刑法义务，违者将被追究刑事责任，判处有期徒刑、罚金等。在其他部门法中也多有此类法律规范，如根据《劳动法》的规定，劳动者直接就获得相对于用人单位的劳动报酬、休息休假，获得劳动安全卫生保护，享受社会保险和福利等权利。另一种情况是法律生效后，并未在特定主体之间形成具体确定的法律关系，尚需要通过某种具体的法律行为，才能够在特定主体之间形成具体的权利义务关系。例如，法律虽然规定了征收国有土地上房屋的情形，但对具体房屋是否征收，如何征收，如何补偿，都需要经过有权机关的征收和补偿决定，才能具体确定双方的权利义务。对于政府而言，这些具体法律行为，主要是实施行政权力的行政行为，如行政处罚、行政许可、行政命令等，也有与私人居于平等地位的民事行为，如采购合同。当然，不可否认的是，单纯法律本身，也具有规范和引导社会的作用，从而产生一定的管理实效。但这种情况属于比较弱的意义上的法律工具。

3. *法律权利义务的实现*

通过法律或法律行为确定的主体间的权利义务，有些直接就转化为现实的权利义务，例如，禁止使用有害食品添加剂的禁止性义务，只要生产厂商没有添加行为，该义务即告实现。不过，这种情况仍然需要有权机关在其职权范围，依法检查与督促，预防义务人违反禁止性义务，对违反禁止性义务的主体追究其法律责任。

有些权利义务的实现，需要义务人的积极的实施行为。例如，强制信息披露的义务，就需要义务人向政府和社会公众主动完成符合法律要求的信息披露行为。此时，需要政府机关在其职权范围内，依法进行检查与督促。对不遵法而为、不承担履行责任的主体，应该追究其法律责任；对拒不履行的，可以依照强制执行法，进行强制执行，以保证法律权利义务的实现。

4. 法律监督与权利救济

依据法治原理，凡政府行为皆须依法而为，尤其政府运用法律工具时，更要加强法律监督。另外，由于法律工具直接影响到相关主体的权益，就必须遵循"有权利必有救济"的法治原则，赋予相对人救济权利。因此，对政府适用法律工具，必须建立健全符合现代法治标准的法律监督和权利救济机制，对存在法律瑕疵的法律工具及其适用行为，依法及时地进行补正、变更、撤销或确认无效，并保护公民、法人和其他组织的合法权益。现代国家普遍在政府内外建立起体系化的法律监督和权利救济机制，在政府内部，有诸如政府法制办公室、政府法律顾问、行政复议等机制，在政府外部，有诸如议会监督、国家监察、司法审查等机制。这些机构职能各有分工，职权各有大小，运作各有特点，有些侧重对包括政府法律工具在内进行事先事中的合法性论证，如法制办、法律顾问，有些则侧重进行事后的合法性审查，如行政复议、行政诉讼。有些机制侧重法律监督，如政府法制办，有些侧重公民权利救济，如诉讼机制，有些兼顾二者，如行政复议。

五　政府适用法律工具的基本要求

政府选择与适用法律工具，除遵照各项具体法律工具自身的适用要求外，根据现代法治精神，应该遵循以下基本要求。

1. 在法律工具的适用前提下，政府机关必须具有法定职权

职权是政府任何行为的前提。政府适用法律工具解决某项公共问题，

也必须是政府对该公共问题具有法定的管理职权。缺乏法定职权，构成政府适用法律工具行为的重大法律瑕疵，即使法律工具适用取得良好效果，也会被认定为行政上的重大违法。

2. 在法律工具的选择上，应遵循"三个优先"原则

（1）在法律未禁止使用非法律工具时，非法律工具一般应当优先适用。与法律工具相比，非法律工具，如指导、劝告、诫勉等方式，不直接影响相对人法律上的权利义务，且不会产生法律约束力和强制力，因此，对相对人侵害较小。因此，除非法律明确规定必须使用法律工具的，或者禁止使用非法律工具，在达成相同政策目标的前提下，非法律工具应当优先于法律工具适用。例如，我国《行政许可法》第13条规定，凡是公民、法人或者其他组织能够自主决定的，市场竞争机制能够有效调节的，行业组织或者中介机构能够自律管理的，通过下列方式能够予以规范的，可以不设行政许可。这即表明凡是非法律工具能够解决问题，实现与法律工具相同的管理实效的，应当优先选择适用非法律工具。

（2）在法律工具选择上，公法工具优先于私法工具适用。以宪法和行政法为主的公法规范，专门规范和管控国家权力，用以实现公共利益。私法体现"私法自治"原则，用以保护私人利益。如果任由政府选择私法工具，则为政府机关提供了逃避公法规范的途径，并可能利用私法工具，发挥政府事实上的高权地位，侵害公民、法人和其他组织的合法权益。因此，政府选择法律工具，应当优先适用公法工具，只有公法工具缺位，且法律未禁止适用私法工具的，才能选择适用私法工具。

（3）对相对人权益侵害较小的法律工具，应当优先适用，以尊重保护相对人的合法权益。因此，行政法工具优先于刑法工具适用，给付性法律工具应当优先于管制性法律工具适用。例如，前述行政许可法条款中，另有规定凡是行政机关采用事后监督等其他行政管理方式能够解决的，也可以不设行政许可。显然事后监督法律工具较事先许可对相对人权益影响来得轻。

3. 在法律工具的适用程序上，应遵循法定程序和正当程序原则

行政程序是指国家行政机关在行使行政权力、实施行政活动过程中所遵循的步骤方式、时限和顺序的总和。法定程序是法律法规对行政程

序的规范性要求。正当程序是法治原则、法治价值等实质法治对行政程序的规范性要求。国务院 2004 年发布的《全面推进依法行政实施纲要》中"程序正当"作为依法行政的重要内容，包括行政公开，听取公民、法人和其他组织的意见、保障行政管理相对人、利害关系人的知情权、参与权和救济权、存在利害关系的行政机关工作人员应当回避等。

在法理上，法定程序和正当程序约束所有的政府行为，但法律工具的适用，由于会直接影响人民群众的法律权益，是法定程序和正当程序最主要的适用领域，违背法定或正当程序的行为活动，将导致负面的法律后果。例如，根据我国《行政诉讼法》，影响人民群众法律上利害关系的行政行为，违反法定程序的，构成行政行为违法而被撤销或认定无效。在正当程序的适用上，也主要集中在对公民等私人权益具有实质影响的行政程序环节上，这些重要环节如果背离正当程序，将导致整个行政行为违法的结果。

第二节　政策工具

一　政策工具的基点分析

1. 政策工具的内涵

要了解政策工具的通常含义，必须先理解政策。"政策"，又称为公共政策，但对其内涵有不同理解。国外学者对政策的定义往往比较宽泛，例如公共政策学科的创始人拉斯维尔和卡普兰认为，公共政策是一项含有目标、价值与策略的大型计划。政治学家伊斯顿认为公共政策是对全社会的价值作权威的分配。根据这些定义，政策的外延非常广泛，几乎可以涵括所有政府行为，包括法律法规、战略、规划、计划、条例、规章、政令、声明、指示、管理办法、实施细则等。另外，政策科学家戴伊从政府行为的角度，认为政策是"政府选择作为或不作为的行为"，政策外延拓展到"政府的不作为"。

在我国，中国共产党处于领导和执政地位，因此，除了政府，执政党是更为重要的政策主体。同时，多数学者将政策归属于"政府决定"，不认同将"政府不作为"纳入政策的外延当中。① 此外，为了与针对具体事实、特定对象的政府管理措施相区别，研究中常常会进一步限缩政策外延的范围，仅包括那些政策主体作出的抽象的、能够反复适用的行动计划或决定。因此，政策通常被定义为党和政府用以规范、引导本国或本地有关机构团体和个人行动的准则或指南。其表达形式有法律规章、行政命令、政府首脑的书面或口头声明和指示以及行动计划与策略等。② 本书也基本认同前述观点，将政策界定为："政策是国家机关、政党及其他政治团体在特定时期为实现或服务于一定社会政治、经济、文化目标所采取的政治行为或规定的行为准则，它是一系列谋略、法令、措施、办法、方法、条例等的总称。"③

政策是个复合体，其基本构成要素一般包括政策主体④、政策对象、政策目标和政策工具等。其中，最重要的是政策目标和政策工具。前者是指政策主体通过政策及其执行期望实现的管理目的和效果；后者是指政策主体借以实现政策目标的方式手段。根据这一定义，政策工具属于政策的构成要素，与政策目标相对，是实现政策目标的工具。当前有关政策工具的理论研究，也大都是在这一层面上理解政策工具的内涵。本书认同这一观点，但认为应该进一步指出政策工具的存在前提，即政府采用"政策"方式，作为履行政府职能、实现管理目标。这区别于政府运用具体管理措施作为政府工具的情形。基于前述分析，本书将政策工具界定为：作为政策的构成要素，政府用以解决政策问题、实现政策目标的手段方式。

2. 政策工具与相关概念的区别

（1）政策工具与政府工具之区别

从学科与理论发展角度而言，对政府工具的专门讨论，源于政策工

---

① 张国庆：《公共政策分析》，复旦大学出版社2004年版，第3页。
② 张金马：《政策科学导论》，中国人民大学出版社1992年版，第19—20页。
③ 陈振明：《政策科学》（第二版），中国人民大学出版社2003年版，第50页。
④ 政策主体是在特定政策环境中，能够准确界定政策问题，把政策要求和政策支持综合、加工、改造、转化为政策产品的系统。参见黄顺康《公共政策学》，北京大学出版社2013年版，第42—43页。

具的研究。在很多学者看来，政府工具即为政策工具。如前所述，我们对政策工具的界定与一般理解基本相同，值得注意的是，本书将政策工具作为政府工具的下位概念。

首先，在本教材中，政府职能与政府工具构成一对范畴，凡政府为履行公共职能、实现管理目标的手段方式，包括抽象规范和具体措施，都属于政府工具。作为政策，其形式特点是具有一定的抽象性，能够反复适用。相较而言，针对具体问题、特定对象的政府措施和决定，并不属于政策的范畴。相应地，这些具体举措决定中的手段方式，属于政府工具，但不属于政策工具。

其次，本书遵循通行的政策定义，政策是指政府"作出"的"决定"，不包括政府的不作为。实践中，政府经常有意识地对一些公共问题不予理睬，因为政府官员相信市场、家庭或志愿组织是解决问题的最佳渠道。[①] 就此而言，政府"有意识的不作为"，不属于政策工具，但也是政府实现其管理目标的工具。

概言之，政府工具是履行政府职能的方法方式，政策工具是政府在政策中所运用的政府工具。

（2）政策工具与法律工具的区别

一般而言，"政策"的外延较"法律"为广，法律属于政策的一部分。[②] 但法律具有不同于一般政策的特点，如法律规范比较明确，具有权利义务形式，并以国家强制力保证其实现，法律适用过程要遵循法定程序和正当程序，等等。政策除了法律外，还包括其他类型，不具有法律的特点。相应地，政策工具也较法律工具为广，政策工具的形式、内容、实现方式和适用过程更具多样性。但法律工具依托法律而生，具有法律的一系列特性，并依照法律过程运作。概言之，法律工具是政府在法律中所运用的、具有法律特点的"政策工具"。

---

① ［加］迈克尔·豪利特、M. 拉米什：《公共政策研究：政策循环与政策子系统》，庞诗等译，生活·读书·新知三联书店2006年版，第146页。

② 在有些语境中，政策与"法律"并称。例如，我国《民法通则》第6条规定"民事活动必须遵守法律，法律没有规定的，应当遵守国家政策"。在这里，政策被定位在"法律之外"，外延进一步被限缩。

二 政策工具的基本运用过程

政策工具作为政府在政策中所运用的工具，其基本运用过程，是在政策过程中具体展开的。政策工具作为政策主体与政策对象的中介，实际上也是整个政策的中心，贯穿于整个政策过程。关于政策过程的阶段，理论界有不同划分，但基本包括政策制定、政策执行、政策评估、政策终结等四个阶段。我们结合这一政策过程，分析政策工具的基本运用过程。

（1）政策问题界定和政策目标确定：确定政策工具的目标。政策和政策工具是为政府解决公共问题而生，政策问题界定不同，政策目标自然不同，政策工具也会随之变化。通过政策议程，公众所关心的社会问题的实质逐渐被界定清晰，转化为政策问题。在界定政策问题的基础上，依照一定程序，明确政策及其实施所要达成的预期社会效果，即政策目标。政策问题和政策目标基本框定了政策工具的运用领域、运用对象、运用程度和评价标准。

（2）政策方案规划：核心是政策工具选择。政策方案规划就是公共权力机关针对特定的政策问题，依据政策目标，设计政策方案并进行优选抉择的过程。政策方案设计及其比较过程，核心任务是政策工具的选择比较，对政策工具从预期效果、成本—受益、公平性、法律和政治可接受性、风险与不确定性等标准进行评价。

（3）政策合法化：政策工具获得合法资格。对备选政策方案通过包括审查、审议、决定、公布等程序后，政策方案变成正式有效的政策，政策工具取得合法资格，成为政策执行必须遵循的依据。

（4）政策执行：政策工具的实施。政策经合法过程后，一经采纳即进入政策执行阶段。政策执行或政策实施，其实质内容即为政策工具应用到政策问题中去，作用于预定的政策对象的现实过程。[1] 要注意的是，政策工具能否取得预期效果，也不完全取决于工具本身，还受到一系列

---

[1] ［加］迈克尔·豪利特、M. 拉米什：《公共政策研究：政策循环与政策子系统》，庞诗等译，生活·读书·新知三联书店2006年版，第273页。

现实因素的影响。

（5）政策评估：主体是政策工具实施效果评估。政策评估是按照特定标准、方法和程序，对政策执行及其实效进行客观测定和评价。政策评估的主体任务是检验政策工具作用于政策对象后，实际的效率、效益和效果如何，是政策目标、政策工具是否调整、修正、延续和终止的重要依据。

（6）政策终结：政策工具终止。一般而言，公共政策终结是指经过由政府组织或社会自发的政策评估之后，政策决策者或制定者采取一定措施，将过时的、无效的或多余的政策、计划、功能或组织予以结束。政策总结有多种原因，可能是政策问题界定不清、政策目标不合理、政策工具失效，也可能是执行不当。但无论何种原因，从现实面看，政策终结就是既定的政策工具停止实施，基于政策工具的利益也随之废止或逐渐取消，这是政策终结行为常常引起各界争议的关键，也是政策终结阶段要妥善处理的问题。

三　政策工具的选择

如上所述，政策工具可视为政策的核心问题。作为政策设计环节的关键内容，政策工具的选择要遵循政策方案设计、评价的通常程序和方法。我们这里主要讨论政策工具选择的影响因素。

关于政策工具选择的影响因素，学者做出了不同的分析，我们综合各家理论，并结合我国的实际情况，将影响政策工具选择的因素归纳为政策目标、政策工具的功能特性、工具应用的背景、以前的工具选择和意识形态等五个方面。①

（1）政策目标。政策目标为政策工具规定了方向，为判断政策工具的有效性提供了评判标准，目标是政策工具选择的首要考虑因素。在进行政策工具选择时，首先，政策目标必须明确适当，目标不明确、目标错置，是引起工具选择失败的重要原因。例如，某项政策仅仅指明"消除交通拥堵"，但对不同政策对象缺乏具体明确的政策目标，政策工具的

---

① 参见陈振明《政府工具导论》，北京大学出版社2009年版，第84—91页。

选择就可能失之于过宽或过严，如对较易管治的行人采取严厉措施，对较难管治的电动车则相对较轻，使得总体治理效果并未改善。其次，要注意政策目标是单一还是多重的，如果目标是多重的，就要明确目标构成，政策工具选择也应该兼顾各种目标，或者综合选择运用多种政策工具。再次，政策工具在执行一段时期后，要考虑政策目标是否已发生转变。如果目标已经转变，就要考虑达成目标的工具是否还有存在的理由，是否需要选择新的工具。

（2）政策工具的功能特性。每种政策工具都有其自身运行的逻辑，一旦实施，就会产出一定实效和作用，这种实效和作用既可能是政策所预期的，也可能扭曲社会政策行为，出现相反结果，或者无关结果，或者影响到其他政策目标。在政策工具选择上必须充分考虑政策工具可能出现的各种效果。例如，污染治理，过去通常以采取管制工具，严格限制排污量、强化监督等手段来处罚，结果可能出现经济效率好的企业冒险违法违规排污。通过"排放权交易"工具，在保持排污量总量不变的情况下，就可能使得经济效率较高、排污成本也较高的企业通过购买经济效率低或者排污量低的企业排放额，以满足其需要。此外，还必须考虑政策工具对政策对象是否具有可适用性，现实中，有些民众可能对一些政策工具"无感"，使得政策工具无法对他们发生作用，如小额罚款手段对高收入群体常常是无效的。另应考虑的是政策工具的技术要求、操作程序等因素，能否为执行人掌握。

（3）工具应用的背景。政策工具实施的背景因素包括执行组织、政策对象、其他工具及政策领域的其他因素。对执行组织而言，某个工具的实施会对执行组织产生正面的或负面的影响，如果某个政策工具能使执行机构受益，执行机构就会积极支持该项政策工具；如果某种工具的选择会降低执行机构的地位，改变组织结构，影响组织成员的利益，这种工具就会受到抵制。对政策对象而言，不同政策工具会对政策对象产生不同影响。政策对象会抵制对自身不利的政策工具，使其无法开展；同时会通过各种手段使对自身有利的政策工具继续下去。再者，工具并不是孤立地发挥作用的，不同工具间会相互关联，相互影响，甚至相互冲突，因此，要注意政策工具的整合，以避免单一工具研究的片面性。

除了上述的环境因素外，政策领域的其他因素也会影响工具选择。例如，近年来不可预知的环境变化和社会风险越来越多地受到政策制定者的关注。

（4）以前的工具选择。一般说来，一项政策工具在运用一段时期后被内化于组织之中。新的政策工具如果贸然进入，不仅会冲击原先政策工具的利益格局，还可能受到与原先的政策工具相匹配的组织文化、运作机制及行为方式的阻碍，甚至抵制。因此，在选择政策工具时不仅要考虑其效果，而且要考虑既定的组织文化、体制和机制的约束，简言之，政策工具的选择要受到先前工具选择的限制。即使是"强行"引入新的政策工具，也必须对组织文化、体制和机制进行适当调适。

（5）意识形态。工具选择还受意识形态的影响。意识形态是一个信仰的体系，它为既存或构想中的社会，解释并辩护为人所喜好的政治秩序，并且为实现其秩序提供策略。不同的意识形态倾向于使用不同的政策工具。例如，在20世纪80年代以后西方国家出现的市场化运动强调公共服务的民营化和市场机制，强调放松管制，各种市场化工具的运用都反映了亲市场的意识形态倾向。相反，原先奉行计划经济的社会主义国家为了更有效地管理公共事务，对市场化工具的实践运用会显得比较谨慎。

第三节 制度工具

一 制度工具概述

1. 制度的基本内涵

制度（Institution）是个古老的话题。但何谓制度，据统计，至少有200种不同的说法。制度经济学创始人凡勃伦指出，制度"是一种流行的精神态度或一种流行的生活理论"，揭示出"制度"不仅仅有表面的规则，更需具有内在的"心理因素"。但是，多数定义比较注重制度的"行为规范"面的形式特征，如旧制度经济学家康芒斯在他的《制度经济学》一书中把制度解释为"集体行为控制个体行为"的规则，新制度经济学家道格拉斯·诺斯在《制度、制度变迁与经济绩效》一书中认为："制度是一个社会的游戏规则，更规范地说，它们是决定人们的相互关系的系列约束。"① 本书遵照这一通行观点，并将美国学者舒尔茨在其《制度与人的经济价值的不断提高》一文中对制度的简洁定义作为我们对制度的定义，即制度为"管束人们行为的一系列规则，这些规则涉及社会、政治及经济行为"。②

与"制度"相关的概念还包括"制度安排"和"制度结构"。所谓制度安排，就是管束特定行动和关系的一套行为规则。所谓制度结构，指的是某一特定对象中正式的和非正式的制度安排的总和。因此，相较"制度"，"制度安排"的行为指向更为具体明确，"制度结构"则考察的是不同形式的制度安排的关系和地位。

2. 制度的构成

制度通过提供一系列规制来界定人们的行为空间，一般而言，制度提供的一系列规则由社会认可的非正式制度、国家规定的正式制度和实施机制所构成。这三部分就是制度构成的基本要素。

非正式制度，也叫"非正式约束"，是人们在长期交往中自发形成并为人们无意识接受的行为规范，非正式制度往往具有形成的社会自发性、形式的非成文性、内容的非明确性、实施的非强制性和生命力的持久性等特性。非正式制度主要包括价值信念、伦理规范、道德观念、风俗习惯、意识形态等。其中意识形态作为关于世界的一整套信念体系，处于核心地位，因为它不仅蕴含价值观念、伦理规范、道德观念、风俗习惯，还可以构成某种正式制度安排的"先验"模式，成为正式制度的理论基础和最高原则。

正式制度，或正式约束，是指人们（主要是政府、国家或统治者）有意识创造的一系列政策法则，尤其是明确形式的法律、法规、政策、规章、契约等，通常由专门机关负责监督实施，部分正式制度可以通过国家强制力来执行。

正式制度与非正式制度的区分意义不仅仅是形式上的，正式制度可

---

① ［美］道格拉斯·诺斯：《制度、制度变迁与经济绩效》，杭行译，上海三联书店1994年版，第3页。

② ［美］舒尔茨：《制度与人的经济价值的不断提高》，引自［美］R. 科斯《财产权利与制度变迁》，上海三联书店1991年版，第253—254页。

以通过有意识地进行制度革命或改良,短时间内发生制度变迁。但是,非正式制度由于其内在的文化沉淀性,它的变迁往往需要经历漫长的演化。同时,对于正式制度而言,只有在社会认可,即与非正式制度相容的前提下,才能真正发挥约束效力。就此而论,非正式制度构成了正式制度的约束。另外,非正式制度由于缺乏正式的实施机制,存在一定的"软约束"的现象,正式制度通过对非正式制度的认可、转化来强化非正式制度的实效性。

实施机制是制度构成的第三个部分。离开实施机制,任何制度,尤其是正式制度就形同虚设。因为制度作为"行为规则",要使制度有效,必须限制"规则外的行为"的发生。但是,社会的复杂性、人的有限理性和机会主义行为动机以及合作各方的信息不对称等原因,往往会促发规则之外的行为,就需要制度实施和保障机制。制度的实施机制有两种基本类型,一是惩罚机制,二是激励机制。惩罚机制通过增加违规者的违规成本,使得违规成本大于违规收益,激励机制通过增加守规者的收益,使得守规收益大于守规成本,保证制度得到切实遵循。

在制度实施机制中,国家是最重要的制度实施主体。国家具备系统化的暴力机器,建立起警察、法院、监察等专门机构,以强制方式保证制度实施。由国家所实施的制度,主要是国家所制定的正式制度,对一部分国家所认可的非正式制度,如社会普遍接受的法治原则、民法习惯、行政惯例、宪法惯例等,国家也能够发挥实施作用。一部分非国家组织制定的正式制度,如私人之间订立的民事合同,也能借助国家来实施。

政党、企业、学校等社会组织所制定的规章规则,除了靠行为人的自觉遵循外,这些组织内部也会建立专门机构,如纪律处分机构、监察机构等,通过惩戒与奖励,保障制度得到遵循。

大部分非正式制度,没有专门的实施机构,主要依靠行为人的自觉遵循,但社会会自发形成对行为人的名誉评价,以及由此扩大与受规者或限缩违规者的后续交往,也是重要的实施机制。

3. 制度与相关概念

制度与政策之间,既有联系,又有区别。首先,政策一旦被制定,就具有行为规范性,并可通过一定主体和方式执行,因此,政策也是制度。但是，制度与政策存在一定区别，一是视角不同，政策是对社会价值的权威性分配，政策侧重实体利益的视角。制度是对人们交互行为的规范体系，制度侧重行为规范的视角。二是外延不同。政策主要是政府对政府系统之外的公共事务的管理。制度既规范政府之外的社会交互行为，也规范政府系统内的政府及其公务人员的交互行为。特别要注意的是，制度还包括社会组织和企事业单位为顺利开展各项工作，维护工作、学习、生活的秩序所制定的工作办法和行为规范。①

依照法律的一般定义，法律是调整行为的重要社会规范。因此，法律也属于制度。不过，与制度作为"行为规范"相比，法律则是一种"特殊"的行为规范。其特殊性体现在法律规范具有国家意志性、权利义务性、强制执行性等特点。"制度"除了国家制度外，还包括各种非国家的制度，如社会组织的制度、社会公德、社会习俗等。在国家制度中，除了法律这种特殊形式，还有其他特殊形式，借助当事人自律、社会评价、民间仲裁等方式实现的具体制度等。

与制度相关的还有"机制""体制"等概念。"机制"，英文为"mechanism"，原指机器的构造和工作原理。生物学和医学借用此词，用以表示有机体内各器官之间相互联系、作用和调节的方式。社会科学用"机制"一词来表示组成社会机体的各构成要素之间相互联系和作用的具体方式。可见"机制"并非"制度"。当然，如果某种"机制"通过一定方式被固化为"规则"，这种"机制"就成为"制度安排"，而属于制度的范畴。

"体制"，通常英文译为"system"。按照《辞海》的解释，"体制"是指国家机关、企事业单位在机构设置、领导隶属关系和管理权限划分等方面的体系、制度、方法、形式等的总称。"体制"的关键内涵是在一个管理体系内，围绕着"权力"，各机构之间关系的制度安排。因此，"体制"属于特定领域内的"制度"或者"制度安排"。

4. 制度的基本功能

制度的功能，是指制度建立和实施后，对社会所具有的积极作用。

---

① 唐坚：《制度学导论》，国家行政学院出版社2017年版，第1页。

在现代社会，用制度治国理政管人管事的功能，特别是相对于人治，得到了普遍认同。对制度的功能，理论上有多种观点，我们认为，制度的基本功能包括交往行为约束功能、分配和激励功能，其他功能都是这两大基本功能的延伸和结果。

（1）交往行为约束功能

制度的本义是"行为规则"，规定人们做什么，应该怎么做以及不能做什么，约束人们的行为选择空间，并以一定机制予以实施。因此，制度最直接的功能就是对人与人之间的交往行为进行预先约束，设定行为模式，并以实施机制保障实现。由此，制度通过限制人们未来行为的选项，提供了关于交往者未来行为与决策的信息，一定程度消除或减少了交往各方因为信息不对称而发生超出合理预期的行为，特别是遏制机会主义行为的发生，从而降低交易成本，防止与化解交往冲突，保障各方合理期待与信任，为合作创造条件，保障交往交易顺利进行。

（2）分配与激励功能

制度通过明确的行为规范和有效的实施机制，能够遏制机会主义等超预期行为的发生，本身具有促进人们从不合作转向交往合作的激励功能。但是，更重要的是，制度的激励源自制度对交往成本—收益的分配功能。由于不同的行为选择往往具有不同的成本—收益结构，制度对人们的行为选择的规定，将直接决定或影响成本与收益在交往各方之间的分配，从而对各方行为形成相应的激励。例如，对工厂污染问题，如果法律规定工厂"有权"污染，那么污染所引起的收益由工厂享有，而成本则由居民承担，工厂就会扩大生产规模，多排放污染物，居民就会选择离开，污染就会持续。反之，如果法律规定工厂"无权"污染，则工厂就必须为污染"买单"，此时，工厂就要考虑污染成本的控制，从而限缩其生产规模。居民也会通过各种方式，寻求权利救济。可见，"污染权"的制度规定，分配了厂商与居民的利益，对各方的行为都会有激励的效果。

当然，对制度的功能不应该绝对化。实际上，制度也可能出现"反功能"现象。所谓制度的反功能，就是一种制度的后果出现"功能失调"、降低系统的适应性或妨碍系统的运行。例如，制度对个人理性的压抑、制度设计的公平性问题、制度僵化和保守等。克服制度的"反功能"现象，要加强制度创新，用制度平衡个人理性和集体理性，在制度实施中注重规范性和权变性的统一。

二 制度工具的基本内涵

我们前面提及，在公共政策领域，已经形成专门的政府工具或政策工具的研究。这一研究的主轴，集中在政府管理公共事务的各种政策所能够采取的具体工具，简言之，政府工具或政策工具被定位在政府管理社会的方式和手段上。事实上，政府为履行职能、提升政府能力，必须全面综合利用和发挥各种主体、各种方式、各种机制的积极作用。因此，除了提升政策工具外，必须完善体制、健全机制，这就涉及发挥"制度"优势的问题。相应地在理论上，就需要我们以更为开阔的视野去考察政府工具，将"制度"纳入其中。我们将"制度工具"定义为：政府通过建章立制和完备制度实施机制，发挥制度在治国理政中的作用，以履行政府职能、提升政府能力。对此定义，我们做如下解释。

首先，制度工具的前提是对制度在治国理政重要性的认识，以及政府行为方式的根本转变。制度工具区别无制度的"人治"管理模式，一切工作随着领导人的更换或领导人意志、兴趣点的改变而随意改变。制度工具的运用就是要将政府在履行职能、管理公共事务过程中的权力分配、人事关系、公务行为、操作方法等各个方面各个领域，尽可能地规范化，形成稳定良善的规章制度和实施机制，并逐步建立起上下左右相互协调、功能相济的制度体系，从而克服主观性、随意性和盲目性。

其次，制度工具是一个综合性的系统。正如前面所分析的，我们讨论法律工具与政策工具，主要是从对策论层面，讨论问题解决的方式方法。制度工具虽然也是问题导向，但制度工具有更为开阔的系统综合的特点。这种系统综合性，首先体现在制度要发挥作用，必须既有制度安排的建立健全，也要有制度实施机制的完备完善，二者缺一不可。制度工具的系统综合性还体现在正式制度与非正式制度要相互配合，管理体制、行为规则与运行机制要相互匹配上。制度工具只有做到系统综合，才能避免走入"人治"模式，或者为"人治"留下空间，也才能充分发挥制度在治国理政中的作用。

最后，制度工具并不排斥政府管理应当采取因地、因时、因人的具体措施，这是包括政府管理在内的任何管理活动所必需的。但是，制度工具要求这些需要在制度框架内，遵循制度所设定的规则，才能获得合法性与合理性。

三　政府制度工具的主要领域

1. 政府组织规范

政府组织规范包括行政机关组织规范和公务人员规范。其中，行政机关组织规范规定行政机关的设置、地位、结构、职权、职责等。行政机关组织规范，可以分成三个层次：一是机关自身的设置、地位、组织结构、职权、职责；二是作为机关的组成，机构的设置、地位、职权、职责；三是职位的设置、职权、职责和任职要求等。公务人员规范规定公务人员的录用、培训、考核、奖惩、晋升、调动及其职务上的权利义务等。政府组织规范可谓是政府"安身立命"的规范，缺乏这些规范，政府组织、人事便无章可循，那么有序良好的政府管理也就无从谈起了。

2. 体制规范

体制规范是关于政府机关之间、政府与其他主体在政府管理中相互关系的规范。现代国家治理体系是个复合体系。首先，国家机关通常分为立法机关、政府（行政机关）、司法机关等，各掌权柄，这些部门关系的处理，在不同国家形成了不同的政体模式，如英国推崇议会内阁制，美国是总统制。我国遵循民主集中制原则，实行人民代表大会制。其次，在政府系统内部，进一步区分为中央政府与地方政府，就产生了中央政府与地方政府、不同层级地方政府以及横向地方政府间的关系。此外，政府还常常在官僚体系建立公共企业、事业单位等组织体，政府与其关系的处理，也是体制规范要解决的问题。再次，随着政党政治的兴起，政党实际成为政治中心，政党与政府的关系是处理政府管理的重中之重。最后，随着政府改革的深入，特别是在治理理论推动下，人们逐渐认识到，公共管理不能是政府"独家垄断"，社区、企业、家庭、非政府组织具备许多政府不具有的治理优势，因此，政府与各种社会组织应该建立起各种合作关系，协同治理。

基于此，政府体制规范主要调整五个方面的关系：一是政府与政党的关系，包括政府与执政党、政府与非执政党的关系；二是政府与立法机关、司法机关、监察机关等其他国家机关之间的关系；三是府际关系，包括中央政府与地方政府之间、上下级地方政府之间、横向地方政府之间的关系；四是政府与具有政府背景的企业、事业单位的关系；五是政府与社区、企业、家庭、非政府组织等之间的关系。

3. *政府资源规范*

政府管理必须凭借一定的公共资源，包括财政资源、物质资源和信息资源等。政府资源作为公共资源，如果管理不善，不但会出现"公共悲剧"那样的直接效率损失，而且因为通常以强制力无偿从民间取得，更会波及社会经济的效率。同时，政府资源的使用常常涉及分配问题，从而可能引起社会公平问题。因此，对政府资源进行规范，有其必要性。

政府资源规范通常包括财政规范、公物规范、公共自然资源管理规范、政府信息规范。财政规范涉及税、费、政府债等财政收入行为、财政资金的国库管理行为、财政资金的支出行为等。公物规范包括对政府用公物、公众用公物的设置及使用规则。公共自然资源是国家所有、政府管理的自然资源，在我国，像土地、水流、森林等就属于公共资源。公共自然资源规范调整政府保护、开发、利用公共自然资源的行为。政府信息是政府通过职务行为取得的信息，政府信息规范调整政府信息的取得、使用、公开、保密等行为。

4. *政府行为规范*

政府管理必须落实到具体的管理过程和行为，对政府行为的规范包括实体规范、程序规范和机制规范。实体规范是对政府管理的终端产品——发布的决定、命令、措施的内容应该如何的规范，如对某人进行行政处罚，对处罚种类和处罚幅度进行规范。程序规范是政府作出管理行为应该遵循的步骤、顺序、时间、方式，良好的程序规范，例如回避制度、听证制度、权益告知制度、决定送达制度等，不但有助于提升政府实体决定的品质，而且本身也承载着尊重相对人尊严等实体价值。政府机制是对政府与其他主体、政府内部组成单位之间交往互动的具体方式，例如信息沟通机制、公众参与机制、绩效评估机制、激励机制、央地协商机制、府会会商机制等。政府机制具有重要作用，直接决定政府行为效果。且机制设计应注重灵活性，但灵活性也可能成为机制滥用的借口，因此，对机制进行科学设计、合理规范非常必要。

5. 监督与救济规范

前面已经指出，实施监督机制是制度不可或缺的构成，对于政府制度来说，由于政府机关及公务人员的行为是否合法合规，不仅仅是维护制度权威的问题，还可能会影响到人民群众的合法权益。因此，既要设计监督机制，也要设计救济制度。由于监督与救济都需要建立在对政府行为合法合规的审查基础上，监督与救济制度存在一定重合。在具体制度设计上，部分制度侧重监督功能，如法制办审查、行政监察、议会监督、检察监督、舆论监督等，部分制度更侧重权利救济功能，如行政复议制度与行政诉讼制度，从而形成了一个复合的监督与救济制度体系。

第 八 章

行政执法工具

公共安全、公共秩序、公众健康、公平正义是任何社会存在和发展的必要前提，维护和促进这些社会价值，是政府必须承担的首要职能。行政执法工具是政府直接运用强制权力或者以强制力为后盾，维持社会秩序与安全、保障公众健康与生态、促进社会公平与正义的基本手段。本章的任务是对行政执法工具及其运用作较为系统的梳理。

第一节　行政执法工具概述

一　行政执法的概念

"行政执法"概念由我国行政法学者提出，[1] 直接依字面含义，行政执法就是行政机关执行法律的行为。不过，在现实语境中，由于我们对"执行"一词存在不同理解，因此，对"行政执法"的确切内涵，也有多种观点。

在广义上，所谓"执行"，就是贯彻上级命令与指示的行为和过程。这种"执行"的含义是非常广泛的，包括下级机关对上级命令或指示的具体细化，也包括对上级命令指示的实施落实。前者如制定实施细则、实施要求、操作要点等抽象文件，后者如针对特定人和事，作出具体决定。相应地，所谓"行政执法"，就是行政机关全部地执行宪法和法律行

---

[1] 据初步文献考证，应松年老师主编的《行政法学教程》一书最早提出了"行政执法"这一概念，该书将行政执法与行政立法、行政司法并列，将行政执法定位在"具体行为"的内涵。参见应松年《行政法学教程》，中国政法大学出版社1989年版，第193—194页。

为，包括行政决策行为、行政立法行为以及执行法律和实施国家行政管理的行政执行行为。① 不过，在现代法治国家，基于依法行政的原则，这一概念几乎可以把所有的行政机关的活动都囊括其中，包括行政机关基于宪法和法律的行政立法活动、针对个案的具体行政行为以及针对行政纠纷和部分民事活动的行政司法活动。②

但是，概念的过于泛化，常常使得概念缺乏理论价值。为此，很多观点限缩"执行"一词的内涵，将"执行"框定在"具体实施"这一层面上。例如，罗豪才、应松年教授在《行政法学》一书中将"行政执法"界定为"行政执法是行政机关执行法律的行为，是主管行政机关依法采取的具体的直接影响相对人一方权利义务的行为；或者对个人、组织的权利义务的行使和履行情况进行监督检查的行为"。③ 在这个定义上，"行政执法"的内涵不仅缩小到"具体行为"，而且限于"影响权利义务"，这与法学研究注重权利义务直接有关。将"执行"界定为"具体实施"的含义，也比较符合公共行政学对"执行"一词的通常理解，特别是公共行政学的早期代表人物威尔逊和古德诺所提出的政治—行政两分观点。如前者主张政治是在重大而且带普遍性的事项方面的国家活动，而行政管理则是国家在个别和细微事项方面的活动。后者认为国家活动可以划分为"国家意志的表达"和"国家意志的执行"两大基本阶段。国家通过专门机关和程序的表达，形成诸如法律、政策、命令、指示、决议、决定等国家意志。国家意志的执行，是将国家意志从"纸面"转化为"现实"的过程。在现代国家，国家意志以"法律"为基本和主要形式，相应地，国家意志的执行主要也就是对法律的执行。

不过，在一些国家法律和党政机关颁布的决定和报告当中，行政执法的具体含义虽然并不完全一致，但较前述界定，其外延进一步被缩小。在原国家经贸委法规司2002年7月完成的《关于国家经贸委行政执法职责调查情况的报告》中，"行政执法"包括行政许可、行政处罚、行政确

---

① 许崇德、皮纯协：《新中国行政法学研究综述》，法律出版社1991年版，第293页。
② 应该指出的是，即使在法治国家，一些行政活动，例如具有高度政治性的外交、军事等国家行为，并不宜依"法"行政。
③ 罗豪才、应松年：《行政法学》，中国政法大学出版社1989年版，第133页。

认、行政裁决和行政强制等职责。国务院办公厅2002年10月转发的中央机构编制委员会办公室的《关于清理整顿行政执法队伍、实行综合行政执法试点工作的意见》提出要"将制定政策、审查审批等职能与监督检查、实施处罚职能（即行政执法）相对分开"，据此，行政执法不包括制定政策、审查审批和技术检验，而仅指监督检查和实施处罚。

2005年《公务员法》第14条按照公务员职位的性质、特点和管理需要，将公务员职位类别划分为综合管理类、专业技术类和行政执法类等。这是"行政执法"首次正式进入国家立法文本当中。① 但是，该法及其后国务院制定的《公务员法实施细则》对"行政执法"或"行政执法类公务员"并无明确定义。随着公务员分类管理工作的推进，2016年7月，中办、国办印发的《行政执法类公务员管理规定（试行）》第一次对"行政执法类公务员"的系列问题作了全面规定，该文件第二条规定："本规定所称行政执法类公务员，是指依照法律、法规、规章对行政相对人直接履行行政许可、行政处罚、行政强制、行政征收、行政收费、行政检查等执法职责的公务员，其职责具有执行性、强制性。"本条虽是直接定义"行政执法类公务员"，但无疑对"行政执法"作了清楚界定，不仅指明了行政执法所包含的六大行为类型，而且指明了行政执法的主要特点，即直接具体性、执行性、法律性、强制性。2018年，国务院办公厅印发《关于全面推行行政执法公示制度执法全过程记录制度重大执法决定法制审核制度的指导意见》虽然没有明确行政执法的概念，但指出了行政执法主要包括"行政处罚、行政强制、行政检查、行政征收征用、行政许可"等行政行为。②

我们认为，公共行政学作为实践性极强的学科，它的概念不仅应该维系理论内部的融洽，也应注重理论与实践的密切沟通。有鉴于此，并且基于"依法行政"的原则，我们主张在"行政执法"的概念内涵上，应与国家法律、中央党政机关颁布的正式文件保持基本一致。就此，我们将"行政执法"界定为：行政机关及其授权组织根据法律、法规、规

---

① 2018年修订的《公务员法》调整为第16条，条文内容不变。
② 对于行政收费的行政执法属性，参见本章第二节对此的讨论。

章的规定,对具体事件进行处理并直接影响相对人权利与义务的行政法律行为,以实现一定的社会管控的目的。

根据这一定义,我们将行政执法的基本特征总结为:执行性、直接具体性、管控性和法律性,分述如下。

第一,行政执法的执行性。从活动的阶段性看,行政执法属于法律法规的执行或政策执行环节。但应该指出的是,法律、法规、规章的实施实现,并不都需要行政执法。法律、法规、规章也常常规定实施的自律机制、社会机制、司法机制等,来保障或促使义务人去履行相关义务,而不一定必须依靠行政力量的介入。在很多场合,非行政执法机制反而能更为有效地实施法律法规,取得更好的现实效果。因此,更明确地说,行政执法是通过"政府之手",即借助行政体系,实施实现法律、法规、规章的目的、具体内容的过程和环节。

第二,行政执法的直接具体性。前面已经指出,宽泛意义上的执行或者广义上的行政执法,几乎涵括了所有实施实现法律法规的活动,包括抽象地制定执行性立法、执行性细则,包括具有准司法性质的行政行为,如行政裁决、行政调解,当然,也包括为数众多的具体行政行为。但是,本书对行政执法的概念界定,首先排除了抽象性行政行为,面向非特定对象、能够反复适用的执行性立法和执行性行政规定,不在行政执法的外延当中。其次也排除准司法性质的行政行为,以及像行政证明等行政活动。这些行政行为尽管也是行政机关针对具体事件所作出的决定,但行政机关在其中处于居中或超然地位,如在行政裁决当中,行政机关的职责是根据法律法规或当事人订立的合同,居中裁判相对人之间的民事纠纷,本身并不介入其中的法律利害关系;在行政证明当中,行政作出的证明文件仅仅为公民、法人和其他的行为提供证明力较一般证据为强的证据,但本身并不决定行政相对人的权利义务。行政机关在准司法行政行为和行政证明行为当中,并没有根据这些行为直接形成行政机关自身的权利义务,也不能借此直接干预社会,尽管不能否定这些行为对社会具有一定的影响。

第三,行政执法具有管控性。行政执法并不能等同于所有具体的行政行为,仅仅包括那些具有社会管控性质的行政行为。行政执法的社会管控性,首先体现在多数行政执法行为,如行政处罚、行政强制、行政检查、行政征收征用,其行为内容即为直接对公民、法人和其他组织的权益限制或义务增设。行政许可虽然赋予相对人一定的权益或行为资格,但是行政许可是以法律规定的普遍性禁止义务的存在为前提,行政许可仅仅是这一普遍性禁止义务的个别解除,其限制性更为突出。① 其次,行政执法的管控性体现在行政执法的社会管控目的,即法律设定和行政机关实施行政执法的目的,在于限制社会危害或危险行为,达到维护公共秩序、公共安全、公共卫生健康,维护社会公平正义等目的。因此,那些柔性的行政行为,如行政指导,以及内容或目的是向社会民众赋权增益的行政行为,如行政奖励行为、行政物质帮助行为,都不是行政执法行为。

第四,行政执法具有法律性。行政执法的法律性体现在三个方面。其一,执行行为当然必须符合执行根据。行政执法作为实施实现法律的行为和过程,必须以法律、法规和规章的存在为前提,执法行为及其过程必须符合所执行的法律、法规和规章的规范要求和目的,不得有所背离。其二,行政执法具有管控性,其内容直接限制公民、法人、其他组织等的法律权益,或增加他们的法律义务,使得行政执法行为具有法律行为的性质。其三,作为法律行为,行政执法行为应当"合法"。行政执法合法,不仅要符合所执行的法律根据,而且由于其对民众等法律权益的限制性,还要遵循社会主义法治原则,尊重和保障人权,恪守正当行政程序。

二 行政执法与相关概念的区别

考虑到行政执法并非严格的学术概念,本书继续通过与其他概念的比较,对行政执法作进一步的阐述,并揭示行政执法与其他概念的区别。

1. 行政执法与政策执行

必须指出,政策执行的含义并不完全确定。在公共行政的领域内,通常可以把政策执行看作政府执行系统通过积极的行动使政策方案付诸

---

① 方世荣:《行政许可的含义、性质及公正性问题探讨》,《法律科学》1998年第2期。

实施的过程。① 在现代社会，法律是最重要、最主要的政策形式，因此，行政执法是政策执行的主体部分。不过，如前所述，行政执法并不能简单等同于"执法法律"，因为行政执法的"法"的范围仅仅规定了行政处罚、行政强制、行政检查、行政征收征用、行政许可等管控性法律，而不包括其他法律。再者，行政执法主要是面向特定相对人的具体行为，政策执行所包含的内容则没有严格限定，美国政策学家琼斯认为政策执行包括"组织、解释和应用"三种最重要的活动，其中，解释就是将政策的内容转化为一般人所能理解和接受的指令，组织是设立执行机构、拟定执行方法，应用是执行机构提供服务、设备、经费等活动。② 可见，政策执行外延较行政执法更为丰富，几乎可以包含所有政策方案实现实施、取得实际效果的行为、环节和过程。

2. 行政执法与政府规制

政府规制是指政府通过立法和行政执法活动，在一定条件下通过司法机关和私人的行为，"以解决市场失灵、维持市场经济秩序为目的，基于规则对市场主体的经济活动，以及伴随其经济活动产生的社会问题，进行干预和控制"。③ 政府规制分为直接规制和间接规制，其中直接规制的主体主要是行政机关和被授权的事业单位，间接规制的主体是市场主体自身以及仲裁、司法机关。从规制过程看，包括规制立法和规制实施两个基本阶段。规制工具包括设定标准、市场进入和退出等方式。为保障规制工具的执行时效，规制机关常常会采取行政检查、行政处罚、行政强制等手段。

一方面，政府规制与行政执法关系密切。首先，在主体上，行政机关是政府规制的主要主体，与行政执法主体存在相当的重合；其次，在方式上，很多规制工具，在法律属性上可归于行政执法，例如特许经营，

---

① 桑玉成：《公共政策导论》，复旦大学出版社1996年版，第232页。本书之所以突出"公共行政的领域"，因为政策执行的主体除了政府体系外，法院体系、私人组织也可以承担政策执行的任务。

② Charles O. Jones, *An Introduction to the Study of Public Policy*, 2nd. North Scitute, Mas: Duxlury Press, 1997, p.139.

③ 马英娟：《政府监管机构研究》，北京大学出版社2007年版，第22页。

就属于行政许可的性质；再次，大部分规制工具的设施保障需要依赖行政处罚、行政检查、行政强制等行政执法手段，换言之，很多规制措施，特别是直接规制措施的实施过程，其实就是行政执法过程。

另一方面，政府规制与行政执法存在区别。其一，政府规制包括规制立法和规制实施两个阶段，行政执法是具体的实施行为。因此可以说，"对管制政策的执行部分属于传统行政法理论模型中的行政执法。换句话说，行政执法是国家实现管制的其中一个环节"。① 其二，相较行政执法主要集中行政处罚、行政强制、行政检查、行政征收征用、行政许可等具有强制性方面，政府规制和规制工具要更为丰富，除了强制性手段，还包括部分柔性手段，如信息工具、激励性工具等。其三，政府规制是针对市场失灵、信息不对称等经济社会问题所进行的政府干预，有特定领域、特定对象和特定目的，而行政执法则是宽泛地指向所有的行政许可、行政处罚、行政强制等，没有领域、对象和目的等的限定。

三 行政执法工具界定

所谓行政执法工具，简言之，是指政府依据管控性法律的规定，为维持公共秩序、维护公共安全、保护公共卫生健康、保障社会公平正义所采取的对公民、法人和其他组织的权益具有限制性作用的手段和方式。② 对此，我们作如下解释。

第一，行政执法工具的社会管控目的。行政执法工具是政府直接或间接使用强制力的方式，在现代社会中，政府动用强制性力量，一般仅限于消除对社会具有危害或危险的行为或状态，即主要目的是维护公共秩序与安全、维护公共卫生健康、保障社会公平正义。行政执法工具即

---

① 刘恒、黄泽萱：《政府管制与行政执法的变革》，《江苏社会科学》2012年第4期。

② 在目前的公共行政学和行政法学文献中，极少论及"行政执法工具"。目前可查的是关宝英教授在其所独著的《行政法教科书》一书中谈到了"行政执法工具"，不过他将行政执法工具定义为"行政执法机关在行政执法活动中使用的能够对相对一方当事人权益产生影响的物质性器具、器械和其他达到目的的物理手段"。这一定义与本书定义相去甚远，其所理解的"工具"也不是"政府工具"的一般含义。参见关宝英《行政法教科书》（第二版），中国政法大学出版社2009年版，第531页。

服务这一目的。

第二，行政执法工具的限权性。政府为实现社会管控目的，可以采取多种方式，可以是限制性手段，也可以是非限制性手段。如对企业污染问题，可以采取对行政许可、行政处罚等限制性手段，也可以采取技术辅导、经费支持、行政奖励帮助其产业提升或排污设备改造。行政执法工具仅仅包括对公民、法人和其他组织的权利义务具有限制性、管控性的工具，不包括那些非限制性政府工具。

第三，在现代社会中，基于法治和人权保护原则，法律在制定管控性法律时应遵循明确性原则，除了确定管控目的、管控领域与对象、管控程度水平、管控主体等，一般也必须确定实现管控目的的主要执法工具，例如对环境污染行为的管控，从原理上说，事先许可、事中监管、事后处罚等手段都可以达到管控目的，如何选择适用，需要立法者立法裁量。立法者常常基于不同考虑，如现实污染严重程度、执法力量的结构以及污染与经济发展之间的平衡，在多种工具中选择其中一种或多种，并通过法律确定。换言之，行政执法工具的运用必须根据法律。

在所有政府工具中，哪些属于行政执法工具？对此，前述《行政执法类公务员管理规定（试行）》列明了"行政许可、行政处罚、行政强制、行政征收、行政收费、行政检查"六种，而《关于全面推行行政执法公示制度执法全过程记录制度重大执法决定法制审核制度的指导意见》列明了"行政处罚、行政强制、行政检查、行政征收征用、行政许可"五种。其中，"行政收费"是否属于行政执法？对此，我们倾向于肯定。一是就法律性质而言，行政收费具有强制取得相对人财产权的限制性质；二是行政收费的形式多样、功能复杂，如居民身份证工本费、专业技术资格证书工本费、婚姻证书费，仅仅是特定相对人补偿公共服务成本的功能，但是在许多场合行政收费主要是管控目的，典型情形如排污许可费、土地使用许可费、烟草专卖许可费等。

另一个需要考虑的问题是，这六种行政执法工具之外，是否还有其他执法工具？对此，一些观点认为应该限定于前述两个文件所列明的行政执法工具的范围。我们认为前述两个文件的主旨在于对行政执法行为的规范，并非框定行政执法工具类型的范围。事实上，这两个文件所列举的都是比较典型的行政执法工具，行政实践当中也存在着其他行政执法工具。例如，我国《消费者权益保护法》《食品安全法》和《广告法》都规定了"经营者的信息披露制度"，经营者披露相关信息构成一项法律义务，不披露、不充分披露或披露虚假信息，都将承担一定法律责任。无疑，这一信息披露制度具有社会管控目的、权益限制手段的特点，应当属于行政执法工具。随着法治建设的推进和政府管控实践的发展，新的行政执法工具也会出现。凡是具有社会管控目的的限制性手段都应该纳入行政执法工具的范畴当中。

第二节　行政执法工具的主要类型

一　行政许可

1. 行政许可的概念及特征

根据《中华人民共和国行政许可法》①第2条的规定，行政许可"是指行政机关根据公民、法人或者其他组织的申请，经依法审查，准予其从事特定活动的行为"。不过，这一定义比较侧重申请—审查—准许的形式性结构，并未揭示行政许可的实质和内在特征，而且存在易引起行政许可就是"给予许可"的误解。我们认为，所谓行政许可是指行政机关基于特定公民、法人和其他组织的申请，决定对申请人是否解除法律一般禁止状态、是否赋予其特定权利、行为资格的行政行为。②根据这一定义，行政许可有以下特征。

（1）行政许可以法律的一般性禁止为前提，即行政许可的本质功能是对许可事项的事先严格控制。要从事行政许可事项，必须事先获得许可，若无许可，一概不能从事相应行为，否则属于违法行为。可见，相较单纯的事中监督、事后处罚而言，行政许可对社会的管控其实更为严厉。

---

① 第十届全国人民代表大会常务委员会第四次会议于2003年8月27日通过，自2004年7月1日起施行。

② 关宝英：《行政法教科书》（第二版），中国政法大学出版社2009年版，第402页。

（2）行政许可的内容是行政主体决定对特定申请人是否个别解除法律一般性禁止义务，即是否赋予行政相对人从事许可事项的法律资格或法律权利。从这个角度看，行政许可具有赋权性或授益性的特点，是对符合特定条件的行政相对人解除禁止的行为，使其能够实施某项特定的行为。

（3）行政许可是行政机关基于特定公民、法人和其他组织的申请而作出的行政行为。行政许可是一种外部行政行为，是行政机关依法管理经济和社会事务的一种外部行为。因此，行政许可的申请人必须是处于被管理地位的公民、法人或其他组织。再者，行政许可行为的启动，在程序上必须以行政相对人申请为前提。没有相对人申请，行政机关一般不得主动赋予许可事项的权利或资格。

（4）基于行政许可，符合法定条件的相对人获得相应许可事项的权利、行为资格。特别要注意的是，一旦取得许可，相对人对许可事项的权利或资格，其性质属于法律权利或法律资格，而并非"福利"或"优待"。许可权利或资格与其他法律权利相同，受到法律同等保护，不能随意撤销、废止或变更。

理解行政许可，必须注意其与行政审批的关系。行政审批源自计划经济时代，是我国政府干预经济和社会事务、配置资源的重要方式，也是历次政府职能转变、行政体制改革的重要内容。但是，"行政审批"与行政许可不完全相同。根据国务院行政审批制度改革工作领导小组《关于贯彻行政审批制度改革的五项原则需要把握的几个问题》的解释，"行政审批是指行政审批机关（包括有行政审批权的其他组织）根据自然人、法人或者其他组织依法提出的申请，经依法审查，准予其从事特定活动、认可其资格资质、确认特定民事关系或者特定民事权利能力和行为能力的行为"。根据这一定义，行政审批的范围远大于行政许可，除了行政许可外，还包括以下事项的审批：①申请行政机关确认民事法律关系或民事能力的，如产权登记、婚姻登记，这类行为属于行政确认；②申请行政机关给予权益，如申领低保金、抚恤金等，这类行为属于行政给付行为；③申请法定义务的减免，如相对人申请税费的减免。① 据此行政许可与行政审批都是行政机关针对行政相对人的外部行为，不包括行政机关对其内部有关人事、财务和外事的行为，换言之，政府内部的审批并不属于行政审批。

与此相关，随着我国行政审批制度改革的推进，2004年《国务院办公厅关于保留部分非行政许可审批项目的通知》和2014年《国务院关于清理国务院部门非行政许可审批事项的通知》，提出了"非行政许可审批"这一新的概念，其范围除了前述行政许可外的三类行政审批事项外，还有"政府的内部管理事项"，即政府内部审批。为此，部分学者主张扩大行政审批的外延，使其包括行政许可审批与"非行政许可审批"。②

2. 行政许可事项的范围

行政许可事项的范围，就是国家通过立法可以设定行政许可的事项范围。行政许可事项范围是一个直接影响国家干预与社会经济自主的敏感问题。划定过大，可能导致政府干预过宽，划定过小，又可能导致政府对社会经济的管理失控。

为此，我国《行政许可法》作了比较复杂的规定。该法第11条设定了行政许可的一般性原则，"设定行政许可，应当遵循经济和社会发展规律，有利于发挥公民、法人或者其他组织的积极性、主动性，维护公共利益和社会秩序，促进经济、社会和生态环境协调发展"。第12条则"列举"了可设定行政许可的事项，包括：（1）直接涉及国家安全、公共安全、经济宏观调控、生态环境保护以及直接关系人身健康、生命财产安全等特定活动，需要按照法定条件予以批准的事项；（2）有限自然资源开发利用、公共资源配置以及直接关系公共利益的特定行业的市场准入等，需要赋予特定权利的事项；（3）提供公众服务并且直接关系公共利益的职业、行业，需要确定具备特殊信誉、特殊条件或者特殊技能等资格、资质的事项；（4）直接关系公共安全、人身健康、生命财产安全的重要设备、设施、产品、物品，需要按照技术标准、技术规范，通过检验、检测、检疫等方式进行审定的事项；（5）企业或者其他组织的设

---

① 胡建淼：《行政法学》（第四版），法律出版社2015年版，第268页。
② 姜明安、余凌云：《行政法》，科学出版社2010年版，第302页。

立等，需要确定主体资格的事项；(6) 法律、行政法规规定可以设定行政许可的其他事项。① 但是，同法第 13 条规定前述所列事项，如果通过公民、法人或者其他组织能够自主决定的，或者市场竞争机制能够有效调节的，或者行业组织或者中介机构能够自律管理的，或者行政机关采用事后监督等其他行政管理方式能够解决的，可以不设行政许可。这表明，前述第 13 条所定行政许可事项范围并非是必须得设定行政许可的范围，而仅仅"可以"设定行政许可的范围。

3. 行政许可的设定

根据我国行政许可法的规定，在没有设定行政许可之前，即使属于前述第 12 条所规定的事项，也并非法律禁止的领域。从行政许可的事项范围到行政许可事项，必须经过行政许可的设定。所谓行政许可的设定，就是在行政许可事项范围内，创设行政许可制度的行为。如前所述，设定行政许可，就是确立一般性禁止义务，因此行政许可的设定行为，究其性质，是一个立法行为。具体来说，设定行政许可的立法行为，包括以下内容。

(1) 实施行政许可的事项。即在行政许可的事项范围内，根据《行政许可法》第 11、13 条的规定，通过必要性、可行性、经济性等评估，确定某类事项是否要设立行政许可。

(2) 实施行政许可的行政主体。即规定行政许可由什么地域、什么级别、什么职能部门的行政机关来实施。行政许可实施主体的设定涉及行政许可主体的法律资格问题。

(3) 实施行政许可的条件。实施行政许可的条件是实施机关审查申请人是否符合取得相应法律权利、法律资格的条件或标准。实施行政许可条件及其宽严程度，直接关系申请人能否取得相应权利或资格。法律、法规和规章在设定行政许可的适用条件时，应尽可能明确、具体，减少行政审批权实施主体在适用上的自由裁量余地，防止行政许可权的滥用。

(4) 行政许可的实施程序。行政许可程序是行政机关实施行政许可

---

① 据此，《行政许可法》所规定的行政许可范围是相对封闭的，只有法律、行政法规可以突破。

时所必须遵循的方式、步骤和顺序。行政许可的实施，是从申请、审查、批准或不批准及对许可的监督管理的一个完整过程，每一个环节的主要方面都应当有相应的程序予以规范和约束。

（5）实施行政许可的期限。行政许可的期限是法律对行政机关在实施行政许可过程中有关时间上的要求，包括行政许可主体作出准许或不准许决定的整个许可过程的时间长短，以及许可过程中某一个环节的时间要求，如举行听证的时间要求、送达许可证件的时间要求等。

为严格控制行政许可的设定，我国《行政许可法》第14、15条规定了不同国家机关的行政许可设定权的分配。其中：①全国人大及其常委会制定的法律可以设定行政许可；②尚未制定法律的，国务院的行政法规可以设定行政许可，必要时，国务院可以采用发布决定的方式设定行政许可；③尚未制定法律、行政法规的，地方性法规可以设定行政许可。④尚未制定法律、行政法规和地方性法规的，因行政管理的需要，确需立即实施行政许可的，省、自治区、直辖市人民政府规章可以设定临时性的行政许可。同时，地方性法规和地方政府规章不得设定应当由国家统一确定的公民、法人或者其他组织的资格、资质的行政许可；不得设定企业或者其他组织的设立登记及其前置性行政许可。其设定的行政许可，不得限制其他地区的个人或者企业到本地区从事生产经营和提供服务，不得限制其他地区的商品进入本地区市场。除上述文件外，其他规范性文件一律不得设定行政许可。

4. 行政许可的实施程序

行政许可的实施程序，系指由《行政许可法》和其他有关法规所规定的，行政许可和相对人必须遵循的，有关行政许可实施的方式、步骤、时限和顺序的法律制度。一般来说，行政许可的实施程序由申请—受理—审查—决定等基本环节构成。

（1）申请。行政许可是依申请的行政行为，只有行政相对人向有权限的行政机关提出申请，行政许可程序才会启动。一般情况下，相对人应当亲自到行政机关办公场所提出许可申请，也可以委托代理人提出许可申请。行政许可申请可以通过信函、电报、电传、传真、电子数据交换和电子邮件等方式提出。行政相对人在申请中要写明申请人、申请事项和理由等。

（2）受理。行政机关对申请人提出的行政许可申请，应当根据下列情况分别作出处理：申请事项依法不需要取得行政许可的，应当及时告知申请人不受理；申请事项依法不属于本行政机关职权范围的，应当即时作出不予受理的决定，并告知申请人向有关行政机关申请；申请材料存在可以当场更正的错误的，应当允许申请人当场更正；申请材料不齐全或者不符合法定形式的，应当当场或者在五日内一次告知申请人需要补正的全部内容，逾期不告知的，自收到申请材料之日起即为受理；申请事项属于本行政机关职权范围，申请材料齐全、符合法定形式，或者申请人按照本行政机关的要求提交全部补正申请材料的，应当受理行政许可申请。行政机关受理或者不予受理行政许可申请，应当出具加盖本行政机关专用印章和注明日期的书面凭证。

（3）审查。行政机关受理申请后，应在法定期限内依照法定标准对申请材料进行形式审查和实质审查。其中，形式审查主要是审查申请材料是否齐全、是否符合法定形式。实质审查是审查申请材料是否真实、是否符合行政许可的法定条件。行政机关对申请材料的实质内容进行核实的，应当指派两名以上工作人员进行核查。审查时发现行政许可事项直接关系他人重大利益的，应当告知该利害关系人。申请人、利害关系人有权进行陈述和申辩。行政机关应当听取申请人、利害关系人的意见。根据《行政许可法》第46条的规定，法律、法规、规章规定实施行政许可应当听证的事项，或者行政机关认为需要听证的其他涉及公共利益的重大行政许可事项，行政机关应当向社会公告，并举行听证。

（4）决定。行政机关经过审查或听证后，应在法定期限内作出许可或不予许可的决定。申请人的申请符合法定条件、标准的，行政机关应当依法作出准予行政许可的书面决定。应依法颁发许可证件的，应当向申请人颁发加盖本行政机关印章的行政许可证件。行政机关作出的准予行政许可决定，应当予以公开，公众有权查阅。不符合法定条件、标准的，行政机关应当依法作出不予行政许可的书面决定，应当说明理由，并告知申请人享有依法申请行政复议或者提起行政诉讼的权利。

二 行政处罚

1. 行政处罚的概念与特征

"行政处罚是指具有特定的行政主体，依法对违反行政管理秩序而尚未构成犯罪的公民、法人或者其他组织所实施的行政制裁。"① 它具有以下特征。

（1）行政处罚主体是根据法律规定或者授权而享有行政处罚权的行政机关或者社会公共组织。特定行政主体是否享有行政处罚权，享有何种行政处罚权且在多大范围内享有行政处罚权，都是基于行政法律规范的规定。行政主体必须严格依据法定权限行使行政处罚权，超越法定权限的处罚无效。

（2）行政处罚的对象是违反行政法律规范的普通公民、法人和其他组织，他们与行政机关没有组织隶属关系，二者之间是一般的管理与被管理的关系。与此相对应，行政机关对存在组织隶属关系的公务人员的违法失职行为所施行的制裁，在我国称为"行政处分"，属于内部惩戒措施，并不属于行政处罚。

（3）行政处罚具有制裁性，是以公民、法人或者其他组织存在违反行政法律规范、破坏行政管理秩序的行为为其前提，行政处罚是对违反行政管理秩序者的制裁。相较行政许可的事先管控、行政检查的事中管控而言，行政处罚属于"事后的管控措施"。

（4）行政处罚具有不利处分性。行政处罚是对违反行政管理秩序的行政相对人权益的剥夺、限制或者义务的增加，即对相对人权利义务的不利处分。

（5）行政处罚最终达到维持社会秩序、公共安全等社会管控目的，保护公民、法人或者其他组织合法权益。

2. 行政处罚的分类

行政处罚的分类，是指行政处罚的实施机关对行政违法行为的具体惩罚手段和方法。在学理上，按照行政处罚涉及相对人权利的内容，可

---

① 胡建淼：《行政法学》（第四版），法律出版社2015年版，第223页。

以分为人身罚、行为罚、财产罚和声誉罚。

(1) 人身罚。又称自由罚,是指行政机关在一定时间内限制或剥夺违法行政相对人人身自由的一种行政处罚,是行政处罚中最严厉的一种处罚形式。人身罚主要是指行政拘留和劳动教养。其中,行政拘留也称治安拘留,是特定的行政主体依法对违反行政法律规范的公民,在短期内剥夺或限制其人身自由的行政处罚。劳动教养是指行政机关对违法或有轻微犯罪行为,尚不够刑事处罚且又具有劳动能力的人所实施的一种处罚改造措施。①

(2) 行为罚。又称能力罚、资格罚,是指行政机关剥夺或限制违法的行政相对人的某种能力或资格的行政处罚,它是仅次于人身罚的一种较为严厉的行政处罚措施。主要有责令停产停业、暂扣或吊销许可证、执照等。其中责令停产、停业是行政主体对从事生产经营者所实施的违法行为而给予的行政处罚措施,它直接剥夺生产经营者进行生产经营活动的权利,只适用于违法行为严重的行政相对方。暂扣或者吊销许可证和营业执照是指行政主体依法收回或暂时扣留违法者已经获得的从事某种活动的权利或资格的证书。目的在于取消或暂时中止被处罚人的一定资格、剥夺或限制某种特许的权利。

(3) 财产罚。系指行政机关强迫违法行政相对人交纳一定数额的金钱和一定数量的财物,或限制、剥夺其财产权的处罚,主要有罚款、没收财物(非法财物、违法所得等)等方式。其中罚款指行政主体强制违法者承担一定金钱给付义务,要求违法者在一定期限内交纳一定数量货币的处罚。没收财物(没收违法所得、没收非法财物等)是指行政主体依法将违法行为人的部分或全部违法所得、非法财物包括违禁品或实施违法行为的工具收归国有的处罚方式。

(4) 声誉罚。也称申诫罚、精神罚,是指行政机关向违法者提出告诫,指明其违法行为,通过对其名誉、荣誉等施加影响,使受处罚人或组织在精神或声誉、名誉上受到损害的一种处罚方式,主要有警告、通

---

① 2013年11月15日公布的《中共中央关于全面深化改革若干重大问题的决定》提出废止劳动教养制度。2013年12月28日全国人大常委会通过了关于废止有关劳动教养法律规定的决定。

报批评两种方式。其中警告指行政主体对违法者提出告诫或谴责，通报批评是对违法者在荣誉上或信誉上的惩戒措施，通报批评必须以书面形式作出，并在一定范围内公开。

根据我国《行政处罚法》第 8 条规定，行政处罚的种类有：①警告；②罚款；③没收违法所得、没收非法财物；④责令停产停业；⑤暂扣或者吊销许可证、暂扣或者吊销执照；⑥行政拘留；⑦法律、行政法规规定的其他行政处罚。这称为行政处罚的法定种类，表明只有法律、行政法规可以创设新的行政处罚的种类。如根据《森林法实施条例》① 第 38 条的规定，盗伐森林或者其他林木，以立木材积计算不足 0.5 立方米或者幼树不足 20 株的，由县级以上人民政府林业主管部门责令补种盗伐株数 10 倍的树木，没收盗伐的林木或者变卖所得，并处盗伐林木价值 3 倍至 5 倍的罚款。其中"责令补种盗伐株数 10 倍的树木"，即为该实施条例所创设的"其他行政处罚"。

3. 行政处罚的设定

行政处罚的设定是通过立法，创设性规定公民、法人和其他组织的哪些行为应当给予行政处罚、应给予的行政处罚的种类、幅度以及实施机关、实施程序等。要注意的是，行政处罚的设定并不是针对特定对象，而是一般性对受罚行为、处罚种类、处罚幅度、实施机关和程序进行抽象规定，行政处罚的设定行为的结果，是形成行政处罚的立法性文件。具体来说，行政处罚的设定包括：（1）给予行政处罚的行为，即对相对人的违反行政管理秩序并应给予行政处罚的行为作出规定；（2）行政处罚的种类和幅度，对相对人违反行政管理秩序的行为，规定给予何种行政处罚及其幅度；（3）实施机关和实施程序。

为防止行政处罚的"滥设"，我国《行政处罚法》第 9—14 条对行政处罚的设定权作了严格规定。（1）全国人民代表大会及其常务委员会制定的法律可以创设各种行政处罚，对限制人身自由的行政处罚的创设拥有专属权。（2）由国务院制定的行政法规可以创设除限制人身自由以外的

---

① 2000 年 1 月 29 日中华人民共和国国务院令第 278 号发布，根据 2011 年 1 月 8 日《国务院关于废止和修改部分行政法规的决定》修订。

各种行政处罚；法律对违法行为已经作出行政处罚规定的，行政法规必须在法律规定的给予行政处罚的行为、种类和幅度的范围内规定。(3) 地方性法规可以创设除限制人身自由、吊销企业营业执照以外的行政处罚；法律、行政法规对违法行为已经作出行政处罚规定的，地方性法规可以在法律、行政法规规定的给予行政处罚的行为、种类和幅度的范围内规定。(4) 国务院部、委员会制定的规章可以在法律、行政法规规定的给予行政处罚的行为、种类和幅度的范围内作出具体规定。尚未制定法律、行政法规的，国务院部、委员会制定的规章对违反行政管理秩序的行为，可以设定警告或者一定数量罚款的行政处罚。罚款的限额由国务院规定。(5) 省、自治区、直辖市人民政府和省、自治区人民政府所在地的市人民政府以及经国务院批准的较大的市人民政府制定的规章可以在法律、法规规定的给予行政处罚的行为、种类和幅度的范围内作出具体规定。尚未制定法律、法规的，前款规定的人民政府制定的规章对违反行政管理秩序的行为，可以设定警告或者一定数量罚款的行政处罚，罚款的限额由省、自治区、直辖市人民代表大会常务委员会规定。

4. 行政处罚的程序

行政处罚的程序主要是行政主体依职权做出行政处罚行为时必须遵守的步骤、顺序和方式等。行政处罚是对违法行为人的权利和利益的限制甚至剥夺，是一种较严厉的制裁行为，因此，行政处罚的适用必须遵守严格的程序。根据我国《行政处罚法》，行政处罚程序可以分为简易程序、一般程序和听证程序。

简易程序，也叫当场处罚程序，是指行政处罚主体对于事实清楚、情节简单、后果轻微的违反行政管理秩序的行为，当场给予行政处罚的程序。

根据《行政处罚法》第33条的规定，适用简易程序的行政处罚案件，必须符合三个条件：(1) 违法事实确凿；(2) 处罚有法定依据，即必须有法律、法规、规章明文规定予以处罚的；(3) 处罚较轻，即对公民处以五十元以下、对法人或者其他组织处以一千元以下罚款或者警告的行政处罚。

简易程序不是没有程序。根据《行政处罚法》第34条的规定，执法人员当场作出行政处罚决定的,应当遵循以下程序。

(1)向当事人出示执法身份证件。

(2)填写预定格式、编有号码的行政处罚决定书。

(3)把行政处罚决定书当场交付当事人。行政处罚决定书应当载明当事人的违法行为、行政处罚依据、罚款数额、时间、地点以及行政机关名称,并由执法人员签名或者盖章。

(4)执法人员作出的行政处罚决定,必须报所属行政机关备案。

行政处罚的一般程序,也叫行政处罚的普通程序,系指简易程序和听证程序以外的行政处罚程序。一般程序适用于三类案件:(1)处罚较重的案件,对公民处以警告或五十元以上罚款、对法人或者其他组织处以一千元以上罚款或者除警告以外行政处罚的;(2)情节复杂的案件,即必须经过调查才能搞清楚的处罚案件;(3)当事人对于执法人员给予当场处罚的事实认定有分歧而无法作出行政处罚决定的案件。

一般程序通常包括以下几个方面。(1)调查取证,即全面调查案件事实、收集有关证据。(2)告知程序,行政机关在作出行政处罚决定之前,应当告知当事人作出行政处罚决定的事实、理由及依据,并告知当事人依法享有的权利。(3)当事人申述申辩或举行听证。在作出处罚决定前,当事人有权进行陈述和申辩。行政机关必须充分听取当事人的意见,当事人要求听证的,且符合听证条件的,应当举行听证会。(4)作出处罚决定,在前述程序环节结束后,行政机关应当根据不同情况作出决定:确有应受行政处罚的违法行为的,根据情节轻重及具体情况,作出行政处罚决定。违法行为轻微,依法可以不予行政处罚;违法事实不能成立的,不得给予行政处罚;违法行为已构成犯罪的,移送司法机关。对情节复杂或者重大违法行为给予较重的行政处罚,行政机关的负责人应当集体讨论决定。(5)送达行政处罚决定书。行政处罚决定书应当在宣告后当场交付当事人;当事人不在场的,行政机关应当在七日内依照民事诉讼法的有关规定,将行政处罚决定书送达当事人。行政处罚书送达后,行政处罚才正式生效。

行政处罚的听证程序,即半开庭程序,是指行政机关为了查明案件事实、公正合理地实施行政处罚,在作出行政处罚决定前通过公开举行由有关利害关系人参加的听证会广泛听取意见的程序。严格而言,听证程序不是与简易程序、一般程序相并列的第三种程序,而是一般程序中的一个可能出现的程序环节。

依据《行政处罚法》第42条的规定,听证程序的启动要符合以下几点:(1)处罚较重的案件,即责令停产停业、吊销许可证或者执照、较大数额罚款等行政处罚;(2)当事人要求听证。要注意的是,符合前述案件条件的,当事人一旦要求听证,行政机关就应当组织听证。

根据《行政处罚法》第42条的规定,行政处罚行政听证的具体程序包括以下几方面。(1)当事人要求听证的,应当在行政机关告知后三日内提出。(2)行政机关应当在听证的七日前,通知当事人举行听证的时间、地点。(3)除涉及国家秘密、商业秘密或者个人隐私外,听证公开举行。(4)听证由行政机关指定的非本案调查人员主持;当事人认为主持人与本案有直接利害关系的,有权申请回避。(5)当事人可以亲自参加听证,也可以委托一至二人代理。(6)举行听证时,调查人员提出当事人违法的事实、证据和行政处罚建议;当事人进行申辩和质证。(7)听证应当制作笔录;笔录应当交当事人审核无误后签字或者盖章。

三 行政强制

1. 行政强制概述

在我国,行政强制是行政强制措施和行政强制执行的合称。但现行法律法规,包括《行政强制法》[①]都未对"行政强制"作出界定。鉴于行政强制措施与行政强制执行之间尽管以"强制"为其共同特征,但二者无论在概念内涵、种类、适用条件、程序等诸多方面都存在较大差异的情况,本书并不打算对行政强制作出统一的定义,并对行政强制措施与行政强制执行分别予以讨论。

---

① 第十一届全国人民代表大会常务委员会第二十一次会议于2011年6月30日通过,自2012年1月1日起施行。

2. 行政强制措施

（1）概念与特征

根据《行政强制法》第 2 条的规定，行政强制措施，是指行政机关在行政管理过程中，为制止违法行为、防止证据损毁、避免危害发生、控制危险扩大等情形，依法对公民的人身自由实施暂时性限制，或者对公民、法人或者其他组织的财物实施暂时性控制的行为。根据这一定义，行政强制措施具有以下几个主要特征。

第一，物理性。行政强制措施是行政主体在采取其他措施无效果，或没有其他措施可采取的情况下，以国家强制力等对相对人的人身自由、财物、行为等采取的相对人无法反抗或不得违抗的实际物理行为，这是行政强制措施最本质的特征。

第二，限制性。从行政强制措施对相对人的权益所产生的影响来看，如查封、扣押、冻结、强行扣留与盘问、强制传唤与讯问，它是一种限制性的措施，即属于行政限制行为，而不是行政赋权行为。有一些行政强制措施并非对相对人不利，如强制戒毒、强制醒酒、强制治疗精神疾病等，但从强制措施对相对人的人身自由、财物等所采取的行为方式来看，是一种限制性措施，且具有强制性，即相对人只能按照行政主体所期望的方式行事，而不得违反。

第三，预防性。从行政主体实施行政强制措施的直接目的来看，是为了公共利益的紧迫需要、防止不利于公共利益及相对人自身利益免受危险行为或情势的危害，在于排除具有危险性的行为，属于一种事前和事中的行政措施，分别表现在：①预防危险行为的产生。如约束醉酒司机，禁止其驾驶机动车辆。②制止危险行为，防止危害结果的发生，如将相对人带入公共场所的危险物品强制转移。

第四，暂时性。行政强制措施是行政主体出于紧迫情势的需要而对相对人采取的强制措施，是临时约束，而不是对相对人的人身自由、财产权利等作出的最终处分，如扣押财物，"扣押"本身不是一种永恒目的，只是一种临时的保障措施，只是约束被扣押物的使用，而不是对被扣押物所有权的最终处分，因此行政强制措施是一种中间行为，而不是最终行为。

第五，非制裁性。由于行政强制措施的直接目的是防止公共安全、公共利益和相对人自身的安全和利益遭受危险情势或危险行为的损害，在于排除危险情势和危险行为，而不是以制裁违法为直接目的，所以，行政强制措施并非以相对人违法为前提，因而也就具有非制裁性。

第六，从属性和独立性相结合。从行政主体采取某项行政强制措施是否构成某项行政行为的全部，可以发现行政强制措施有从属性或独立性的特征。如果某项行政强制措施本身构成该行政行为的全部，那么它就是独立性的，如扣留和盘问、强制戒毒、强制治疗等，如果某项行政强制措施只是为主行政行为服务，起保障或程序作用，那它只是有从属性，如查封、扣押、冻结、强制许可、强制征用等。

（2）行政强制措施的种类

根据《行政强制法》第9条之规定，行政强制措施的种类有以下五条：限制公民人身自由；查封场所、设施或者财物；扣押财物；冻结存款、汇款；其他行政强制措施。要注意的是，"其他行政强制措施"必须由法律、行政法规、地方性法规来创设。

（3）行政强制措施的设定

行政强制措施的设定，即通过立法规定实施行政强制措施的对象、条件、适用行政强制措施的种类以及实施主体和程序。鉴于行政强制措施对公民、法人和其他组织权益影响的严重性，《行政强制法》在设定上确立了比较严格的法定主义原则。根据该法第10条的规定，行政强制措施由法律设定；尚未制定法律，且属于国务院行政管理职权事项的，行政法规可以设定除限制人身自由、冻结存款、汇款和应当由法律规定的行政强制措施以外的其他行政强制措施；尚未制定法律、行政法规，且属于地方性事务的，地方性法规可以设定查封场所、设施或者财物和扣押财物的行政强制措施。法律、法规以外的其他规范性文件不得设定行政强制措施。

（4）行政强制措施的实施程序

行政强制措施的实施程序有一般程序与特别程序之分。《行政强制法》第18条规定了一般程序，该法第20条、第22—28条、第29—33条分别规定了限制人身自由、查封扣押和冻结措施的程序，属于特别程序，要优先适用一般程序。限于篇幅，本书仅对一般程序稍作介绍。

行政机关实施行政强制措施应当包括以下主要程序环节和要求：①实施前须向行政机关负责人报告并经批准；②由两名以上行政执法人员实施；出示执法身份证件；③通知当事人到场，当场告知当事人采取行政强制措施的理由、依据以及当事人依法享有的权利、救济途径；④听取当事人的陈述和申辩；⑤制作现场笔录；现场笔录由当事人和行政执法人员签名或者盖章，当事人拒绝的，在笔录中予以注明；当事人不到场的，邀请见证人到场，由见证人和行政执法人员在现场笔录上签名或者盖章。

3. 行政强制执行

（1）概念与特征

行政强制执行，是指行政机关或者行政机关申请人民法院，对不履行行政决定的公民、法人或者其他组织，依法强制履行义务的行为。根据这一定义，行政强制执行具有如下特征。

第一，在主体上，行政强制执行以国家行政机关和法院为执行主体，以无正当理由逾期不履行行政决定所确定的义务的相对人，包括公民、法人和其他组织为被执行人。

第二，在客体上，行政强制执行是执行已作出且生效的行政决定，而不是司法裁判或权力机关决议的执行。

第三，在目的上，行政强制执行的目的在于迫使相对人履行义务或用代执行等方式达到与履行义务相同之状态，最终确保行政目的的实现。

第四，在程序上，行政强制执行的启动，必须存在两个前提：①存在"基础行为"，即先有特定行政机关作出确定相对人义务的行政决定，且其合法有效；②相对人逾期不履行前述行政决定中要求履行的义务，且无正当合法理由的。

可见，行政强制执行与行政强制措施尽管同属"行政强制"，但二者存在较大差别，主要体现在以下几点。①前提不同。行政强制执行必须以相对人负有某种义务为前提，行政强制措施则不一定要求相对人负有某种义务。②目的不同。行政强制执行的目的是强制相对人履行义务或达到与义务履行相同的状态，行政强制措施则是为了排除危险情势和危险行为。③起因不同。引起行政强制执行的原因只能是义务人不履行义务的行为，而引起行政强制措施的原因是为了制止违法行为、防止证据损毁、避免危害发生、控制危险扩大。

(2) 行政强制执行方式及其分类

根据《行政强制法》第12条的规定，行政强制执行的方式包括：①加处罚款或者滞纳金；②划拨存款、汇款；③拍卖或者依法处理查封、扣押的场所、设施或者财物；④排除妨碍、恢复原状；⑤代履行；⑥其他强制执行方式。

在学理上，这些强制执行方式可以分成间接强制执行和直接强制执行两大类。间接强制执行是指执行机关通过间接手段，迫使义务人履行其应当履行的法定义务，或者达到与履行义务状态相同的行政强制措施。间接强制执行可以分为代执行和执行罚两种。①代执行，又叫代履行，是指义务人不履行法律、法规等规定的或者行政行为所确定的可代替作为义务，由行政强制执行机关或第三人代为履行，并向义务人征收执行费用的行政强制执行方法。②执行罚是指有关国家机关对拒不履行已经生效的具体行政行为的当事人进行制裁，以迫使当事人自觉履行该具体行政行为所确定的义务。

直接强制执行是指在义务人拒不履行其应履行的义务时，且采用代执行、执行罚等间接手段不能达到执行目的，或无法采用间接手段时，执行机关对其人身或财产施以强制力，直接强制义务人履行义务，或通过强制手段达到与义务人履行义务相同状态的一种强制执行措施。直接强制执行可分为以下两种。①人身强制执行。例如，公安机关依法对违反治安管理处罚条例的人予以强制拘留、强制传唤；卫生主管机关对拒绝或逃避隔离的检疫传染病患者予以强制隔离等。②财产强制执行。例如，根据价格管理条例的规定，对拒缴非法所得或拒缴罚款的，物价检查机关可以按照有关规定通知其开户银行予以划拨；根据食品卫生法的规定，对腐烂变质的食品实行强制销毁等。相较而言，直接强制执行是一种实力较强的强制执行方式，对公民人身自由、财产权侵害的可能性极大，因此，对直接强制执行的采用必须十分慎重，除要严格遵照法律、法规的规定外，还必须坚持合理适当原则。

(3) 行政强制执行的设定

行政强制执行的设定是国家立法机关通过法律直接赋予有关主体拥有行政强制执行权的立法活动。通过行政强制执行的设定，行政强制执行的实施主体、实施方式、实施条件得以明确。与行政强制措施的设定重在分配各行政机关的强制措施权不同，行政强制执行设定的关键问题是分配行政机关与人民法院在执行权的分配，因此必须由全国人大及其常委会的法律进行设定。我国《行政强制法》第13条明确规定"行政强制执行由法律设定"，法规、规章和规范性文件一律不得设立行政强制执行。

同时，鉴于法院能够在执行环节对原行政决定（即基础行为）和行政机关的执行申请进行一定程度的审查，该条第2款规定"法律没有规定行政机关强制执行的，作出行政决定的行政机关应当申请人民法院强制执行"。

(4) 行政强制执行的实施程序

根据《行政强制法》的规定，行政强制执行的主体不同，执行程序也不同，因此，行政强制执行程序可以分成行政机关强制执行程序与人民法院行政强制执行程序。

行政机关强制执行程序又分为一般程序和特别程序，前者是所有行政机关实施强制执行都必须遵循的基本程序，后者仅适用于金钱给付义务的执行程序和代履行的执行程序的部分环节。限于篇幅本书仅介绍一般程序。

根据《行政强制法》，行政机关强制执行的，一般要经过以下环节。①催告，在强制执行前，行政机关应该通过书面警告的方式，作最后一次督促，使相对人明了行为的后果。经过催告后，当事人履行相应义务时，不再实施强制行为。但是在催告期间，对有证据证明有转移或隐匿财物迹象的，行政机关可以立即做出行政强制决定。②陈述和申辩。当事人接到催告书后，有权进行陈述和申辩，当事人提出的事实、理由或证据成立，行政机关应当采纳。③行政强制行为决定。经过催告后，当事人拒不履行相应义务，且无正当理由的，行政机关可以做出行政强制行为的决定。强制行为决定应当以书面形式做出,并直接送达当事人。④强制执行决定的实施。

没有行政强制执行权的行政机关必须申请人民法院强制执行。人民法院行政强制执行程序主要包括以下环节:①行政机关申请人民法院强制执行前,应当催告当事人履行义务;②行政机关向有执行管辖权的人民法院提出强制执行的申请;③法院受理与审查,人民法院对行政机关强制执行的申请进行书面审查,如必要,也可对基础行为进行审查,确定是否符合执行条件;④人民法院的裁定,是否准予执行;⑤人民法院的执行。

四 行政征收征用

1. 概念及特征

行政征收征用包括行政征收和行政征用两种执法工具。"行政征收是行政主体为了公共利益目的,以强制手段无偿取得行政相对人财产所有权的一种具体行政行为。"① 行政征用是出于公共利益的需要,强制性使用相对人的财产的行政行为。可见,二者都是出于公共利益的需要而强制限制相对人财产权利的行为,不过,行政征收取得的是所有权,行政征用是暂时性取得使用权,结束后予以返还。② 行政征收征用大致具有以下特征。

(1) 公共性。行政征收征用是出于保障国家和公共利益的需要,并非出于集团或商业利益。非出于公共利益需要,不得采取行政征收征用的方式。

(2) 强制性。行政征收征用属单方行政行为,由行政机关依法自行确定,无须征得相对人同意,甚至可以违背相对人的意志。被强制的相对人必须服从,否则将承担一定的法律后果。

---

① 姜晓萍:《行政法学》,四川大学出版社2009年版,第100页。
② 国内学界对行政征收的用法,大致有两种观点,一是租税、规费的征收和土地、房屋等财产的征收,二是行政征收仅仅指财产的征收。税费征稽与财产征收的主要区别在于前者不发生补偿,而后者发生补偿。参见胡建淼《行政法学》(第四版),法律出版社2015年版,第402—404页。本书鉴于行政执法通常包括税费征收行为,本书的行政征收包括财产征收和税费征收。

（3）侵害性。行政征收强制取得所有权或使用权，决定了行政征收征用对行政相对人的权益始终都具有侵害性。因此，为了避免违法行政征收征用行为对行政相对人的合法权益造成损害，必须确立行政征收征用的法定原则，将行政征收征用的整个过程纳入法律调整的范围。

（4）补偿性。除税费征收外，国家机关通过征收征用方式取得相对人财产权利的，应当向被征收征用人进行合理的补偿。

2. 行政征收征用的分类

根据行政征收征用是否给予补偿为标准，可以把行政征收分为无偿征收征用和有偿征收征用。

（1）无偿征收征用，仅限于无偿征收，即对行政相对人不给予财产补偿的行政征收可分为行政征税和行政收费。

行政征税是指行政主体为了公共利益的需要，依法强制地向纳税义务人征收一定税收的行政行为。大体上税收可分为商品和劳务税、所得税、资源税、财产和行为税、特定目的税五大类。

行政收费是指行政机关凭借国家行政权所确立的地位，为行政相对人提供一定的公益服务，或者授予国家资源和资金的使用权而收取的代价。行政收费只能由提供该服务的行政机关征收，且需要有法规依据或相应政府的审批。

（2）有偿征收征用。有偿征收征用是指行政主体向行政相对人给予补偿的征收征用。除了行政征税和行政收费活动外，其余行政征收都应遵循有偿征收的原则。主要可以分为对土地的征收、对房屋的征收、对企业的征收以及其他财产的征收。行政征用一般要进行合理补偿。

对于补偿标准，存在完全补偿和适当补偿两种做法。完全补偿是对相对人基于征收征用而产生的全部损失进行补偿。适当补偿标准是综合考量征收征用的公共利益的具体情况（如目的是否为商业开发还是公共事业建设）、国库能力等因素，按照客观、公正、妥当的补偿计算出合理的补偿金额。[①] 对于补偿标准，我国法律并无统一规定，各单行法律通常

---

① 沈开举：《论行政补偿的标准》，《河南社会科学》2005年第1期。

也仅作抽象规定,如《防洪法》第 45 条第 2 款规定:"调用的物资、设备、交通运输工具等,在汛期结束后应当及时归还;造成损坏或者无法归还的,按照国务院有关规定给予适当补偿或者作其他处理。"《海域使用管理法》第 30 条规定:"因公共利益或者国家安全的需要,原批准用海的人民政府可以依法收回海域使用权。依照前款规定在海域使用权期满前提前收回海域使用权的,对海域使用权人应当给予相应的补偿。"如《民族区域自治法》第 66 条第 1 款规定:"国家在民族自治地方开发资源、进行建设的时候,应当照顾民族自治地方的利益,做出有利于民族自治地方经济建设的安排,照顾当地少数民族的生产和生活。国家采取措施,对输出自然资源的民族自治地方给予一定的利益补偿。"《土地管理法》第 47 条和《国有土地上房屋征收与补偿条例》①第 17 条比较具体地规定了补偿的项目及计算方式,尤其是后者,对本征收房屋的补偿范围包括被征收房屋价值(不得低于房屋征收决定公告之日被征收房屋类似房地产的市场价格)、因征收房屋造成的搬迁、临时安置以及因征收房屋造成的停产停业损失。

3. 行政征收征用的适用条件:公共利益

在行政征收征用的法律制度中,除法律法规对税费征收规定了非常明确具体的适用条件外,对财产的征收和征用往往仅规定了"为了公共利益的需要",作为财产类征收征用的条件。如何解释公共利益,哪些利益属于公共利益的范畴,无论对征收征用的启动及其合法性,还是对公民财产权利的保护,都极为重要。

但是,公共利益却是一个高度抽象且不确定的概念。理论和实务常常采取两种路径来界定公共利益。一是明确公共利益的内涵,二是列举属于公共利益的具体情形。前者是确定公共利益的实质内涵,多数观点认同公共利益作为一种利益形态,具有公众性和抽象性,即公众性指的是公共利益是多数人的利益,抽象性指的是公共利益让不特定的公众受益。②不过,这些解释仍然具有高度不确定性,无法充分回答现实的复杂

---

① 2011 年 1 月 19 日国务院第 141 次常务会议通过,自公布之日起施行。
② 胡建淼:《行政法学》(第四版),法律出版社 2015 年版,第 40—64 页。

情形。例如，城市商业开发的目的，是否属于公共利益，就需要仔细讨论。另一种途径是通过立法来详细列举允许征收征用的公共利益的具体情形，例如我国《国有土地上房屋征收与补偿条例》第 8 条对国有土地上的房屋征收的情形，作了列举式规定，包括：（1）国防和外交的需要；（2）由政府组织实施的能源、交通、水利等基础设施建设的需要；（3）由政府组织实施的科技、教育、文化、卫生、体育、环境和资源保护、防灾减灾、文物保护、社会福利、市政公用等公共事业的需要；（4）由政府组织实施的保障性安居工程建设的需要；（5）由政府依照《城乡规划法》有关规定组织实施的对危房集中、基础设施落后等地段进行旧城区改建的需要；（6）法律、行政法规规定的其他公共利益的需要。这种方式一定程度上可以消除前述实质路径的抽象不足，但适用范围有限，且容易出现遗漏情形。当前，对公共利益的讨论，仍然是公共行政理论研究和实践发展的最重要的问题之一。

4. 行政征收征用的实施程序

为保护被征收征用人的合法权益，行政征收征用应当依法进行，特别是要遵循合法正当的程序。不过，目前各项法律、法规都没有规定统一的征收征用程序，仅个别单行法律，如《城市房屋拆迁管理条例》《国有土地上房屋征收与补偿条例》等作了一定规定。限于篇幅，下面以城市房屋征收程序为例，简要介绍财产征收的主要程序，通常包括：（1）征收决定前，公告举办的事业、征收目的以及拟定的补偿标准，征求公众意见；（2）被征收者可以提出陈述、申辩，必要时也可以要求召开听证会；（3）责任单位开展社会稳定风险评估；（4）公告征收决定，征收公告，要载明征收补偿方案（要明确补偿协议签约期）和权利救济方式；（5）搬迁阶段；（6）补偿阶段。

行政征用程序相对简单，包括：（1）出现征用情形时，如抢险、救灾突发事件和战争状态需要征用相对人财产时，应向被征用人说明征用目的、征用财产；（2）实施征用；（3）征用目的或紧急需要消除后，应及时返还被征用财产；（4）对征用以及因征用导致的财产损失给予补偿，若财产毁损严重，应视为征收。

五　行政调查

1. 行政调查的概念与特征

行政调查具有多种含义。广义的行政调查泛指所有行政机关为实现行政目的而收集情报资料的工作。不过，在行政执法意义上，行政调查特指行政主体在行政活动过程中，为获取信息，强制要求当事人配合，对公民、法人和其他组织的个体、场所、行为、状态等进行检视了解的行为。[①] 据此，行政调查具有如下特征。

（1）辅助性。行政调查是为了获取相关信息，但调查本身不是目的，而是服务其他行政行为，如核实申请人申请材料的真实性、查实当事人的守法或违法行为或者是取得行政决策的基础数据等。

（2）限权性。广义的行政调查大体可以分成两类，一类对被调查对象权利不产生直接影响，如人口普查、土地调查等，另一类是调查对被调查对象的权利产生实际影响，如进入住宅检查会影响公民的私人住宅权，公安机关的留置盘问会影响公民的自由权等。作为执法工具的行政调查属于后者，对公民权利具有限制的性质。

（3）强制性。正因为行政调查具有限权性质，因此，需要赋予其一定的强制性，要求有关组织与个人必须协作与配合，否则承担不利后果。例如《证券投资基金法》第116条规定："国务院证券监督管理机构依法履行职责时，被调查、检查的单位和个人应当配合，如实提供有关文件和资料，不得拒绝、阻碍和隐瞒。"

（4）方式的多样性。行政调查的方法可谓丰富多样，包括但不限于：了解、询问、访视、检查、勘察、稽查、查核、检验、勘验、鉴定、检测、抽样取证、听取汇报、统计、责令提供必要资料等。

在此，还需要对行政调查和行政检查稍作区分。与行政调查一样，行政检查也没有明确统一的定义。但是，综合当前法律条文对"检查"一词的通常用法，例如《治安管理处罚法》第87条"公安机关对与违反治安管理行为有关的场所、物品、人身可以进行检查"，再如《海关

[①] 胡建淼：《行政法学》（第四版），法律出版社2015年版，第429页。

法》第 6 条规定海关可以"检查进出境运输工具，查验进出境货物、物品"，我们赞同多数观点，认为行政检查是行政机关依法直接对人体、物体、场所进行调查的行为，因此，行政检查是行政调查的一种方法和手段。①

此外，在部分研究文献中，还存在"行政监督"这一概念。不过，"行政监督"内涵并不确定，既可以指立法机关、行政机关、司法机关、政党、社会团体、新闻舆论等对政府及其公务员的行政行为所实施的监察和督导，也可以指行政机关内部对自己的机构及其公务员的不良行政行为所实施的监察和督导，也可以指"国家行政机关以及其他行政主体对有义务执行和遵守有关行政法规范、行政指示、命令和决定的组织和个人实施的察看、了解和掌握其义务履行情况，督促其履行义务的具体行政行为"②。即使将行政监督定位在对相对人检视查看这一意义上，但其功能仅限于"督促相对人义务履行"，且未凸显"限权性"和"强制性"等特征，这与作为执法工具的、具有多种行政功能的行政调查不能完全等同起来。

2. 行政调查的职权法定主义

信息是行政决策的前提，一般而言，行政机关总是希望拥有和扩大行政调查的权力。但是，由于行政调查具有限权性和强制性，会直接影响相对人或第三方的权益，因此在决定哪些行政主体有行政调查权、可以采取什么调查方式时，必须遵循"职权法定主义"，即行政机关采取具有强制性、限权性的调查措施，必须根据合法的法律依据。其中，对部分行政调查方式，作为依据的法律依据还必须达到一定的规格。如《商业银行法》第 29 条规定："对个人储蓄存款，商业银行有权拒绝任何单位或者个人查询、冻结、扣划，但法律另有规定的除外。"第 30 条规定："对单位存款，商业银行有权拒绝任何单位或者个人查询，但法律、行政法规另有规定的除外；有权拒绝任何单位或者个人冻结、扣划，但法律

---

① 《行政执法类公务员管理规定（试行）》和《关于全面推行行政执法公示制度执法全过程记录制度重大执法决定法制审核制度的指导意见》都单独将"行政检查"列为行政执法工具，我们认为这两个规定并未排除其他具有限权性、强制性的行政调查方式也是行政执法工具。

② 张正钊、李元起：《行政法与行政诉讼法》，中国人民大学出版社 2007 年版，第 322 页。

另有规定的除外。"这说明,设定对个人储蓄存款的调查必须是全国人大或其常委会的法律,设定对单位存款的调查权必须是全国人大或其常委会的法律或国务院的行政法规。由于我国目前尚未制定统一的行政调查,行政调查方式需要什么规格的法律依据,应根据不同的调查方式做具体分析。

3. 行政调查的实施程序

由于我国尚未制定行政程序法典,至今没有行政调查程序的系统规定,只有个别单行法律、法规中有少量的关于行政调查程序的规定。大致包括如下内容。

(1) 通知。实施行政调查之前,必须通知被调查对象将要实施的调查内容、依据以及配合义务。

(2) 表明身份。行政主体的工作人员在实施行政调查时,应佩戴公务标志或出示相关证件,以表明自己有权执法的身份。

(3) 实施调查。除法律、行政法规另有规定外,对有关实物、场所实施监督检查时,应当通知当事人到场,进行公开检查。行政调查必须按照法定时间或正常时间及时进行,不得拖延而超过正常检查所需的时间;对涉及公民基本权利的某些特别检查,必须有法律的明确授权,应当符合法定的特别要件和方式。比如,对女性身体进行检查,应由女工作人员进行。

(4) 说明理由。在作出不利于相对方的调查结论前要允许其陈述和申辩,并说明作出调查结论的理由。

(5) 告知权利。行政主体应在作出调查结论后,告知相对方相应的救济手段(补救手段)。

第三节　行政执法工具的运用

行政执法工具是政府维护社会经济基本秩序、保障公共健康安全的基本手段。但是,不容回避的是,行政执法作为运用政府强制力的主要途径,在发挥重要作用的同时,面对转型时期的社会利益多元、价值观念分化和风险弥散骤增的执法生态,由于体制外、机制、方式、程序以及执法人员的观念、能力的相对滞后，面临和遭遇到的一系列问题，例如随意执法、执法不作为、执法疲软现象屡见不鲜，多头执法、重复执法，权责脱节、争权诿责，力量分散、监管不到位现象较为突出，部分人民群众阻挠执法、抗拒执法等问题时有发生。这些问题，从政府工具的角度看，实际就是行政执法工具的运用问题。在完善和创新行政执法工具的同时，改进、提升、优化行政执法工具的运用，是我国政府体制机制建设、法治政府建设的重要内容。为此，改革开放四十年来，党中央和政府都把行政执法改革作为政府改革与法治建设的重要任务之一，特别是党的十八大以来，对行政执法的原则、机制、体制等提出了一系列改革设想与举措，对行政执法工具的运用作了全面系统的规范，本节拟对此进行初步的总结整理。

一　工具运用基本原则：严格规范公正文明执法

"严格规范公正文明执法"最早出现在 2010 年国务院公布的《关于加强法治政府建设的意见》，2012 年党的十八大报告提出"要推进依法行政，切实做到严格规范公正文明执法"。2014 年党的十八届四中全会通过的《中共中央关于全面推进依法治国若干重大问题的决定》提出"坚持严格规范公正文明执法"。2015 年中共中央、国务院印发《法治政府建设实施纲要（2015—2020 年）》再一次提出"坚持严格规范公正文明执法"。2017 年党的十九大报告中提到，"推进科学立法、民主立法、依法立法，以良法促进发展、保障善治。建设法治政府，推进依法行政，严格规范公正文明执法"。由此可见，"严格规范公正文明"已经被党和政府确立为行政执法工具运用的基本原则。

所谓严格执法，就是以事实为依据，以法律为准绳，在执法工作中，全面履行法定职责，做到"有法可依，有法必依，执法必严，违法必究"。所谓规范执法，是指规范执法的程序，必须按照法律规定的程序执法，做到实体与程序并重。建立健全行政裁量权基准制度，细化、量化行政裁量标准，规范裁量范围、种类、幅度，提高执法效率和规范化水平。公正执法，就是公平正义，对执法者来说就是实现法律面前人人平等，要平等对待行政相对人，同样情形同等处理，处理违法行为的手段和措施要适当适度,尽力避免或者减少对当事人权益的损害。文明执法,不得粗暴对待当事人,不得侵害执法对象的人格尊严,文明执法要有礼有节、春风化雨、以文化人、以理服人、以礼待人。严格是执法基本要求,规范是执法行为准则,公正是执法价值取向,文明是执法职业素养。

二 建立权责统一、权威高效的行政执法体制

不同学者对行政执法体制有不同界定,有些学者认为行政执法体制"是指由行政执法主体结构、法定执法职权和义务、执法程序与运行机制构成的有机体系及其相关法律制度"。① 这一界定较为宽泛,我们认为行政执法体制是指具有不同职权的国家行政机关或行政机关授权的执法组织,为执行法律而构成的相互配合、相互分工的有机联系的系统。行政执法体制的核心问题是"行政执法机关所有具有的部门权限和这些权限之间的相互关系"。② 执法体制改革历来是政府体制改革、法治政府建设的重中之重。在较早时期,基于《行政处罚法》《行政许可法》的相关规定,就相对集中处罚权、相对集中行政许可权试点建设。2004 年国务院发布《全面推进依法行政实施纲要》就提出"加快建立权责明确、行为规范、监督有效、保障有力的行政执法体制",2010 年国务院颁布的《关于加强法治政府建设的意见》提出"完善行政执法体制和机制",2013 年党的十八届三中全会通过的《中共中央关于全面深化改革若干重大问题的决定》正式明确"建立权责统一、权威高效的行政执法体制"的体制改革目标,并系统提出了行政执法体制的主要任务是"整合执法主体,相对集中执法权,推进综合执法,着力解决权责交叉、多头执法问题","减少行政执法层级,加强食品药品、安全生产、环境保护、劳动保障、海域海岛等重点领域基层执法力量。理顺城管执法体制,提高执法和服务水平"。在此基础上,党的十八届四中全会提出"深化行政执法体制改革",并提出了较为系统的改革措施。根据这一决定,2015 年中共中央、国务院印发的《法治政府建设实施纲要(2015—2020 年)》对行政执法

---

① 青峰:《行政执法体制改革的图景与理论分析》,《法治论丛》2007 年第 1 期。
② 马怀德:《健全综合权威规范的行政执法》,《中国党政干部论坛》2013 年第 12 期。

体制改革作了较为具体的部署。

综合起来，当前行政执法体制改革主要有五个方面的重点。

（1）加快推进执法重心和执法力量向市县下移，加强食品药品、安全生产、环境保护、劳动保障、海域海岛等重点领域基层执法力量。把机构改革、政府职能转变调整出来的人员编制重点用于充实基层执法力量。

（2）减少执法层次。根据不同层级政府的事权和职能，按照减少层次、整合队伍、提高效率的原则，合理配置执法力量。

（3）整合执法主体，相对集中执法权，推进综合执法，着力解决权责交叉、多头执法问题。大幅减少市县两级政府执法队伍种类，重点在食品药品安全、工商质检、公共卫生、安全生产、文化旅游、资源环境、农林水利、交通运输、城乡建设、海洋渔业、商务等领域内推行综合执法，支持有条件的领域推行跨部门综合执法。

（4）理顺城管执法体制，加强城市管理综合执法机构和队伍建设，提高执法和服务水平。

（5）健全行政执法和刑事司法衔接机制，完善案件移送标准和程序，建立行政执法机关、公安机关、检察机关、审判机关信息共享、案情通报、案件移送制度，坚决克服有案不移、有案难移、以罚代刑现象，实现行政处罚和刑事处罚无缝对接。

三　行政执法工具运用的机制创新

行政执法机制是行政执法机关和执法人员运用行政执法工具时的具体方式。在2004年国务院颁布的《全面推进依法行政实施纲要》即提出"推行行政执法责任制"，"要建立公开、公平、公正的评议考核制和执法过错或者错案责任追究制"。2010年国务院颁布的《关于加强法治政府建设的意见》，提出"完善行政执法体制和机制"，要求"县级以上人民政府要建立相关机制，促进行政执法部门信息交流和资源共享"。2014年党的十八届四中全会决定提出要"建立执法全过程记录制度、严格执行重大执法决定法制审核制度、推行行政执法公示制度"。

2017年国务院办公厅颁布《关于印发〈推行行政执法公示制度执法全过程记录制度重大执法决定法制审核制度试点工作方案〉的通知》，认为行政执法三项制度对于促进严格规范公正文明执法，保障和监督行政机关有效履行职责，维护人民群众合法权益，具有重要意义。确定在天津市、河北省、安徽省、甘肃省、国土资源部以及呼和浩特市等32个地方和部门开展试点。其主要内容包括以下几个方面。

1. 行政执法公示制度

执法机关要依法及时主动向社会公开有关行政执法信息，行政执法人员在执法过程中要主动表明身份，接受社会监督。主要方式包括以下几个方面。

（1）加强事前公开。要结合政府信息公开、权力和责任清单公布、"双随机、一公开"监管等工作，在门户网站和办事大厅、服务窗口等场所，公开行政执法主体、人员、职责、权限、随机抽查事项清单、依据、程序、监督方式和救济渠道等信息，并健全公开工作机制，实行动态调整。要编制并公开执法流程、服务指南，方便群众办事。

（2）规范事中公示。行政执法人员从事执法活动，要佩戴或者出示能够证明执法资格的执法证件，出示有关执法文书，做好告知说明工作。服务窗口要明示工作人员岗位工作信息。

（3）推动事后公开。探索行政执法决定公开的范围、内容、方式、时限和程序，完善公开信息的审核、纠错和监督机制。"双随机"抽查情况及查处结果要及时向社会公布，接受群众监督。

（4）统一公示平台。试点地方的人民政府要确定本级政府和部门行政执法信息公示的统一平台，归集政府所属部门行政执法信息，有关部门要积极配合，实现执法信息互联互通。

2. 执法全过程记录制度

执法单位应当通过文字、音像等方式，对行政执法行为进行记录并归档，实现全过程留痕和可回溯管理。主要方式包括以下几个方面。

（1）规范文字记录。要把行政执法文书作为全过程记录的基本形式，根据执法行为的种类、性质、流程等规范执法文书的制作，推行执法文书电子化，明确执法案卷标准，确保执法文书和案卷完整准确，便于监督管理。

（2）推行音像记录。对现场检查、随机抽查、调查取证、证据保全、听证、行政强制、送达等容易引发争议的行政执法过程，要进行音像记录。对直接涉及人身自由、生命健康、重大财产权益的现场执法活动和执法场所，要进行全过程音像记录。

（3）提高信息化水平。要积极利用大数据等信息技术，结合办公自动化系统建设，探索成本低、效果好、易保存、不能删改的记录方式。

（4）强化记录实效。建立健全执法全过程记录信息收集、保存、管理、使用等工作制度，加强数据统计分析，充分发挥全过程记录信息在案卷评查、执法监督、评议考核、舆情应对、行政决策和健全社会信用体系等工作中的作用。

3. 重大执法决定法制审核制度

执法单位作出重大执法决定之前，必须进行法制审核，未经法制审核或者审核未通过的，不得作出决定。主要要求有以下几个方面。

（1）落实审核主体。试点单位的法制机构负责本单位的法制审核工作。试点单位要配备和充实政治素质高、业务能力强、具有法律专业背景并与法制审核工作任务相适应的法制审核人员，建立定期培训制度，提高法制审核人员的法律素养和业务能力。要发挥政府法律顾问在法制审核工作中的作用。

（2）确定审核范围。要结合行政执法行为的类别、执法层级、所属领域、涉案金额以及对当事人、社会的影响等因素，确定重大执法决定的范围，探索建立重大执法决定目录清单制度。有条件的试点单位可以对法定简易程序以外的所有执法决定进行法制审核。

（3）明确审核内容。要针对不同行政执法行为，明确具体审核内容，重点审核执法主体、管辖权限、执法程序、事实认定、行政裁量权运用和法律适用等情形。

（4）细化审核程序。要根据重大执法决定的实际情况，编制法制审核工作流程，明确法制审核送审材料，规范法制审核工作方式和处理机制，规定法制审核时限，建立责任追究机制。

除行政执法三项制度外，"行政执法责任制"也是重要的行政执法工具运用机制，并渗透在前述三项制度当中。在2004年提出行政执法责任制后，2005年国务院《关于推行行政执法责任制的若干意见》出台，是国务院推行行政执法责任制的专门改革意见,标志着行政执法责任改革的全面启动。2015年中共中央、国务院印发的《法治政府建设实施纲要(2015—2020年)》再次强调"全面落实行政执法责任制",要求严格确定不同部门及机构、岗位执法人员的执法责任,建立健全常态化的责任追究机制,加快建立统一的行政执法监督网络平台,建立健全投诉举报、情况通报等制度,坚决排除对执法活动的干预,防止和克服部门利益和地方保护主义,防止和克服执法工作中的利益驱动,惩治执法腐败现象。

四 注重执法工具之间以及执法工具与非执法工具的优化组合

提升行政执法工具运用,不仅要注意单一行政执法工具的合理运用,也要注重不同的行政执法工具之间、行政执法工具与非行政执法类政府工具的优化组合。通过政府工具的合理配置与协作,形成公共管理的合力,这比较集中体现在当前的"放管服"改革当中。所谓"放管服"就是要简政放权、放管结合、优化服务。其中的"放"既包含中央政府或上级政府下放,也包含地方或基层政府的"权力下放",但主体内容是政府放权于市场、社会或行业组织,直接涉及具体的行政许可和审批的取消,真正让市场发挥资源配置的基础性作用。"放管服"之"管",具体是指在大量减少审批后,要求政府更多地转为事中事后监管。在具体管理方法上,主要有行政调查、行政处罚、行政强制、信息披露等强制方式以及教育、辅导、指导等非强制方式。"放管服"之"服"重在提供优质的公共产品和公共服务,帮助解决企业和人民群众的实际困难,为创业创新营造更好的环境。就政府与市场关系而言,"放"旨在进一步发挥市场自我规制作用,"管"重在消除市场自身的消极面和危害面,"服"在于积极提升市场主体和市场运行的品质。"放管服"改革是政府自身的全面改革,涉及职能、体制、机制等各个方面,但其实施的主体途径是政府工具的优化组合,包括减少事先的行政许可、行政审批,强化事中事后的执法工具和非行政执法类工具,从而极大激发经济活力,显著提升政府治理能力和治理水平。

在发挥政府工具主导作用的同时,要充分发挥行业组织自律作用、市场专业化服务组织监督作用、舆论和社会公众监督作用,支持社会组织参与管理和服务。

五 完备完善行政执法工具运用规范

要提升行政执法规范化水平，必须完备完善行政执法工具的运用规范。做好行政执法工具运用规范的建设，一方面要加快中央与地方的立法，形成完备的国家法律体系，同时，通过制定和完善行政规范性文件，特别是在裁量规范、操作流程规范等方面，发挥政府自我监督作用；另一方面要加强党规党纪的制定与实施，发挥执政党在保障执法方面的重要作用，使得行政执法的各个环节、各个领域都有法可依，有规可循。

完备完善行政执法工具运用规范工作，重点是以下五个方面。

（1）行政执法工具运用的具体原则。在遵循严格公正文明规范这一指导行政执法各方面的基本原则的同时，还需要完备行政执法工具运用的具体原则，这些原则在一些单行法律法规中，如《行政处罚法》《行政许可法》《行政强制法》都有所体现，如平等原则、信赖保护原则、比例原则、正当程序原则等。2004年国务院《全面推进依法行政实施纲要》把"合法行政、合理行政、程序正当、高效便民、诚实守信、权责统一"确立为依法行政的基本要求，2015年中共中央、国务院印发《法治政府建设实施纲要（2015—2020年）》进一步确认，"公正文明规范"适用于包括行政执法在内的全部行政领域。

（2）行政执法组织规范。行政执法组织规范是行政执法的主体，包括执法机关、执法机构、执法人员及其相互之间的职权关系的规范。完善行政执法组织规范，一方面要强化组织立法，同时要根据法律法规规章立、改、废情况及时调整、梳理行政执法依据，明确执法职权、机构、岗位、人员和责任，并向社会公布。同时，完善行政执法权限协调机制，及时解决执法机关之间的权限争议，建立异地行政执法协助制度。

（3）行政执法裁量规范。行政执法是"政策文本"与"现实生活"的联结，"政策文本"往往"抽象灰色"，现实生活则一定是"多样多色"，使得行政执法无法逃避"自由裁量"。要防止"自由裁量"蜕变成"恣意裁量"，消除行政执法中的不作为、慢作为、弱作为、乱作为等现象，必须建立健全行政裁量权基准制度，细化、量化行政裁量标准，规范裁量范围、种类、幅度，以规控执法裁量行为。

（4）行政执法程序规范。行政执法程序是行政执法工具运用的方式、步骤、顺序和时限。程序规范是对行政执法程序的要求和标准。良好的行政程序规范能够控制行政执法权力，提升执法效率和效果。当前制定完善行政执法程序规范，首先是要细化执法流程，明确执法环节、步骤和时限，重点规范行政许可、行政处罚、行政强制、行政征收、行政收费、行政检查等执法行为。健全行政执法调查取证、告知、罚没收入管理等制度，明确听证、集体讨论决定的适用条件。同时，通过建立执法全过程记录等机制，强化程序规范对行政执法的控制。

（5）行政执法人员行为规范。行政执法最终要落实到行政执法人员的执法行为上。为此，应当完善行政执法人员的执法语言、执法标识、执法器具、执法动作等方面的规范，特别是执法语言、执法动作方面，努力做到融法、理、情于一体，坚持以法为据、以理服人、以情感人，积极争取当事人的理解和支持，力求实现执法效果最大化。

第九章

综合性的政府工具

本章把市场化工具、社会化工具、道德工具和文化工具合称为综合性的政府工具。基于政府与市场、与社会的关系角度,在第一节、第二节分别介绍市场化工具和社会化工具;从内容与形式的角度,在第三节、第四节分别阐述道德教育工具和文化宣传工具。

第一节 市场化工具

为更全面地了解市场化工具,首先从市场化工具的基础理论出发,对市场化工具的研究背景、内涵、特点以及作用作出明确的界定,然后介绍市场化工具的几种基本类型并分析其在使用过程中的优缺点,最后对政府在管理实践中运用市场化工具时可能带来的负面效应以及如何运用市场化工具等问题进行了探讨。

一 市场化工具概述

20世纪80年代,随着政府行政改革在全球范围内的迅速蔓延,新公共管理成为当代公共行政实践中的主导范式,在该理论的指引下,公共服务市场化成为行政改革的核心内容。[1] 公共服务市场化在有效改善和提升西方发达国家公共服务水平的同时,在全球范围内也产生了广泛而深远的影响,英、法、德、美等国家都逐步将公共服务市场化纳入了政府改革的实践框

---

[1] 郑伟倩:《公共服务市场化:困境与出路》,《中共福建省委党校学报》2013年第1期。

架,并通过市场化工具把公共服务推向市场,它们在实践中探索出了一条用市场机制提高公共服务效率与质量的有效途径。

1. 市场化工具的内涵

市场化工具,也叫市场化治理工具、市场化政府工具。萨瓦斯认为,民营化(市场化)意味着以政府高度介入为特征的某种制度安排向较少政府介入的另一种制度安排的转变。① 皮埃尔(Jon Pierre)认为,市场化包含三个方面的含义:第一是利用市场标准去配置公共资源,去评估公共服务的生产者和供给者的效率;第二,公共服务市场化是新公共管理的一部分,强调移植私营企业的管理经验,强调以结果为本;第三,公共服务消费者个体可以在不同的服务供给者之间进行选择。② 沈荣华教授认为,市场化工具是采用市场机制来补充并优化政府公共服务的质与量。政府公共服务市场化不是政府责任的转移,而是公共服务适应市场发展的理性走向。③ 综上所述,市场化工具是指政府等公共部门利用竞争机制、价格机制、供求机制与约束机制等有效配置资源的手段,来提供公共物品和公共服务的具体方式。

2. 市场化工具的特点

(1) 自主性。由于市场对公众的需求变化具有灵敏的嗅觉,在政府治理过程中应用市场化工具,不仅给予公民更多的自由空间,提供了更多的选择,实现了公共服务人性化、个性化,而且提高了公民对于政府的满意度,有利于政府形象建设。同时市场化工具的自主性可以使政府支付的管理成本逐渐减少,从而提高其管理效率和管理水平。

(2) 可见性。可见性衡量的是工具支配的资源在正常预算审议的过程中显示出来的程度。④ 政府应用市场化工具的过程中可见性可以看作资

---

① [美] E. S. 萨瓦斯:《民营化与公私部门的伙伴关系》,周志忍等译,中国人民大学出版社 2002 年版,第 107 页。

② Jon Pierre, *The Marketization of the State—Citizens, Consumer and the Emergence of Public Market*. Canada: McGill – Queen's University Press, 1994, p. 55.

③ 沈荣华:《公共服务市场化反思》,《苏州大学学报》(哲学社会科学版) 2016 年第 1 期。

④ [美] 莱斯特·M. 萨拉蒙:《政府工具:新治理指南》,肖娜等译,北京大学出版社 2016 年版,第 29 页。

金、资源等对公众开放的程度。可见度较高的工具，为民众参与政策过程制定提供更多机会，民众也能更好地监督其运行过程，以防止该工具只为少数的利益群体服务。

（3）多样性。多样性体现在主体多样性和形式多样性两方面。公共服务改革中市场机制的引入，使私人企业、社区、工会、非营利组织等都有可能成为公共服务的供给者，供给主体由原先政府单一供给进入了多元主体协作供给局面。由于供给主体的多元化，供给主体可以根据自身的资源优势和管理方式来选择不同的供给形式，例如民营化、合同外包、凭单制、用者付费等。

（4）竞争性。竞争性是公共服务市场化的核心内涵。作为公共服务生产者的社会力量通过激烈的市场竞争获取公共服务的生产权，市场机制的开放竞争性和优胜劣汰性，形成公共服务生产者的内生激励和竞争约束，使得公共服务的社会生产者产生内生性较强的创新动力和竞争力，从而生产和供给更多更好的公共服务，客观上丰富和满足公众对于公共服务的多样性和优质性需求。① 竞标、市场评估、顾客满意度评价等都体现了市场化工具的竞争性。

（5）监督性。在传统模式下，政府扮演着公共服务的决策者和供给者的双重角色，这使得政府难以对自身提供的公共服务进行客观评价和监督，公众的监督也难以获得很好的效果。市场化工具将政府在公共服务中的决策者和供给者的角色分离开来，政府可以更加公平、客观地对各个主体提供的公共服务的质量和效果进行监督和评估，从而制定出统一的标准以供监管和考核，同时也提升了公众监督的有效性。

3. 市场化工具的作用

（1）打破政府垄断，调整政府职能。市场化工具的运用是政府的一场自我革命。政府不仅要放弃对公共服务的垄断，更要将自身职能进行彻底转变。② 随着政府垄断地位的打破和多元供给主体的进入，逐步形成

---

① 王浦劬：《政府向社会力量购买公共服务的改革意蕴论析》，《吉林大学社会科学学报》2015年第4期。

② 杨志荣：《政府职能转变新趋势下我国公共服务市场化路径探析》，《现代管理科学》2015年第12期。

了多元主体共同治理的新型格局。与此同时，市场化工具的运用使政府从公共服务直接提供者的身份中解放出来，改变了原有的垄断行业的管理方式，同时也开始加强与市场的合作，这样政府就可以将更多的精力投入宏观的制定政策、监督控制等方面，目的就是实现政府从公共服务的"划桨者"向"掌舵者"角色的转换。

（2）优化资源配置，缓解政府压力。市场化工具的运用降低了公共服务的成本，提高了公共服务质量，使社会资源得到合理利用。降低成本的同时，分散风险，提高效率与效能，提高服务质量。[1] 从政府角度出发，基于治理视野的政府公共服务市场化由政府进行掌舵，能够保证以实现社会公众利益最优化为目的，能够大大缓解社会公众对公共服务的需求，还能够在一定程度上减轻政府工作强度，形成政府与市场的双赢局面。[2] 从市场角度出发，市场化工具激发了市场在提供公共服务方面的潜力，同时也为市场主体提供了公共支持，而且还充分利用了雄厚的市场资本资源，在这个过程中市场也从中获取了应得的利益。

（3）引入市场机制，提高服务效率。政府购买公共服务的目的是引入市场及社会机制，通过效率和专业化两个优势改善公共财政的服务绩效。[3] 由于公共服务的根本属性是公共性和公益性，而处于垄断地位的政府没有动力去根据公众需求和市场变化及时做出调整，政府提供的公共服务就很难达到高效。与政府不同，市场主体以利益为先，遵从市场机制的运行，因此必须不断地改善自身的服务质量、提高服务效率，才能够在激烈的竞争中生存下去。市场化工具将市场中先进的管理理念、完善的管理制度、雄厚的资本力量、丰富的人力资源引入公共服务领域中，为公共服务的优化和完善提供了良好的物质条件。

（4）加强公众参与，提高民主程度。市场化工具需要包括公众在内的多个主体的共同参与，这大大提高了公众的参与度。为了使公共服务更加高效，公众需要转变旧式思维，积极表达自身利益诉求，广泛参与

---

[1] 宋世明：《美国政府公共服务市场化的基本经验教训》，《国家行政学院学报》2016 年第 4 期。
[2] 林赞：《政府公共服务市场化重在"以人为本"》，《人民论坛》2016 年第 35 期。
[3] 贾西津：《政府购买公共服务的国际经验》，《新重庆》2013 年第 11 期。

到公共服务的市场化改革中。在社区公共服务方面,在政府主导下动员市场、社区组织等各方面的力量,发展社区公共服务,特别是动员社区居民广泛参与,进行自我管理,自我服务,是满足社区居民多元化需求的有效途径。① 公众通过参加志愿活动或者社区组织的形式参与到公共服务市场化的过程中,直接或间接地成为某些公共事务的管理者或公共服务的供给者,实际上形成了公众与公共服务的双赢局面。

二 市场化工具的基本类型

关于政府工具的类型,国内外学者有不同的分类。E. S. 萨瓦斯将公共服务的提供制度分为政府服务、政府间协议、契约、特许经营、补助、凭单制、市场、自我服务、用户付费、志愿服务等。② 萨拉蒙(Lester M. Salamon)等将政府常用的治理工具分为直接行政、社会管制、经济管制、合同、拨款、直接贷款、贷款担保、保险、税式支出、收费、用户付费、债务法、政府公司、凭单制。③ 虽然学者们对政府治理工具有不同的分类,但他们所列举的分类大部分是市场化的工具,或者是那些在某一方面具有明显市场特征的方式、方法和手段,都是市场机制的反应,都可以称为市场化工具。结合国内外学者的研究,本节将市场化工具分为以下几种。

1. 民营化

民营化既是政府治理的工具,又是一种基本的社会治理战略。被誉为"民营化大师"的萨瓦斯认为,民营化就是要充分利用多样化的所有制形式和运作关系来满足人们的需求,从而实现公共利益;就广义而言,民营化更多依靠民间机构,更少依赖政府来满足公众的需要,它是在产品/服务的生产和财产拥有方面激活政府的作用,增加社会其他机构作用

---

① 夏志强、王建军:《论社区公共服务的有效供给》,《社会科学研究》2012 年第 2 期。

② [美] E. S. 萨瓦斯:《民营化与公私部门的伙伴关系》,周志忍等译,中国人民大学出版社 2002 年版,第 92 页。

③ Lester M. Salamon, O‐dus. V. Elliot, *Tools of Government: A Guide to the New Governance*. Oxford: Oxford University Press, 2002, p. 21.

的行动①。

民营化作为一种市场化工具,其优点是非常明显的。首先,民营化能够降低管理者的成本,提高管理质量;其次,作为一种新的管理方式和技术,民营化可以获得更多的资金支持;再次,民营化可以减少政府的直接行为,可以让管理者更专注于政策的制定。但是在实行民营化的过程中,政府丧失了对公共物品和公共服务提供过程的直接控制,也很难实现对私人部门的管控,最终可能会导致政府对某些公共事业的失控。

2. 用者付费

用者付费工具是随着资本主义经济的产生和公民权利的确立而逐渐建立起来的,主要是指政府对某种物品、服务或行为确定"价格",由使用者或行为者支付这种费用,其主要目的是想通过付费把价格机制引入公共服务中来。

用者付费工具的优点主要有:第一,付费能够克服免费提供公共服务导致的对公共资源的不合理配置与浪费;第二,付费有助于实现社会公平;第三,付费制能够发挥价格信号资源配置作用,从而使市场机制在公共服务领域得以良性运转;第四,付费也能在一定程度上增加政府的财政收入,缓解经济危机。用者付费工具的缺陷在于难以确定收费的水平,付费也仅仅适用于具有一定的私人物品性质的准公共物品和服务范围,而在没有准确的供给量和定价的情况下,用者付费工具不一定能够使公共资源得到有效的配置。

3. 合同外包

经济合作与发展组织(OECD)将公共服务合同外包定义为:政府部门向社会资本购买服务从而间接向社会大众提供公共服务,其基本理念是开放公共领域,引入竞争机制,让社会资本竞争,在其中选出最合适的社会资本。② 国内学者则普遍认为合同外包意味着决策与执行分离、平等契约关系的建立和竞争机制的引入。

---

① [美] E. S. 萨瓦斯:《民营化与公私部门的伙伴关系》,周志忍等译,中国人民大学出版社2002年版,第4页。

② 世界银行:《2007年世界发展报告》,中国财政经济出版社2007年版,第45页。

合同外包的优点主要有节省成本、提高政府的服务质量以及培育社会力量。[①] 但是合同外包的过程中会存在公共服务合同界限不确定、规范性不足、法律法规不健全、权力寻租等问题，同时也存在政府监管空缺、第三方评估机制不完善以及社会公众参与度不高等其他问题。

4. 特许经营

特许经营是指政府将公共服务在一定时期内按照一定条件，允许私人企业进行投资、经营，经营期结束后由政府补偿收回。[②] 特许经营主要分为基础设施和公用事业的特许经营、自然资源领域的特许经营、商业领域的特许经营等三大类型。

公共部门特许经营工具的基本特点是国家在任何情况下都是公共事业的所有者。在使用的过程中，该工具具有以下优点：政府与生产者角色分离，生产者既可以是国有企业，也可以是民营企业、外资企业等，政府只负责监控；投资和生产主体多元化，不管是国内、国外还是国有、民营、个体、合资、股份等，各种投资者均可投资，且生产者不是唯一的；政府管制与市场竞争有机结合，政府依据法律法规对市场进入、价格决定、产品质量和服务条件进行直接干预，而生产者的确定则引入市场机制；合理分散投资的风险、责任与回报，公共服务行业同样存在投资风险，实施特许经营后，原本完全由政府承担的风险、责任、回报等转为由政府与投资者、生产者共同承担。

5. 凭单制

凭单制也是政府部门常用的一种市场化治理工具。凭单制也称为代金券、有价证券、消费券等，它是一种借用私人市场凭单的理念和技术来改造公共服务供给的政府改革工具。奥斯本、盖布勒认为，有资格接受凭单的个体在特定的公共服务供给组织中"消费"他们手中的凭单，

---

① 王雁红：《公共服务合同外包的运作模式及其比较——基于三个典型案例的经验研究》，《行政论坛》2016 年第 5 期。

② 温来成：《目前我国城乡社区公共品供给方式的现实选择》，《中国行政管理》2010 年第 10 期。

然后政府用现金兑换各组织接受的凭单①。凭单制的适用条件可以归结为四个方面：首先，政府有责任并愿意承担全部或部分费用；其次，存在多元供给主体间的充分竞争；再次，服务在具有排他性的同时可缴费；最后，服务对象或者消费者具有选择权。②

凭单制从根本上打破了政府垄断，削弱了职业性利益集团的控制，拓宽了消费者的选择权利，有效架构了公共服务领域准入市场，推动了公共文化和服务市场化。但凭单制在公平、竞争与垄断体系、种族隔离、信息不对称、节约成本和提高效益等方面还存在诸多问题。

6. 产权交易

产权主要是经济主体所拥有的一种行为权利，产权是所有制的核心内容，包括物权、债券、股权和知识产权等各类财产权。产权交易即假定市场是最有效的配置工具，政府通过产权拍卖，在没有市场的公共物品和服务领域，通过一定数量的为消费者指定的资源和可转移的产权而建立起市场。产权交易可以创造人为的稀缺，并让价格机制起作用。

产权交易最大的优点在于创造了市场，将竞争机制引入公共物品和服务的提供中，是一种具有灵活性的工具。但是目前产权交易存在很多问题，如产权机构管理多元、监管碎片化；政府主导交易行为，过度监管；产权交易管理办法不完善等，这些都是产权交易市场未能健康顺利发展的关键所在。

7. 内部市场

根据经济合作与发展组织（OECD）对内部市场的定义，广义的内部市场是指任何把生产和供给职能相分离的公共部门改革；狭义的内部市场则是指对行政部门自身提供的某种服务供自己使用的模式进行改革，即市场模拟。此处采用广义的定义，即内部市场是指将提供公共服务的公共部门人为地划分为生产者和购买者两方，这样在政府组织内部出现

---

① ［美］戴维·奥斯本、特德·盖布勒：《改革政府》，周敦仁等译，上海译文出版社2006年版，第322页。

② 魏丽艳、丁煜：《基于凭单制的公共就业培训准市场模式研究》，《厦门大学学报》2015年第3期。

了"生产者"和"消费者"两种角色，促使内部组织之间进行竞争，从而达到提高服务质量的效果。

内部市场作为政策化的工具，改变了传统行政的低效运作，对现代公共管理无疑是一项重大创新。但是内在市场的实现需要许多条件来支持，需要政府形成一种契约意识和平等的竞争环境、高素质的管理人员和完备的信息管理系统等。

8. 税式支出

税式支出是指国家为达到一定的政策目标，在税法中对正常的税制结构有目的、有意识地规定一些背离条款，造成对一些特定纳税人或课税对象的税收优惠，以起到税收鼓励或税收照顾作用，这种对正常税制结构的背离条款所导致的国家财政收入减少、放弃或让与就构成了财政上的税式支出。

税收支出工具有很多优点，税式支出可以鼓励微利有益产品的生产和供给，可以增加低收入者的收入，可以吸引外资增加就业机会，还可以在市场机制作用有限的情况下对经济产生某些纠正作用。但税式支出的局限性也很多，它不符合公共财政的原则、不符合税收公平原则、可能会增加新的分配不公或导致税收征管难度增加等。

9. 公私伙伴关系

公私伙伴关系，广义上是指公共部门和私营部门共同提供公共物品和服务而建立的各种合作关系，狭义上可以理解为一系列项目融资模式的总称，后者更强调合作过程中的风险分担机制和项目的衡工量值原则。

公私伙伴关系具有以下优点：可以利用民间资本弥补政府资源的不足，帮助政府发展基础设施；民间投资者和有经验的商业借贷者的参与，有助于更好地保证一个项目在技术上和财政上的可行性，同时分担一些本来完全由公共部门承担的风险；在开展合作项目中，民营部门可以促进技术转让，并为政府部门培训人才。公司伙伴关系是效率与公平的有机结合，但仅适用于准公共物品的提供。

三 政府运用市场化工具的辩证思考

任何一种市场化工具都有其独特性以及优缺点,在应用的过程中必须和国家的经济发展水平、政治制度相结合。因此,政府运用市场化工具时应考虑其局限性,要结合工具的具体特点、使用对象和使用环境,灵活选择市场化工具。

1. 市场化工具的局限性

(1)可能导致公共责任的缺失。企业的盈利取向,可能会使市场化工具治理下的公共服务在利润最大、成本最小的驱动下,忽略社会责任和公共利益。企业对不具有经济效益的公共服务巧取规避,而只进行有利的事项,其所提供的公共服务无法满足社会的公正性与社会外部利益。此外,市场化工具的应用初衷是减少政府的作用,但是当政府一再降低成本而出现不作为的现象后,就有可能导致公共责任的弱化甚至缺失,政府部门以外的其他竞争主体承包的只是服务,公共部门能够使服务市场化,却不能把社会责任、社会使命一并转让,政府仍然是维护社会公平、保障政治稳定的主体。[1]

(2)容易滋生腐败现象。因法制不健全等原因,市场化工具的应用给政府官员和服务承包主体之间留下了更多的交易机会,为不法的官商勾结提供了便利条件。[2] 如果没有确立有效的监督机制,缺少对市场化工具的适当控制,市场过度自由化的结果会导致私人垄断现象的出现,当私人垄断取代公共垄断时,带给公众的伤害会更加严重。比如,目前合同外包工具已在政府业务中得到广泛应用,其在提高行政效率的同时,也出现了部分官员依靠权力进行寻租的行为。

(3)诱发社会不公平。市场化的理念是坚持"顾客导向",因此可能引发公平问题。在公共服务转至民间企业后,使用者的付费能力将决定其获得服务的数量和质量,而对于付费能力低者或无能力付费者,往往

---

[1] 王雁红:《公共服务合同外包中的政府责任机制:解构与重塑》,《天津社会科学》2016年第6期。

[2] 王炳权:《扭曲的权力观是滋生腐败的心理诱因》,《人民论坛》2018年第24期。

只能得到较低等的服务。① 长此以往会导致不公平现象的出现，进而形成公共服务的等级化。

（4）给市场监管带来新的挑战。在市场化过程中，旧的监管体制和监管机制已经不能适应市场化发展的需要，存在诸如地方市场监管体制冗杂、部门法律法规互相冲突、行政执法的信息化治理能力弱等②问题，这些问题会加重基层监管机构的负担、降低市场监管效率、弱化市场监管执法，甚至影响政府的信誉和权威。

2. 市场化工具的优化建议

当今社会发展突飞猛进、经济快速发展、民众需求多元化等都要求市场化工具的适应性要加强。市场化工具的适应性是指，市场化工具的选择、应用不仅要适应当时的环境和客观要求，而且要随着环境和客观实际的变化而不断变化。因此，在建立和运用市场化治理工具的时候，应当根据具体国情和政府治理的实际情况，重点把握以下几个问题。

（1）加快政府职能的转变。治理工具的选择，意味着治理方式、治理手段的转变，因此需要重新定位和归位政府的职能，改变政府直接兴办公共基础设施的局面，遵循和利用市场经济规律，组织协调各方的力量共同去办。同时政府不要成为市场竞争的主体，而是要从垄断行业的经营者转变为组织管理者，与企业建立一种新型的伙伴关系，以确保市场竞争的公平和效率。总之，政府要充分利用市场机制，因为市场机制是改善政府绩效的有效手段。通过引入竞争机制，利用市场配置资源，提高公共物品的配置效率和公共服务的质量，同时通过市场力量改造政府，以提高政府的工作效率和充分利用资源的能力。

（2）加强法律、法规和规则的制定。首先，系统破除市场经济法律制度的资本歧视性。在平等资本观的要求下，迫切需要改革的制度就是市场准入规章制度，因为其直接决定资本能否进入被规制的行业范围。如果准入规制使用不当，极易发生对市场自由竞争的干扰和损害，并因

---

① 王建：《我国政府治理中市场化工具的选择与应用》，山东师范大学硕士学位论文，2013年。

② 王健、王鹏：《新一轮市场监管机构改革的特点、影响、挑战和建议》，《行政管理改革》2018年第7期。

公权力在准入规制创设过程中的扩张而诱发寻租行为。其次，需要进行《反垄断法》的制度改进。《反垄断法》在特殊行业中构建了一种国有资本的一元化规制框架，从而构成了非公资本进入这些特殊行业的壁垒，为各特殊行业的特殊立法产生了不好的示范效应。另外，还需要对行业规制立法体系进行清理与修正，同时还要构建防范国有资产流失的法律体系。①

（3）创造良好的市场竞争环境。应用市场化治理工具的核心是引入市场机制。凡是法律没有禁止的、能够利用市场来运作的，都要向市场开放，依靠市场机制来实现资源配置的最优化。因此，政府要建立和维护统一、开放、规范、有序、有信用和公平竞争的市场秩序，使各种经济成分和经济组织在"公平、公正"的基础上参与市场竞争。另外，还要注意处理好政企关系。新型政企关系强调：内外部环境共同促进的变革动力；企业的参与型变革；市场与政府作用机理的重新配置；减少发展束缚，推进简政放权；扶持小微企业，实现创新驱动；强调环境承载能力，倡导绿色发展。② 市场机制下，建立良性健康的政企关系有利于实现政府与企业之间的良性互动。

（4）推进国有企业改革。实施市场化治理，即使是在市场经济十分发达的国家，国有企业也是政府进行宏观调控、弥补市场失灵的有效媒介。为适应市场化需求，国有企业需要始终坚持所有权改革、坚持公司化改革，在改革的过程中要遵从国有企业制度改革的内在规律，排除一切干扰，为国有企业混合制改革营造更好的外部环境；而且混合制改革不能一刀切，应该在充分调研、确保国有经济主导地位的前提下，根据国有企业不同行业等情况实施分类改革；同时，营造更加公平、无歧视的市场环境，尤其是公平的、无歧视的金融市场环境，激发更多民营企业参与到国有企业混合制改革中来；最后还要注意推行员工持股以保障

---

① 段宏磊、刘大洪：《混合所有制改革与市场经济法律体系的完善》，《学习与实践》2015年第5期。

② 彭向刚、周雪峰：《论新型政企关系下的政府规制——挑战与要求》，《学术研究》2016年第3期。

劳动者利益。①

（5）打破行政性垄断。破除行政性垄断，本质上就是要处理好政府和市场的关系。为此我们要正确理解和看待反行政性垄断，只有打破行政性垄断，才能使市场在资源配置中起决定性作用，同时可以促使政府更好地发挥作用，助推国家治理体系的现代化。深化打破行政性垄断工作，首先，应该将竞争政策基础地位法治化，以反映党和政府有关市场和政府关系改革的最新成果和理念；其次，将公平竞争审查制度纳入立法，既能使我国反垄断法立法与现阶段国情相适应，又能彻底实现反垄断法预防垄断行为的立法目标；再次，明确《反垄断法》与其他法律法规的关系，将《反垄断法》确立为市场经济基本法，而不是普通的一般法；最后，明确反行政性垄断的执法权归属于反垄断执法机构。②

第二节　社会化工具

同市场化工具一样，社会化工具也是基本的政府工具之一。本节将从基础理论、基本类型、使用过程中的问题和对策三个方面系统地对社会化工具进行介绍。

一　社会化工具概述

社会化工具的理论产生于西方政府改革中的政策工具思想，并于20世纪90年代被引入中国，是政府管理手段中必不可少的一部分。随着中共十八大社会治理理念的提出，社会化工具的重要性进一步加深，社会治理创新成为国家治理体系创新的重要组成部分。

1. 社会化工具的内涵

陶学荣、莱斯特·M.萨拉蒙以及楚明锟在对政府工具的归纳中涉及了社会化工具的内容。陶学荣把政府政策工具划分为经济性工具、行政

---

① 刘澜涛：《改革开放40年我国国有企业改革历程与未来展望》，《价格月刊》2018年第10期。

② 时建中：《打破行政性垄断使市场在资源配置中起决定性作用——纪念〈中华人民共和国反垄断法〉实施十周年》，《价格理论与实践》2018年第8期。

性工具、管理性工具、政治性工具和社会性工具五类，他认为社会性工具是指政府利用社会资源，在一种互动的基础上来实现政策目标的方法，如社区治理、个人与家庭、志愿者组织、公私伙伴关系等。① 在萨拉蒙列举的13种政策工具中，合同承包与社会管制可以被认定为社会化的政策工具。② 楚明锟将公共管理工具根据市场化特征划分为市场化工具和非市场化工具，他认为非市场化工具是指政府利用非市场的手段配置资源，即利用企业管理的方式和社会资源，吸收企业管理和社会管理的经验，实现公共管理目标，借此达到提供公共物品和公共服务目的的具体方式③。

2. 社会化工具的特点

（1）目标公共性。社会化工具的使用强调效率、公平和利益共享，而不是简单追求效率或照顾某一群体的特殊利益，它希望达到一种"善治"的治理状态。④ 治理目标的多元化和公共性，可以将不同民众的需求意愿转化为有效的政策选择，将多元的社会利益转化为统一的行动。

（2）主体多元性。社会化工具的使用强调主体的多元化，包括政府、社会组织、自治组织、部分私人部门以及直接参与公共生活的公民都将成为新的治理主体。他们在社会公共事务治理中扮演不同的角色，通过彼此间的分工与协作、沟通与配合，结成社会治理的立体性交叉网络。⑤ 社会治理网络作用的发挥，也需要多个行为主体的自觉互动，在互动过程中，各个行为主体结成平等互助的合作关系，促使各方主动参与治理，最终实现利益共享。

（3）地位平等性。社会治理中应当遵循发展的共同体思维，多元化的社会治理主体虽然承担着不同的社会治理任务，但他们都是服务社会的共同体。所有的社会共同体，共同参与社会治理，不管其组织和物质

---

① 陶学荣：《公共政策学》，东北财经大学出版社2016年版，第170—173页。
② ［美］莱斯特·M. 萨拉蒙：《政府工具：新治理指南》，肖娜等译，北京大学出版社2016年版，第16—17页。
③ 楚明锟：《公共管理学》，河南大学出版社2013年版，第262—265页。
④ 俞可平：《全球治理引论》，《马克思主义与现实》2002年第1期。
⑤ 丁茂战：《我国政府社会治理制度改革研究》，中国经济出版社2009年版，第54页。

方面有如何大的差别，它们在社会关系、社会生活中处于同等的地位，具有相同的发展机会，享有同等的权利。

（4）互动协商性。社会化工具的使用强调发挥多主体的共谋作用，在更加规范科学的规章制度的引导之下，鼓励参与者在沟通协商的环境中，形成符合民众整体利益的社会政策，谋求社会整体发展。社会治理强调权力的平行化与制度的规范化。通过适当的赋权与制度的约束，实现治理主体的主动有效参与，依靠集体力量解决社会矛盾，并为民众提供更丰富的公共产品和服务。①

（5）合作导向性。社会化工具在使用过程中强调合作。社会共同体在管理社会中的平等性决定了社会管理必须有合作意识。社会管理是以社会为对象的，也是以社会成员为主体的，因此社会管理的基本手段应该是协调而不是强制。② 但我们社会中常讲的管理更多的是自上而下的管理，缺乏合作也缺乏协调和协商。随着社会管理的回归，管理的理念要从管理向合作转变。回归社会的管理，不是一种居高临下的管理，而是一种人与人、社会和社会之间的合作。③

3. 社会化工具的作用

（1）促进社会自治。要实现良好的社会治理，既需要强有力的社会管理，更需要高度的社会自治。当政府不能有效地调节其管辖范围之内的人力和物质资源的配置时，政府存在的不足就会使社会自治在所有方面都显得非常迫切和必要。④ 非政府组织、社区等都是新兴的社会自治体，它们的出现将改写社会治理体系的结构。⑤

（2）促进合作治理。目前我们已经进入后工业化的合作社会，与其相适应的将是一种合作治理模式。社会治理的主体多元化使合作治理获

---

① 向德平、苏海：《"社会治理"的理论内涵和实践路径》，《新疆师范大学学报》2014年第6期。
② 杨雪冬：《走向社会权利导向的社会管理体制》，《华中师范大学学报》2010年第1期。
③ 蒋德海：《社会治理回归社会路径研究》，知识产权出版社2015年版，第103—104页。
④ [美]沃尔特·W.鲍威尔、保罗·J.迪马吉奥：《组织分析的新制度主义》，姚伟译，上海人民出版社2008年版，第268页。
⑤ 张康之：《合作的社会及其治理》，上海人民出版社2014年版，第163—166页。

取了产生的条件,同样合作治理作为一种新型的社会治理模式正在生成而使社会主体呈现出多元化的发展趋势。随着多元化主体的参与和社会化工具的使用,合作治理模式将得到进一步的推广和应用,进而有助于形成共建共治共享的社会治理新格局。

(3)缓解技术控制。近代以来的社会治理是一种职业活动,把社会治理体系营造成建立在专业知识基础上的封闭体系,实施着社会治理的技术垄断。但是在后工业化的过程中,技术控制的消极效应日益彰显。实际上,当人类的社会治理建立在合作制组织的基础上时,技术控制也就完全失去了合理性,从而被人们所抛弃[1]。而合作制组织参与社会治理的主要方式之一就是利用社会化工具,所以从这个角度来讲,社会化工具具有缓解技术控制的作用。

(4)弥补市场缺陷。经济的快速发展带来了民生问题、社会公平正义问题、社会矛盾等一系列社会问题,这些都是市场缺陷的主要表现形式,因此这些问题的解决不能依靠市场力量而是在亟待社会治理行动的同步推进。社会治理能够还权于社会,激发社会活力,使社会组织参与社会治理,同时各治理主体通过社会化工具的使用实现合作治理,从而保障和改善民生、促进社会公平正义、预防和化解社会矛盾、确保公共安全,对于加强党的领导、构建和谐社会、实现国家治理体系和治理能力的现代化都有着非常重要的意义。[2]

二 社会化工具的基本类型

当前以政府为主体提供公共物品和服务的局面被逐步打破,个人、家庭、社区、企业等在社会发展中的作用日益凸显,使得社会化工具在当代公共部门的应用中得到不断深化与发展。本节将介绍几种主要的社会化工具,具体包括社区治理、社会组织、社会工作者、个人与家庭、志愿者服务以及公众参与等。

---

[1] 张康之:《合作的社会及其治理》,上海人民出版社2014年版,第226—229页。
[2] 江必新、李沫:《论社会治理创新》,《新疆师范大学学报》2014年第2期。

1. 社区治理

社会治理是以社区为基础,社区居民及其依法成立的自治组织,通过协商谈判、协商互动等方式对社区内的公共事务进行治理的一种政府工具。社区治理强调社区治理主体的多元化与社会治理方式的多样化,多元主体在社区治理中以公开讨论、平等协商、沟通谈判及妥协互让等多样化方式反映公共利益诉求、实现公共利益分配等是社区治理的重要特征。①

社区治理作为一种政府工具,在社会发展中发挥着重要作用。第一,可以充分利用社区的各种资源,从而减轻政府的财政负担;第二,有利于调动社区居民的积极性,促进社区的文化、生态文明的建设。就具体方式来讲,社区治理可以开发和利用社区文化资源、人力资源等,在社区通过建立各种敬老院、福利院等设施,对老年人、儿童等实行社区照顾;可以组织社区居民不定期地参加保护环境清洁卫生工作,可以利用社区力量加强社区治安管理等。但社区治理也有其局限性,因而在社会发展中只能作为一种辅助性工具来使用。

2. 社会组织

社会组织又称非政府组织,主要是指那些具有一定的社会公共性,同时又承担一定的社会公共职能以及代表一些群体的共同利益的组织。社会组织的产生,其动力来源于功能群体的出现,以及群体正式化的趋势。在社会的演进过程中,一方面,功能性群体自然演化成了正规的社会组织;另一方面,一些社会群体的正式化,也造就了组织的形式。② 20 世纪 80 年代以后,社会组织在国际上的地位日益凸显并得到了蓬勃发展。在当前中国,学会、研究会、协会、基金会等都可以称为社会组织。

作为一种社会化工具的社会组织具有非营利性、非政府性以及社会性等属性,而且在现代社会里,人类的经济、政治和社会需要,大部分是通过社会组织来满足的。所以说,社会组织在整个社会的发展过程中发挥着强大的功能,具体表现为:一是动员和整合各种社会资源的功能;

---

① 程彬:《基层民主协商制度研究》,上海人民出版社 2015 年版,第 146 页。
② 蔡建飞:《生产与运作管理》,东北师范大学出版社 2012 年版,第 2 页。

二是提供各种社会服务及一定公共服务的功能；三是建构和增值社会资本的功能；四是推进公民参与和社会治理的功能；五是表达公民诉求、维护公民权益并进行政策倡导的功能。①

3. 社会工作者

社会工作者是遵循社会工作的价值准则，运用社会工作专业方法，从事社会职业的人员。其基本特征如下：一是认同并遵循社会工作价值准则；二是从事社会福利服务的人员，而非行政官僚；三是掌握一定的社会工作专业方法；四是在一定的组织框架内开展职业性的助人活动。②

社会工作者在社会政策的制定、执行及反馈过程中具有重要作用。首先，社会工作者作为政策的倡导者，凭借其专业知识和职业背景，对社会问题有着较一般人更为深刻的研究和较为全面的把握，能在社会政策制定过程中提出意见和建议；其次，作为政策的实施者，可以把政府制定的社会政策转化为具体的社会服务，并把已经转化的具体社会服务提供给社会政策对象；最后，作为政策的评估者，社会工作者可以在社会政策评估中扮演收集资料、分析资料、提交评估报告等角色，更好地反馈出社会政策的实施效果。③ 从具体领域来看，社会工作者的工作涉及社会救助、婚姻家庭、残障康复、禁毒戒毒、应急处置等二十多个领域，社会工作者已经成为社会治理工作的一支生力军。

4. 个人与家庭

在社会发展中，个人和家庭作为重要的主体，提供了无数的物品和服务。对于政府来讲，往往也会有意识地来扩展个人与家庭在达成政策目标上的作用。

个人主要是通过一些最基本的个人服务方式或个人服务行为来满足自身需求，而家庭作为一个服务单位，主要是在住房、健康、教育、福利、养老等方面发挥作用，为家庭成员提供服务。

作为一种社会化工具，个人与家庭具有其独特优点，它可以弥补政

---

① 王名：《社会组织论纲》，社会科学文献出版社2013年版，第99页。
② 沈光辉：《社会工作概论》，中国社会出版社2014年版，第20—21页。
③ 蒋传宓：《社会工作政策法规》，中国轻工业出版社2014年版，第23页。

府某些方面的不足,做好一些政府无法做或做不好的事情,减轻政府的负担。同样,个人和家庭也只能作为一种辅助工具来使用。

5. 志愿者服务

志愿者服务一般是指志愿者组织和志愿者服务社会公众生产生活、促进社会发展进步的行为,或者说,志愿者服务泛指利用自己的时间、技能、资源、善心为邻居、社区、社会提供非盈利、无偿、非职业化援助的行为,其范围主要包括:扶贫开发、社区建设、环境保护、大型赛会、应急救助以及海外服务等。①

在我国,志愿者服务作为一种社会化工具的地位和作用将日益重要,这主要是由其自身特性决定的。志愿者服务具有志愿性、无偿性、公益性、组织性等特性,这也决定了志愿者服务在使用的时候具备以下优势:其一,志愿者服务具有灵活性和针对性,能够快速确认并且满足服务者的需求;其二,志愿者服务提供的是一种低成本的、可靠的服务;其三,志愿者服务提供的一些公共服务可以减轻政府的财政负担。同时,志愿者服务在使用的过程中也有其局限性,容易蜕变成准官僚机构而降低其效能效益。

6. 公众参与

公众参与通常又称为公民参与、公共参与。公众参与就是公众试图影响公共政策和公共生活的一切活动。从实际活动来说,公众参与泛指普通民众为主体参与、推动社会决策和活动实施等。公众参与作为一项衡量现代社会民主化程度和水平的重要指标,参与主体可以是社会群众、社会组织、单位或个人等,参与领域(中国公众)体现在立法决策层面、政府管理层面和基层治理层面三方面,公众参与的形式多种多样,例如直接选举、全面公决以及公共决策听证会等。

公众参与作为一种政府工具,在促进公民参与、表达利益诉求、提高行政公开透明度方面具有积极作用。公民参加决策过程,能够有效防止和化解各主体间的矛盾与冲突,从而加快推进中国公共决策体制的变革,实现社会公正及社会和谐。

---

① 楚明锟:《公共管理学》,河南大学出版社2013年版,第267—269页。

三 社会化工具的辩证思考

每一种社会化工具在应用的过程中都有其独特的优势，同时也存在一定的局限性，这也是在选择使用社会化工具时应认真考虑的问题。

1. 社会化工具的局限性

（1）制度不够完善。社区治理方面，与社会管理体制改革相适应、以增进社区社会资本为目标、以构建多元治理主体合作和互补机制为重点的城市社区治理体制机制尚未建立①，社区治理制度尚不完善。志愿服务方面，由于规范、引导、监督志愿服务的制度还存在很多不足，这就使得志愿服务的发展缺乏一个基础性的制度，也导致志愿服务发展会面临很多无法克服的瓶颈问题。公众参与社会管理方面，缺乏制度规范的有效支撑。尽管我国法律、法规等规范性文件明确了公众参与社会治理的主体资格，但由于缺乏具体的制度设计，相关的保障机制不够健全，公众很多时候只能选择非制度性渠道来影响决策制定。

（2）信息不尽透明。信息不透明带来的直接后果就是社会组织的社会公信力不足。在社区治理时，由于财务信息公开透明度低，社区管理人员在处理非盈利活动的结余资金时，往往会出现私自处置和使用的现象，财务信息的不透明降低了社会对非营利性组织的信任度。志愿服务方面，以我国"郭美美事件"为例，该事件折射出我国慈善组织的运作模式和财务信息不够透明。慈善捐款最终去向不明，甚至一些捐款被挪作他用，一些慈善捐款到底募到多少钱，谁捐的，最后使用在了什么地方，可能成了一笔糊涂账，这些现象的存在，降低了我国慈善事业的社会公信力。

（3）组织结构较为松散。在社区治理时，由于社区社会组织的发展处于初级阶段，普遍存在经费和场地的缺乏、服务队伍不稳定、组织的基础力量较为薄弱等问题，所以大多数社区组织是松散型的。在志愿者服务时，志愿者和志愿者组织参与组织活动具有志愿性，即在其活动中

---

① 陈燕、郭彩琴：《中国城市社区治理——困境、成因及对策》，《苏州大学学报》2016年第37期。

带有显著的志愿参与的成分,并且组织的工作人员是基于共同的信念、目标和兴趣而联系在一起的,所以其志愿性决定了组织具有一定的松散性。

(4) 主体动力不足。社区在治理中会出现主体缺乏合作能力,无法达成共识,难以顺利合作。在社区自治网络中各个主体的社会权力不足,特别是在与业主委员会、物业公司互动的过程中,可能出现权力过度化的问题,社区公共空间难以真正发育。同时,社区居民缺乏社区共同体的主人翁意识,未将参与社区服务作为生活的一部分,也未将接受社区服务视为自己必不可少的权利。在志愿服务时也会出现主体动力不足的问题。当前诸多实践表明,形式化、运动化、行政化的志愿服务容易降低其本身的价值,打消参与者的志愿热情。① 对志愿服务参与者而言,一项活动如果没有实现自我价值、自我成就、自我提升、自我发展,个人很难保持持续不竭的参与动力。公众参与方面,当前公众对于参与社会治理确实热情不高,积极性较低。例如,在我国公众参与政府绩效管理时,公众认为参与政府绩效管理往往是一种"走过场",参与并不能带来实质性的影响,公众投入的成本与获得的收益不对等,公众参与绩效管理动力严重不足,这些都是由于政务信息的不公开、评估过程的封闭性而导致的。

2. 社会化工具的优化建议

(1) 建立和健全规章制度。首先,要完善多元化的治理主体参与社会治理的制度条款,当发生问题时能够按制度办事,做到有据可依,这样多元化的社会主体在参与社会治理过程中的诸多问题才能得到有效解决。其次,要加快制定多元化的治理主体参与社会治理方面的法律法规和相关政策,例如对非营利组织的性质、地位、服务宗旨、设立程序、运作机制、项目开发的方式、资金、人员管理、职业道德规范、法律责任等问题做出明确规定,形成比较完备的法律法规体系,以规范非营利组织的行为,并为其健康发展提供制度和法律上的保障。

---

① 孙宁华:《公民参与志愿服务的道德困境与出路》,《学校党建与思想教育》2015 年第 15 期。

（2）提高信息透明度。信息公开化、透明化是提升社会组织社会公信力的重要途径，是实现其健康、可持续发展的重要保证。政府应出台具有法律约束力的全国性信息公开标准，细化信息公开的范围，具体信息公开的方式和程序，规范财务报告的年审制，完善信息披露的监督和保障。同时通过建立信息公开披露平台，根据及时准确、方便获取、规范有序的原则，做好信息公开工作，保障社会公众的知情权、监督权，使广大利益相关者全面了解不同的社会组织的运行状况。

（3）加强服务能力建设。首先，为社会组织的发展提供必要的财政支持。政府应将各个组织承担的由政府转移出来的生活保障和社会福利服务项目列入公共财政开支，纳入财政预算，根据各个组织所提供的公共服务项目及其成效，不同程度地给予其必要的财政支持，同时开展各种专业技能的培训，建立组织成员的培训机制，提升服务人员的服务质量。其次，明确社会组织使命，构筑共同价值观和组织文化的坚实基础，在共同的价值观和组织文化的驱动之下，促成组织和个人的目标和价值的实现。

（4）加强主体精神与参与精神。首先从各个协同治理的主体入手，通过简政放权的方式让社会治理的每一个重要单位发挥其应具备的治理能力，承担其应肩负的社会责任，提供其应享有的社会地位，给予其应得到的政策帮助，让它们更好地服务大众社会，更好地整合社会资源，更好地加强队伍建设，充分发挥各治理主体的积极性。其次，充分发挥基层协同治理的作用，营造团结合作、民主协商、群众参与的协同文化氛围，让公众更积极地参与到社会协同治理的活动中去，培育公众的主体精神与参与精神。

第三节　道德教育工具

道德教育具有明显的工具性特征，在构建和谐社会中具有不可替代的重要性，是政府工具中重要的工具。本节主要探讨道德教育工具的基本理论、主要类型及其在使用过程中的局限性及优化建议。

一 道德教育工具概述

1. 道德教育工具的内涵

道德教育自古就有,《史记》中就有记载"天下明德,皆自虞舜始",尧舜时代即以父义、母慈、兄友、弟恭、子孝为内容施教于民,这或许是有文字记载以来我国最早的德教,此时的道德教育已经上升为一种统一思想的政治工具。众所周知,孔子十分重视道德教育,他说:"道之以政,齐之以刑,民免而无耻,道之以德,齐之以礼,有耻且格。"宋代理学家朱熹认为:"圣贤所以教人为学之意,莫非使之讲明义理,以修其身,然后推以及人。"此二圣贤之论述亦成为中国传统儒家道德教育思想之核心,讲究个体道德自觉和道德规范教育相结合,最终以期达到经世致用的工具性目的。而在西方,古希腊时期的众多哲学家都十分重视道德教育。德谟克利特指出,用鼓励和说服的语言来造就一个人的道德,显然比用法律和约束更能成功①。近代康德在他的伦理学说中强调要以人自身为出发点进行道德教育,并系统地提出了相应的道德教育原则和方法。法国哲学家爱尔维修也把每个人身上的才能和美德看作教育的产物。他认为教育使人克服愚昧无知,发扬理性,道德教育使人去恶从善。通过教育可以改变社会制度,改造人的道德品质。而这些传统道德思想后来都逐渐沦为统治阶级手中的政治工具。

道德教育是道德活动的一种重要形式。道德教育的目的在于使一定社会或阶级的道德原则和规范转化为人们的内心信念和道德品质,培育道德理想人格。②道德教育工具是道德活动的一种工具化方式的体现,它是一定社会或阶级倡导下,为使人们接受和遵循其道德规范的要求并自觉履行相应的道德义务,有目的、有计划、有组织地对人们施加系统的道德影响的活动。政府道德教育指政府所承担的加强公民道德建设的职能活动。它是通过教育的手段,以道德的说服、劝导与践行影响来提高社会成员的思想道德觉悟,使人们自觉遵守各种行为规范。政府道德教

---

① 周辅成:《西方伦理学名著选辑》(上卷),商务印书馆1964年版,第80页。
② 赵兴宏:《伦理学原理》,辽宁人民出版社2006年版,第431页。

育责任的践行促进了全社会公民道德素质的提高,也进一步丰富了道德教育工具的内涵。

2. 道德教育工具的特征

道德教育工具在规范人们社会行为过程中发挥着巨大的作用,其主要特征包括以下五个方面。

(1)行为规范具有非制度化。道德是人们在长期的共同生活过程中逐渐积累形成的共同认识、要求、愿望,在很大程度上是一种约定俗成的东西。它作为行为规范并没有制度化,没有所谓"白纸黑字"的硬性规定。道德规范人们行为的特点是通过社会舆论、良心、风俗习惯、礼仪、榜样感化等方式,使行为主体形成一种有关善恶的认识、情感和信念,从而在个人行为中自觉地履行对社会和他人应尽的责任和义务。

(2)教育手段具有非强制性。道德不具有也不使用强制手段。道德规范人们的行为主要以社会舆论压力和良心觉悟等作为一种"软调控"手段,它不具有强制的能力。它在发挥对人行为的规范作用时,主要的是靠人的心灵觉悟。

(3)教育作用具有内化性。道德教育必须内化才能发挥行为规范的作用。道德只有在一个人真心诚意地接受,并将其转化为个人的信念时,才能发挥其作用。道德在个体身上内化为一种特殊的道德意识,使个体形成特定的意识和需要、促使个体形成善良的行为动机和行为目的,从而引导人们去自觉遵守社会的道德规范。

(4)教育路径具有双向性。政府道德教育路径的双向性是指社会角度的"自上而下"和"由下而上"双向治理与个体角度的"对他人治理"和"受他人治理"双向治理的统一[①]。如果缺失了双向治理,仅用单向治理会导致道德教育的失衡。

(5)教育过程具有持续性。政府道德教育过程的持续性是指突出道德问题的解决不能依靠由某个道德教育活动来解决,而是要有一个长效机制才能根治的长期持续治理过程。这主要是由道德问题的反复性和潜伏性决定的。

---

① 叶方兴:《论道德治理的限度》,《中州学刊》2015 年第 2 期。

3. 道德教育工具的作用

实行道德教育，以德治国并不是要把权力集中在某一个人或者某一群体手中，而是对公民的公共生活提出了道德要求，旨在形成社会道德自觉，①它是对于法治的有益补充，更是法治推行的伦理条件。具体来说，道德教育工具具有以下三个方面的作用。

（1）净化人之内心，增强民众的道德责任感。道德不仅是一种社会规范，还是一种冲突预防机制，该机制能经济地预防冲突的产生。②道德预防冲突的发生不是依靠强制性手段，而是通过道德教育的手段，以其说服力和劝导力来影响和提高社会成员的道德觉悟，使人们自觉地遵守这些行为规范。道德诉诸人们的"良心"，诉诸人们内心的"道德信念"，要具有"说服力"。它能够在潜移默化中，改变人的性情和气质，改变社会的风气，形成某种道德的氛围。这种社会舆论，一旦同内心信念相结合，就能净化人之内心，使其增强道德责任感。

（2）构建道德理想，引导民众自觉遵守社会道德规范。道德作为行为主体内心的评判法庭，在规范人们的社会行为中起着极为重要的作用。道德对个人行为调控的基础在于个人的内心。如果说法律使人产生一种畏惧感，使人们不得不服从法律规范的话，那么，道德教育则着眼于对行为主体内心深处趋善避恶本性的挖掘。道德教育具有对个人的思想和行为进行认识、指导、反省、评判、纠正的功能。道德意识一旦形成之后，个体不需要任何外在力量的强制，就能长期地自觉按社会道德的要求行事。当道德规范与个体认识协调一致时，社会道德原则与个体道德需要互为表里，构成内在的道德理想。此时人们对道德的价值、意义已经有了深刻的认识和把握，内心已经形成强烈的道德责任感，并且已经具备了较强的行为评价能力和自我控制能力，道德行为不再仅仅是"必须做"的事情，而是"我要做"的事情。

（3）弥补法律缺漏，引导民众遵纪守法。道德在一定程度上起到弥补法律漏洞与空白的作用，道德能够渗入法律所进入不了的领域并调整

---

① 李建华：《论德治与法治的协同》，《湖湘论坛》2017年第5期。
② 王淑芹、刘畅：《德治与法治——何种关系》，《伦理学研究》2014年第5期。

人们的行为。在日常生活中，有的人面对法律的制裁并不畏惧，但顾忌社会舆论的谴责，此时，道德就发挥了弥补法律欠缺的作用。在特定地区，比如在农村社区，道德甚至还发挥着法律难以替代的社会调节作用。与此同时，道德教育能够促进法治的发展与进步，因为道德领域的东西经过实践与不断地发展，最后很有可能上升到法律层面，从而促进法律的更新与完善①。在立法时要注意法律的道义基础，把一些最重要、最基本的道德要求，直接纳入法律法规中；同时，道德建设特别是道德教育要把遵纪守法作为社会主义国家公民的最基本的道德要求提出来，使法治和德治能够相互渗透、相辅相成，更加紧密地结合在一起。

二 道德教育工具的类型

道德教育作为一种政府工具，有多种类型可供政府部门在实践中灵活运用，具体可分为爱国主义教育、思想政治教育、职业道德教育、生态道德教育、优良传统道德教育等。本节主要介绍常用的爱国主义教育、思想政治教育和职业道德教育。

1. 爱国主义教育

任何民族的繁荣、国家的富强，都源于爱国主义产生的不竭动力，爱国主义是一个民族、一个国家凝聚人民的重要精神纽带和引领人们团结奋斗的光辉旗帜。自人类社会进入阶级社会后，人类产生了民族和国家的归属感。人们在自身的生命历程中，渐渐了解到自身与国家是生死相依、血脉相连的依存关系，逐渐认识到国家的政治、经济、文化、社会环境是自己生存、发展、完善的必要条件，就会对自己的国家产生一种归属感和认同感，进而产生一种眷恋、依赖和忠诚的情感。这种情感经过世代人民的不断升华，最终沉淀成为一种称为"主义"的爱国情感即爱国主义。爱国主义是一个不断由低层次向高层次深化的过程，表现为对国家的整体挚爱的情感，经过实践的磨砺和升华，能够上升到一个更高的境界，成为一种更高层次的爱国主义情感，它集中体现为民族自

---

① 宋荧荧：《浅谈法治与德治》，《法制与社会》2017年第4期。

尊心、民族自信心和民族自豪感①。爱国主义教育，包括民族精神教育、关心祖国前途和命运的教育、推动祖国繁荣和进步的教育、爱国行动教育等。② 政府部门在运用爱国主义教育这一工具时，应当高度重视国家历史文化的作用，激发民众内心的民族自尊心、民族自信心和民族自豪感。在实践中，政府往往依托物质载体，如建立爱国主义教育基地、开发爱国主义教育课程体系、出品爱国主义系列宣传作品等，从而使得每一位社会成员都能得以无门槛便捷地接触这些资源，并从中汲取精神力量。这些物质载体是爱国主义教育的根基，社会成员可以清晰地沿着历史的脉络摹写国家和民族的历史进程。在这个"摹写"的过程中，社会成员的民族自尊心、民族自信心和民族自豪感得以建立和巩固，并在思维碰撞中螺旋上升，从而使得社会成员的爱国主义情感得到真正的凝聚和升华。

2. 思想政治教育

思想政治教育是指政府用一定的思想观念、政治观点、道德规范对公民施加有目的、有计划、有组织的教育影响，使公民形成符合一定社会或一定阶级所需要的思想品德的社会实践活动。思想政治教育具有多种特性，但根本特性始终是政治性，离开政治性谈思想政治教育则与智育、美育无异③。思想政治教育内在地要求政府部门在运用思想政治教育工具时要坚持问题导向，为国家治理和政府行政服务。开展思想政治教育，要求政府部门组织建立具备一定思想政治教育理论水平与实践经验的人才队伍，建立健全思想政治教育制度体系，确保思想政治教育成果高效高质。

在中国现阶段，思想政治教育是以马克思主义思想为体系，用共产主义信仰和社会主义道德教育人民，提高人们的思想道德素质，为全面建成小康社会而努力奋斗的实践活动。政府自上而下学习贯彻马克思列

---

① 吴潜涛：《全面理解爱国主义的科学内涵》，《高校理论战线》2011年第5期。
② 赵义良：《公民教育与思想政治教育的内涵界定与辨析》，《思想教育研究》2017年第11期。
③ 沈壮海：《论思想政治教育研究的新范式与新形态》，《思想政治教育研究》2007年第2期。

宁主义，弘扬社会主义核心价值观，时刻警惕资本主义颜色革命的危险。各级各类学校采取了政治课、品德课、马克思主义理论课、校园文化建设等多种形式，帮助青少年学生树立正确的世界观、人生观和价值观。① 中国共产党中央办公厅于2013年印发的《关于培育和践行社会主义核心价值观的意见》是政府加强公民道德教育的行动指南，旨在培育公民的社会主义核心价值观，并采取感动中国人物系列评选活动、全国道德模范系列评选活动和制作"主旋律"影视作品等社会成员喜闻乐见的形式，在社会上形成良好的舆论环境，引导社会成员积极改造世界观、人生观和价值观。强化社会成员权利与义务意识，使得社会成员积极参与到全面建成小康社会的实践之中。

3. 职业道德教育

根据职业道德教育实施环境不同，职业道德教育可分为政府内部的公务员职业道德教育和政府外部的各行业职业道德教育。从政府内部的职业道德教育来看，公务员是治国理政的主体，承担着管理国家事务和社会职务的重要职能，公务员职业道德状况直接影响着政府部门的各项决策部署的落实②。公务员作风好坏决定了政府部门的形象，影响着政府与公民之间的联系。加强公务员职业道德建设，不断提高公务员职业道德素质，对于提升政府公信力，增强政府治理能力具有重要意义。在政府管理实践中，政府通常从制度建设、人才选拔、培训考核和监督检查几个方面强化公务员职业道德教育。从政府外部的各行业职业道德来看，各行业职业道德教育受众多元，其目的在于引导各行业从业人员遵守诚实守信、爱岗敬业等基本职业道德。因而政府在进行外部职业道德教育的过程中需要通过多种有效方式来确保政府外部的道德教育的高效实施。在政府管理实践中，政府往往牵头成立行业协会等非政府组织或其他社会组织，或直接举办赛事活动开展技能评比，通过一系列的组织机构和活动机制来鼓励社会成员学习和践行职业道德。百业兴而

---

① 陈万柏：《论思想政治教育载体的内涵和特征》，《江汉论坛》2003年第7期。
② 葛颖：《努力构建公务员职业道德教育长效机制》，《思想政治工作研究》2012年第6期。

国富强，各行业职业素质的提升能为社会经济发展提供源源不断的动力。

在我国，公务员的选拔遵循"德才兼备、以德为先"的用人导向，把任用人选的职业道德水平作为选拔的首要依据，从而引导全体公务员不断加强自身的职业道德修养。同时还建立健全了公务员职业道德监督体系，将公务员的行为规范和职业道德教育与政府部门的廉政建设有效结合，预防腐败行为。中央政府公务员主管部门印发了《关于加强对干部德的考核意见》《公务员职业道德培训大纲》等文件进一步提升公务员职业道德水平。在国际上，英国政府则建立了《公务员行为准则》《议员行为准则》和《部长行为准则》等配套法规和道德准则来规范公务员的职业道德素质。而在我国，各行业职业道德教育主要包括精神文明建设、劳动模范评比、行业技能比赛评选系列活动、社会主义核心价值观等主题宣传活动。活动大多采取从业人员喜闻乐见的大众传媒等方式开展，目的在于提高从业人员的参与度、职业道德提升感，使从业人员在耳濡目染中得到职业道德的熏陶与升华。

三 道德教育工具的辩证思考

当前，道德教育问题已在各国受到前所未有的关注，究其原因是道德在社会发展中地位的重要性与当前世界诸多国家道德缺失的严重性形成了尖锐的矛盾。一方面，道德在当代社会生产和生活中占有十分重要的地位，它直接关系到人类社会的生存和发展。另一方面，当国家处于社会转型期时，利益的多元化、观念的差异化、价值的相异性以及行为的多样性等交织在一起，一定程度上引发了社会道德失范和滑坡，致使许多不道德或反道德的行为屡见不鲜。若社会道德严重缺失，公民便无法得到健康发展。因此，在使用道德教育工具的过程中，必须辩证地看待道德教育工具。

1. 道德教育工具的局限性

（1）网络环境下道德教育工具的引导功能弱化。新媒体在给人类提供的一个前所未有、高度开放的自由空间的同时，也对传统的社会伦理道德准则提出了挑战。① 网络社会提供了独特的"虚拟"电子空间环境，网民以"隐形人"的身份在网上自由操作，他们摆脱了现实社会诸多人伦关系的束缚，极易放纵自己的行为，忘却了社会责任和道德感，出现种种网络道德问题，例如许多色情、虚假、低俗、暴力信息以及不健康的网络游戏等大肆泛滥。网络病毒和黑客入侵等，对于网络信息安全的破坏，是一种违法行为，也是侵犯公众安全的不道德行为。在网络环境下，文化的生成不再单纯依靠主体的精神感悟，反而越来越受到利益的影响。因此，在网上进行道德教育已是当务之急，政府网站特别是有关从事思想政治工作的宣传部门在网上建立强大的德育阵地已是刻不容缓的事情。

（2）新媒体环境制约道德教育工具的功能发挥。随着公众价值观念取向的多元化，以及现代社会文化环境的复杂多变，反衬出新媒体条件下道德教育的现实问题。首先，新媒体从业人员在利益资本的影响下，不再重视为道德教育提供主流价值文化的有效输出。与之相比，他们更加注重的却是资本利益的增长。其次，部分新媒体后台运营人员在利益资本影响下，不仅不发挥群体模范作用，反而利用公众对富有娱乐性和新鲜刺激感的舆论事件的追捧，进行低俗的炒作，甚至出现为迎合公众乐于探求社会负面新闻和敏感事件真相的心理，而对事件本身大肆渲染，发布众多虚假浮夸的垃圾信息。可以说，这种新媒体道德文化风气中的负能量制约着道德教育的功能发挥。再次，由于新媒体的隐匿性和开放性特点，部分公民网络从众心理泛滥、猎奇心理凸显、道德行为理性不足，而道德教育信息也存在质量良莠不齐、信息严重失真和不良信息泛滥等问题②。因而，新媒体条件下道德教育的载体平台搭建、道德教育信息发布渠道建设、受众接收信息反馈通道建设过程的监管仍然存在不足，从而导致道德教育工具无法有效地发挥其应有的作用。

（3）对社会主流价值观的引导不足。现代社会呈现出开放性和多元

---

① 唐琳、徐昕：《新媒体环境下道德教育的实效性研究》，《湖南师范大学教育科学学报》2013年第12期。
② 任建东、邓丽敏：《新媒体接受中道德教育的三大困境》，《伦理学研究》2011年第5期。

化的特征，其多元化的价值文化导致传统社会中相对稳定的价值体系变得多元化、离散化和碎片化。在文化冲突和价值碰撞此起彼伏中，削弱了主流文化和主流意识形态的影响力，多元文化不同程度冲击着主流文化对公民的影响。① 这不仅对公民的政治信仰、理想信念、价值取向以及行为方式等形成了强烈的冲击和影响，还会对当代青年思想政治教育的主阵地形成强烈的冲击和影响。在多元文化背景下，许多人难以抵抗低俗文化、腐朽文化的诱惑，产生了道德价值取向上的扭曲，有些人将拜金主义、利己主义等作为道德准则，这些使社会主流道德文化受到冲击，也给各国公民道德教育带来挑战。② 在多元文化背景下，社会主流价值观淡薄，道德失范现象屡见不鲜，公民道德教育难见预期成效。因此，道德教育工具在面对这些社会特征时就显现出其不足之处，无法较好地引导社会主流价值观。

2. 道德教育工具的优化建议

（1）加强网络道德教育与引导。人们在进行网络活动中，行为主体对行为过程中所涉及的"人际"感淡化，他们似乎面对的只是电脑，而常常忘记他们也是在和"人"进行社会交往，缺乏道德意识。因此，利用网络空间进行的道德教育是一种重要的方式，也是政府一种不可或缺的道德责任。当然，人们网络行动的虚拟性在不同程度上导致其必然放松对自身网络行动的道德自律和约束。这就加大了政府网络道德教育的难度。那么如何加强网上道德教育？概括地说，首先可以倡导由各级政府牵头，建立各级思想道德教育网站，形成全国性的网络教育系统，培养一支既懂思想教育艺术又懂信息网络技术的新型政工队伍，构建新型德育阵地。其次加强对信息网络的引导、监控和管理，在各级网站上加强网络道德行为的引导，防止有害信息对人们思想的侵蚀。最后，着力提高人们的综合素质，增强其自身的抗干扰力和"免疫力"。

（2）优化新媒体道德教育环境。道德教育作为一项关乎社会意识形

---

① 王晓艳：《多元文化背景下公民道德教育的困境与对策》，《学校党建与思想教育》2016年第19期。

② 冯建军、傅淳华：《多元文化时代道德教育的困境与抉择》，《西北师大学报》（社会科学版）2008年第1期。

态的教育活动，它的存在和发展离不开环境的影响。一方面，和平稳定的国际环境与和谐安定的国家环境是道德教育的有力保障，不断弘扬国家各项事业尤其是以新媒体为代表的科技领域的自由、平等、公正、法治精神，是新时期优化道德教育的重要举措。另一方面，新媒体条件下要坚持优化道德教育的周边道德环境，唯有不断优化以新媒体运营和思想政治教育工作为核心的行业环境、以网络流行语为代表的语言环境，传播正能量和价值引导，才能实现新媒体条件下的道德教育的润物细无声。

（3）树立社会主流核心价值观。道德教育作为一项关乎社会意识形态和主流道德价值引导的教育活动，它的存在和发展必须坚持培育正确的社会主流核心价值观，让社会主流核心价值观深入人心。培育和践行社会主流核心价值观，在捍卫主流意识形态、引领先进文化建设、推进国家发展具有十分重要的战略意义[1]，它是面向社会大众的道德教育，同时也是国家道德教育的题中应有之义。在新媒体快速发展的时代，利用政府官方网络互动平台，将社会主流价值观的深远意义传播开来，用一种润物细无声的方式对社会大众进行社会主流核心价值观的熏陶，使更多的群众能够认识并自觉践行社会主流核心价值观，坚定自身在现实、虚拟双重世界的信仰、信念，有利于提高国民的整体道德素质，增强国家软实力，提升国家的凝聚力。

第四节　文化宣传工具

文化宣传工具既是实现国家管理目的的重要方式，同时也是政府提供的重要公共物品。对于政府来讲，文化宣传工具不仅可以帮助政府实现其文化职能，还可以将政府的文化发展理念、发展战略等落实到管理的方方面面。为深入了解文化宣传工具的主要内容，本节将从文化宣传工具的基本理论、基本类型、局限性及发展趋势等几个方面进行分析。

---

[1] 王学俭、李东坡：《培育和践行核心价值观的原则、路径和机制研究》，《中国特色社会主义研究》2014年第3期。

一 文化宣传工具概述

1. 文化宣传工具的基本内涵

正如加拿大学者保罗·谢弗对文化政策的实质所说的：如果把文化发展变为现实需要一个强有力的工具，那么这个工具就是文化政策。它的目标是把文化目标、理想和文化发展的原则转化为可行性的战略、战术、步骤、程序和实践。① 也就是说文化政策具有工具性，而落到具体的操作层面就是文化宣传工具。

从狭义上说，文化宣传工具是文化领域中的公共工具，是政府管理文化领域的重要载体、重要方式和重要手段。政府在综合考虑市场化程度、民主意识、社会文化、科技水平等因素的基础上，灵活多变地采取不同方式和途径对文化发展进行管理、引导、规范，并发挥其拥有的职责和功能。文化宣传工具也是政府在文化领域发挥其管理职能的具体方式，包括在教育、科学、文学艺术、新闻出版、广播电视、卫生、体育、文物、图书馆、博物馆等文化艺术活动中传播文化。

从广义上讲，文化宣传工具是指通过利用文化的形式和手段在政府管理的政治、经济、社会、生态等各个领域，发挥文化工具所具有的特点和作用，进而使得政府在管理各个方面中能够更好地实现管理目标而呈现的文化活动形式和内容。本节所讲的文化宣传工具采用的是广义的概念。

2. 文化宣传工具的基本特点

文化宣传工具与市场化工具、社会化工具、道德教育工具共同构成了政府管理工具的整体框架。相对于其他政府工具而言，文化宣传工具具有鲜明的特征和属性，例如文化宣传工具具有多样性和动态性的特征，它并非一经选定就固定不变，而是必须不断地调整才能满足社会经济发展的需要。具体来讲，文化宣传工具具有以下特点。

（1）直接现实性，是指文化宣传工具可以直接让被管理者参与到政

---

① [加] D. 保罗·谢弗：《文化引导未来》，许春山、朱邦俊译，社会科学文献出版社2008年版，第247页。

府的管理实践中,能更直接地让被管理者所触摸和感知,从而获得真实感体验。例如在红色文化活动周中,通过让某政府部门组织与会人员参观红色旧址维修保护成果展,瞻仰某处临时县委旧址等文化活动,让无形的红色主题教育通过有形的文化活动形式来展现,凸显文化宣传工具的直接现实性的特点。

(2)活动集体性,是指政府文化宣传实践中的活动形式更倾向于在集体性的组织中开展,通过形式多样的集体活动项目来达到扩大宣传范围的目的。例如,社区在三月进行的"雷锋精神"宣传活动、农村的文化惠民活动(包括民俗活动表演、武术、戏曲)等。同样,政府各部门组织也会通过集体组织形式开展文化宣传活动,例如红色文化周启动仪式、红歌会、合唱艺术交流活动、"不忘初心·重走红军路"自驾游等形式的文化活动在政府部门内部的开展,不仅对政府各部门成员起到了宣传教育的作用,同时为成员之间的沟通交流建立了渠道,有效提高了部门工作效率,更为重要的是使整个社会氛围变得积极向上、欢乐祥和。

(3)易于接受性,是指相对于抽象的、难以理解和消化吸收的工具来说,文化宣传工具使用门槛低、覆盖面广,更容易被群众接受和认同。例如,在基层社区治理过程中,可以在社区群众活动日开展文化活动,通过大合唱、戏曲、快板、舞蹈等文化节目形式来丰富社区居民文化生活,在潜移默化中传递政府在政治、经济、生态、社会治理等方面的治理理念和治理措施,使得群众更加容易理解政策、配合政策的实施,从而达到社区治理的目标。

(4)喜闻乐见性,是指文化宣传工具的手段和内容能紧跟时代潮流,更具有大众化、趣味性的特点。例如,在广场文化活动中利用文艺演出、文艺晚会、文艺赛事、电影放映、健美健身、书法、美术、摄影、图片展览等活动,借助新媒体、互联网平台和移动终端,结合法律宣传周普及法律知识或结合改革开放主题宣传社会主义核心价值观等,让群众想要了解的政策、制度展现在老百姓喜闻乐见的文化活动中,融入人民群众的日常生活里,迸发出无限的生机和活力。

3. 文化宣传工具的主要作用

文化宣传工具履行了一种手段式使命,其目的旨在借助文化这一工具达成政府管理的目标。具体来讲，政府文化宣传工具的主要作用归结为以下三个方面。

（1）有利于政府向社会传播各领域的政策理念。群众文化活动可以使更多的人参与到文化艺术创作与交流的过程中来，从而借此将政府所要传递的内容传播出去。例如，艺术节集中展演的艺术作品和文化活动来源并镶嵌于人们的生活实践之中，是人们社会生活的一部分，通过组织艺术节群众文化活动，不仅是让更多的人参与到艺术欣赏和创作中来，更是要通过此种方式传播政府各个方面的治理理念。像这种居民都可以参与的、观众可以自由地选择各种喜闻乐见的文化艺术形式，才能最大限度地在整个社会扩大政府政策的宣传范围。[①]

（2）有利于政府自身文化职能的实现。一方面，政府通过文化宣传可以与民间团体相连接，开展一系列的活动作为集体记忆，这也可以对地方性历史、文化遗产起到传承、解读与再现的作用。另一方面，群众文化活动中的创作者、表演者、节日组织者有选择性的创造，映射出的就是他们对当地历史、文化环境的理解，这也是地方特色与地方文化的反映，可以作为地方文化发展的契机，有助于实现政府对当地文化事业的有效管理，同时也有利于当地的文化保护与传承。

（3）有利于个人思想的解放。例如，文艺创造的主要目的之一就是以服务人的生活和表现人的主体性为主，在于解放人的思维。通过举办文化活动的形式，不仅可以在活动中传递知识、丰富群众的精神生活，更能引导人们打破传统观念的束缚，从而解放思想，共同参与到社会建设中去，从被动接受者转化为主动参与者，形成全民参与的新局面，这是以一种可持续的方式来动员社会力量的有力途径。

二 文化宣传工具的基本类型

政府文化宣传是为了提高人们的思想道德素质和科学文化素质。文化宣传工具的内容广泛，种类繁多，本章节将从文化阵地、文化载体以

---

① 刘晓：《论城市艺术节话语体系中文艺工具性的现实意义》，《山东社会科学》2016年第5期。

及文化活动三个层面对文化宣传工具的类型进行划分。

1. 按文化阵地划分

（1）图书馆：收藏图书的文化机构。其基本职能是收集、整理、收藏和流通图书资料，供读者进行学习与参考研究。我国图书馆的类型主要有公共图书馆、高等院校图书馆、科学与专业图书馆、儿童图书馆、工会图书馆、军事图书馆、中小学图书馆、农村及街道图书馆（室）等。

（2）文化馆：为向人民群众进行宣传教育、组织辅导群众开展文化活动而设立的综合性的群众文化事业机构。它是当地群众文化艺术的中心，其主要任务是：通过各种文化艺术活动，向广大人民群众进行爱国主义、社会主义教育，宣传时事政策和现代化建设成就；运用文化艺术手段，向广大人民群众普及科学、技术和文化、卫生知识；组织辅导群众业余文艺创作和业余文化艺术、娱乐活动；收集、整理当地民族民间的优秀文学艺术遗产。文化馆是社会主义精神文明建设的阵地，以开展文化活动为主要内容，但同时担负配合中心工作的宣传任务。

（3）博物馆：又称博物院，是陈列、研究、保藏物质文化和精神文化的实物以及自然标本的一种文化教育事业机构。我国有各种类型的博物馆，根据其性质、方针、任务的不同，有的博物馆系统地陈列文物、模型、标本等展品，有的向广大人民群众进行辩证唯物主义和历史唯物主义教育、爱国主义教育和革命传统教育。博物馆在丰富人民的科学知识和文化生活的基础上，也为促进工农业生产、科学研究以及艺术创作提供资料和借鉴。

（4）纪念馆：纪念革命运动中的重大历史事件或具有重大贡献的历史人物（包括杰出的政治活动家、科学家、文学家、艺术家和英雄人物等）的一种文化教育事业机构。它以事件发生的地点和人物出生、居住、工作的地方为馆址，保存和恢复历史原状，或附设陈列室，以说明历史事件发生经过和历史人物活动情况，向广大人民群众进行革命传统教育。纪念馆作为国家治理术的重要形式，从"仪式性"视角看，纪念馆的参观实际上是一场仪式性的文化展演，其仪式内涵与价值体现在对国家叙事认同和集体身份的构筑过程中。①

2. 按文化载体划分

（1）传统媒体：主要包括宣传栏、报纸、广播、电视等。①宣传栏，是黑板报和报纸版面上设立的一种"宣传橱窗"，由于突出宣传一种观点或表彰先进事迹而强调其宣传作用，特用花边把它标示出来，形成方阵式版面，故称宣传栏。宣传栏灵活简便，色彩鲜明，内容大都生动简略，重点突出，对群众具有很强的吸引力。有些宣传栏，设在大街旁的橱窗里，每一个"方块"里都贴有一定内容的文字和图片，又称宣传橱窗，这是当前比较普遍的宣传栏形式。②报纸，是以刊载新闻为主的面向公众发行的定期出版物，其社会属性和职能都随着社会经济、政治条件的不同而变化，各种政治力量和社会集团也都会依据各自的意志运用报纸来宣传自己的思想和主张，是一种社会舆论工具。③广播，有广义和狭义之分，广义上的广播包括声音广播和电视广播，这里的广播为狭义上的广播，即声音广播。④电视，现代电视从艺术上看，不仅吸收了电影的特长和表现技巧，成为声画艺术的一个新门类，而且运用广播的传播方法，深入千家万户，成为大众化的视听综合媒介。政府利用电视播放国家宣传片、直播体育赛事以及各种晚会来提高公民对国家的归属感和认同感。

（2）新媒体：以最大的两大平台微博、微信为主。①微博，是基于用户关系网络的信息分享、传播以及获取平台。微博在"即时性、开放性和集成化程度"等方面远远超越传统博客，是一种典型、高效的文化宣传工具。政府部门通过开通微博，在微博上发布实时信息，各种通报以及向社会公开征求意见等，来实现政府在网络上的宣传和管理。②微信，是腾讯公司于 2011 年推出的一款手机即时通信软件，用户可以在手机上通过网络发送语音短信、视频、图片和文字，支持多人群聊。政府可以通过开通公众号，将各种实时资讯推送给微信用户，从而达到宣传教育的目的。

3. 按文化活动划分

节日庆典不仅是人们生活中具有标志性的特殊事件，它更深刻地影

---

① 马评、潘守永：《从"仪式性"看纪念馆的"文化展演"空间实践》，《东南文化》2017 年第 2 期。

响和制约着人们的生活节奏、行为规范和思维情感。在历史脉络中，节日的起源和发展是逐渐形成、潜移默化的，各种节日观念通过相对稳定的过节形式，慢慢渗透到社会生活的方方面面，同时也塑造了人们对历史、传统知识、意识观念深层次的认同感。尤其是中国的节日富有深厚的历史感和丰富的文化资源，因此，政府可以充分利用节日庆典来进行文化宣传和教育。

（1）传统节日：传统节日形式多样、内容丰富，蕴含着深邃丰厚的文化内涵，如中国的春节、元宵节、端午节、中秋节等。传统节日对于现代人而言，产生的是当代人与前人一脉相承的心理机制。政府可通过举办电视晚会、元宵灯会等活动来丰富人民的文化生活。

（2）现代节日：现代节日之于传统节日最大的不同是，它更多的是以娱乐消费为主题，处理人与人、人与集体、人与环境之间的关系。例如：设立植树节，向民众宣传保护环境的意识；开展包括音乐会、话剧、嘉年华、艺术节等艺术文化活动，以吸引青少年、戏曲爱好者、工艺群体的参与，共同激发艺术创造力，传播和弘扬优秀传统文化。文化艺术作为一种符号，不仅是文化艺术工作者的艺术性表达，还是人们生活质量、精神面貌、群体风气的直接体现，更是一个国家、一个民族、一个集体的标志。①

三 文化宣传工具的辩证思考

政府运用文化宣传工具能够传播国家主流价值观，潜移默化地影响公众的思想和行为方式，促进公众在理想信念、价值信念、道德观念上紧密团结，共同为国家的稳定与发展做出努力②。在充分发挥文化宣传工具的作用上，必须准确把握文化宣传宣传工具的利弊。因此，需要对文化宣传工具进行全面的探讨，从辩证的角度来审视它。

---

① 刘晓：《论城市艺术节话语体系中文艺工具性的现实意义》，《山东社会科学》2016年第5期。

② 习近平：《举旗帜聚民心育新人兴文化展形象 更好完成新形势下宣传思想工作使命任务》，《思想政治工作研究》2018年第9期。

1. 文化宣传工具的局限性

实践过程中，文化宣传工具也存在一定的局限性。主要表现为以下两个方面。

（1）功效的发挥过程中面临诸多挑战。文化宣传工具能广泛地应用于社会各方面，但由于传播的过程以及公众的吸收都是潜移默化的，因此其所起的作用相比于其他政府工具较为有限。如3·15晚会是政府借助晚会形式，传递鼓励公众维护自身消费权益的信息，但其本身不具备法律能力，无法在实践层面帮助公众维护消费权益。同时，公众在面对文化宣传时，会有选择地接收、理解与传播信息，并非所有抵达个体大脑的信息均能被个体所接受，也并非被个体接受的信息均能被其所理解。例如，个人缺乏对信息深度认知、准确判断，或在利益驱使下有选择地宣传符合其自身利益取向的内容，抑或是由于生活挫折、不公等传播负面内容。这些由于个体自身因素产生的问题都在一定程度上影响着文化宣传的效果。同时，文化宣传更多体现的是"软实力"，效果不明显，难以展现出政绩，因此政府在推进文化宣传时缺少动力，也不可避免重形式轻内容的现象发生。这在国家管理较为薄弱的农村地区尤为突出，如大部分文化宣传阵地建设存在不足，导致文化难"根植"于农民的心中，减弱了文化宣传的效果。甚至有些文化在宣传过程中，其内含隐秘的意识形态信息，由于概念抽象、表述烦琐、阐释生硬等宣传方式问题，导致受众不易理解和接受，难以达到预期的宣传效果。

（2）新旧宣传模式交替中面临的诸多挑战。在新媒体时代，文化宣传的载体已开始从以物质为主要载体向以技术为主要载体转变，文化宣传的方式和渠道发生了颠覆性变化，即从传统单向灌输式宣传向多元互动式宣传转变，这就导致文化宣传开始面临进退两难的尴尬境地。一方面，传统的文化宣传阵营的影响力日渐弱化，如报纸、电视、广播、图书馆、博物馆等，关注人群越来越少；另一方面，以互联网、手机为载体的新媒体影响力逐渐壮大，文化宣传的范围更广泛，宣传的主体也逐渐趋于大众化和平民化，但同时也给文化宣传带来了很多不确定性。随着时代的发展，原来的文化宣传模式被改变，但新的模式没有在已有基础上充分地继承和开拓以达到足够的影响力，文化宣传面临着挑战。首先，行业媒体人由于想要通过最大限度地抢夺文化市场的占有率，获得更多的收益，会自发地扩大自己的宣传范围，批量化地把大众文化通过现代传播媒介和技术手段传播出去，促使"眼球经济"大行其道。同时，由于缺乏专业知识和系统训练的文化宣传者将信息通俗化、碎片化，弱化了文化宣传的专业性和权威性。其次，一些政府官员对文化宣传的认识仍停留在传统文化宣传模式之上，漠视新媒体时代对文化宣传模式所带来的益处，且对新旧两种文化宣传模式在规律上的不同重视不足，习惯于用老思路、老办法进行工作。当前，文化宣传工作者大多是非专业的宣传人员，加上新旧文化宣传模式两者之间存在很大的不同，对工作人员的熟练程度、宣传技巧以及大数据分析等专业技术能力提出更高的要求，这也让政府文化宣传工作经常陷入困境。

2. 文化宣传工具的开拓方向

文化宣传工具随着时代的发展而得到不断地改进与发展，其内容和形式也发生了翻天覆地的变化。未来文化宣传工具应重点建设以下两个方向。

（1）注重农村文化建设和传承。农村文化建设主要通过各种文化宣传形式来丰富农民的文化生活，以树立农民勤奋、向上、互帮、互助的精神，达到充实农民的精神文明世界、激发农民无限潜力的目的，使农民在解决农村问题时迸发出更强大的力量。

在全球范围内，有很多可以借鉴的农村文化建设的案例。韩国新村运动尤为重视文化方面的建设，设有专门的机构负责农民的文化生活，各地还建起了村民会馆，韩国农民可以参加培训进行交流以及举办各种文化活动，同时韩国政府重视这方面的文化宣传工作，积极地对农民进行精神启蒙的教育，鼓励农民用合作的精神来建设农村。① 日本在造村运动期间也开展了各种文化活动，以唤起广大农民对文化价值的思考，如三岛町提倡的"生活工艺运动"宣扬物品的创造是传承与创造文化的行为，另外会举办展览会，让农民相互交流心得和经验，并且设立一定奖

---

① 张俊、陈佩瑶：《乡村振兴战略实施中内生主体力量培育的路径探析——基于韩国新村运动的启示》，《世界农业》2018年第4期。

项以示鼓励。①

在中国，自党的十六届五中全会提出推进社会主义新农村建设的重大历史任务以来，党和政府高度重视乡风文明建设工作，出台了一系列有关的政策和措施。党的十九大首次提出乡村振兴战略，其中对农村文化提出了"乡风文明"的要求，为农村文化建设指明了方向。近年来，随着村民生活水平日益提高，农民有更多的时间和更浓厚的兴趣参与乡村文化活动。中国各地兴起了"乡土文化热"，春节庙会、清明祭祖、端午赛龙舟、重阳登高等传统民俗活动形式日渐丰富，原生态建筑、奇石收藏、根雕艺术、地方戏曲等传统文化走向复兴，展现了乡土文化旺盛的生命力。同时乡村旅游快速发展，传统村落成为公众争先前往的旅游地，一批拥有深厚文化底蕴、丰富地域特色的美丽乡村在中国各地不断涌现，为文化宣传提供更多样化的载体，乡村文化也得到了更广泛和深入的传承。

（2）注重数字文化建设与引领。社会信息化环境中，数字化、信息化、网络化等新兴技术的应用，在文化领域产生了数字文化这种新型的文化形态。所谓数字文化是以计算机技术和网络信息技术为支撑，数字资源网络化传递过程中形成的一种崭新的文化形式。② 它与传统文化一起，都是社会文化的重要组成部分。

从全球范围来看，美国是启动数字文化项目最早的国家，1990年就发起了美国记忆项目；英国是全球第一个提出"文化创意产业"一词的国家；而法国在2011年制定并发布了国家数字文化发展战略《数字法国2020》；日本在数字文化建设方面进入系统化和规模化阶段，形成了政府与地方，公益化与市场化协调发展的格局；据2015年国际电信联盟（ITU）的《宽带状况报告》获知，韩国连续高居全球互联网普及率榜首，公共网络基础设施十分发达。③

---

① 曲文俏、陈磊：《日本的造村运动及其对中国新农村建设的启示》，《世界农业》2006年第7期。

② 倪菁：《多中心治理视角下的数字文化治理体系》，《新世纪图书馆》2017年第12期。

③ 王淼、孙红蕾、郑建明：《公共数字文化——概念解析与研究进展》，《现代情报》2017年第7期。

中国于 2002 年开始实施中国文化信息资源共享工程,而在 2010 年文化部制定的"十二五"规划中首次提出数字文化建设的发展思路。随后文化部联合其他相关部门制定了关于数字文化建设的指导意见。2011 年,文化部、财政部在《关于进一步加强公共数字文化建设的指导意见》中明确指出,利用数字化信息平台扩大文化资源传播范围,对解决公众的信息资源、精神文化需求及社会主义核心价值体系的构建具有重要的意义。2017 年,《中华人民共和国公共文化服务保障法》颁布实施,公共数字文化建设作为其中的一个条款,要求国家统筹规划公共数字文化建设,构建标准统一、互联互通的公共数字文化服务网络,建设公共文化信息资源库,实现基层网络服务共建共享。

近年来,中国各地推进数字文化建设,创造出诸多有特色的综合性、一站式文化宣传平台,大量运用互联网对文化宣传方式加以改造的项目,以及文化宣传活动线上线下相结合的新模式等,展现了数字化信息平台在拓展宣传范围和延伸宣传渠道、创新宣传方式上的广阔前景。更为重要的是,政府结合"智慧城市""宽带中国"等国家战略计划,集成和应用现代高新科技改造文化宣传设施,创造出了一批具有交互体验特点的实体空间,改变了文化宣传的表现方式,提升了公众的体验,促进了公众对文化宣传的参与。总体来看,文化与数字化信息技术的结合大有作为,数字文化的建设和引领,在提高文化宣传效能方面前景广阔,也必将推动华夏文明的伟大复兴。

参考文献

一 著作

习近平:《关于〈中共中央关于全面深化改革若干重大问题的决定〉的说明》,人民出版社 2013 年版。

习近平:《决胜全面建成小康社会 夺取新时代中国特色社会主义伟大胜利——在中国共产党第十九次全国代表大会上的报告》,人民出版社 2017 年版。

[英] W. 阿瑟·刘易斯:《经济增长理论》,郭金兴等译,机械工业出版社 2015 年版。

[英] 亚当·斯密:《国富论》,郭大力、王亚南译,华夏出版社 2005 年版。

[澳] 欧文·E. 休斯:《公共管理导论》(第三版),张成福等译,中国人民大学出版社 2007 年版。

[德] 斐迪南·滕尼斯:《共同体与社会》,林荣远译,商务印书馆 2009 年版。

[德] 马克斯·韦伯:《经济与社会》,阎克文译,上海人民出版社 2010 年版。

[加] 保罗·谢弗:《文化引导未来》,许春山、朱邦俊译,社会科学文献出版社 2008 年版。

[美] 古德诺:《政治与行政》,王元、杨百朋译,华夏出版社 1987 年版。

[美] 林德布洛姆:《决策过程》,竺乾威、胡君芳译,上海译文出版社 1988 年版。

［美］泰勒：《科学管理原理》，马风才译，机械工业出版社2007年版。

［美］西蒙：《管理行为——管理组织决策过程的研究》，杨砾译，北京经济学院出版社1988年版。

［美］E.S. 萨瓦斯：《民营化与公私部门的伙伴关系》，周志忍等译，中国人民大学出版社2002年版。

［美］埃莉诺·奥斯特罗姆：《公共事物的治理之道》，余逊达、陈旭东译，上海三联书店2000年版。

［美］保罗·C. 罗纳特等：《公共和第三部门组织的战略管理：领导手册》，陈振明等译，中国人民大学出版社2002年版。

［美］彼得·德鲁克：《管理的实践》，齐若兰译，机械工业出版社2009年版。

［美］戴维·奥斯本：《再造政府——政府改革的五项战略》，谭功荣等译，中国人民大学出版社2014年版。

［美］戴维·奥斯本、特勒·盖布勒：《改革政府》，周敦仁等译，上海译文出版社2007年版。

［美］登哈特：《新公共服务：服务，而不是掌舵》，丁煌译，中国人民大学出版社2010年版。

［美］盖瑞·米勒：《管理困境——科层的政治经济学》，王勇译，上海三联书店2002年版。

［美］盖伊·彼得斯：《未来政府未来治理模式》，吴爱明、夏宏图译，中国人民大学出版社2013年版。

［美］哈利顿：《标杆管理：瞄准并超越一流企业》，杨燕绥译，中信出版社2003年版。

［美］赫伯特·A. 西蒙：《管理行为》，詹正茂译，机械工业出版社2018年版。

［美］莱斯特·M. 萨拉蒙：《政府工具：新治理指南》，肖娜等译，北京大学出版社2016年版。

［美］罗森布罗姆：《公共行政学：管理、政治和法律的途径》，张成福等译，中国人民大学出版社2002年版。

［美］帕特里夏·基利：《公共部门标杆管理：突破政府绩效的瓶颈》，张

定淮译，中国人民大学出版社 2002 年版。

［美］史蒂文·科恩、罗纳德·布兰德：《政府全面质量管理：实践指南》，孔宪遂等译，中国人民大学出版社 2002 年版。

［美］约翰·克莱顿·托马斯：《公共决策中的公民参与》，孙柏瑛译，中国人民大学出版社 2010 年版。

［美］詹姆斯·P. 莱斯特、小约瑟夫·斯图尔特：《公共政策导论》，韩红译，中国人民大学出版社 2004 年版。

［以］德罗尔：《逆境中的政策制定》，王满船、尹宝虎、张萍译，上海远东出版社 1996 年版。

［英］戴维·米勒、韦农·波格丹诺：《布莱克维尔政治学百科全书》，邓正来等译，中国政法大学出版社 1992 年版。

陈庆云：《公共政策分析》，北京大学出版社 2006 年版。

陈天祥：《新公共管理——政府再造的理论与实践》，中国人民大学出版社 2007 年版。

陈振明：《公共服务导论》，北京大学出版社 2011 年版。

陈振明：《公共管理学》，中国人民大学出版社 2017 年版。

陈振明：《公共政策分析》，中国人民大学出版社 2003 年版。

陈振明：《政府工具导论》，北京大学学出版社 2009 年版。

丁煌：《西方行政学理论概要》，中国人民大学出版社 2011 年版。

李鹏：《公共管理学》，中共中央党校出版社 2010 年版。

刘跃进：《国家安全学》，中国政法大学出版社 2004 年版。

娄成武：《行政管理学》，高等教育出版社 2010 年版。

毛寿龙、李梅：《公共行政学概论》，中共中央党校出版社 2005 年版。

孙柏瑛：《公共部门人力资源开发与管理》，中国人民大学出版社 2006 年版。

汪大海、孔宏德：《世界范围内的社区发展》，中国社会出版社 2008 年版。

王登华、卓越：《公共服务标准化导论——以南京市江宁区财政局实践探索为个案》，中国财政经济出版社 2011 年版。

王乐夫：《领导学：理论、实践与方法》（第三版），中山大学出版社

2006年版。

王珉：《公共危机管理》，中国传媒大学出版社2008年版。

王名：《社会组织论纲》，社会科学文献出版社2013年版。

王学栋：《公共行政学》，清华大学出版社2011年版。

伍启元：《公共政策》（上册），台湾商务印书馆1985年版。

郗永勤：《政府经济管理》，北京大学出版社2011年版。

夏书章：《行政管理学》（第五版），中山大学出版社2013年版。

许跃军、陈宏晓、唐鹏：《互联网+政务服务》，电子工业出版社2018年版。

张康之：《合作的社会及其治理》，上海人民出版社2014年版。

二 期刊

［美］伍德罗·威尔逊：《行政学之研究》，《国外政治学》1987年第6期。

［日］藤田宙靖：《关于日本的依法行政》，《法学》1998年第12期。

蔡晶晶：《公共资源治理的理论构建》，《东南学术》2010年第1期。

陈芳：《政策扩散理论的演化》，《中国行政管理》2014年第6期。

陈世香、苏建健：《国外公共服务动机研究：概念诠释、变量关系与发展趋势》，《国外社会科学》2017年第1期。

陈雪莲：《公共政策失败成因系统分析——兼论政策优化路径》，《马克思主义与现实》2017年第6期。

陈燕、郭彩琴：《中国城市社区治理的困境、成因及对策》，《苏州大学学报》2016年第37期。

陈艺：《国外城市管理行政执法比较研究》，《城市发展研究》2018年第7期。

陈勇：《中国行政问责制度分析与建构》，《学习与探索》2013年第5期。

陈泽聪：《流程再造与企业管理变革》，《厦门大学学报》（哲学社会科学版）2000年第3期。

陈振明、薛澜：《中国公共管理理论研究的重点领域和主题》，《中国社会科学》2007年第3期。

陈志勇、卓越：《加强公共安全管理的三维空间》，《兰州大学学报》2016年第2期。

党秀云、蒋欢：《我国志愿者权益保障的困境、问题与对策》，《新视野》2015年第3期。

邓大松、徐可：《舆论化——健全和完善政策监控体系的新途径》，《湖北社会科学》2012年第7期。

邓国军、何海霞：《以文化形式培育社会主义核心价值观的思考》，《湖湘论坛》2017年第3期。

冯国锋：《论多主体道德治理中的政府角色》，《理论与改革》2017年第1期。

冯柯、王美达、吴存华：《文化引领的美丽乡村建设研究——以秦皇岛市北戴河村艺术村落为例》，《城市发展研究》2018年第7期。

冯新舟、何自力：《中国模式中的市场与政府关系——政府主导下的社会主义市场经济》，《马克思主义研究》2015年第11期。

葛天仁：《治理结构与政策执行——基于3个城市建设资金使用案例的实证研究》，《中国行政管理》2018年第7期。

郭喜、李政蓉：《新一代信息技术驱动下的政府转型——从网络政府到数据政府、智慧政府》，《行政论坛》2018年25卷第4期。

韩成军：《法德日行政执法检察监督机制对我国的启示》，《江西社会科学》2015年第11期。

洪黎：《建设责任政府提升行政领导力》，《人民论坛》2014年第8期。

侯书和：《安全型政府：根据、内涵与构建》，《中州学刊》2012年第2期。

胡税根、王汇宇：《智慧政府治理的概念、性质与功能分析》，《厦门大学学报》（哲学社会科学版）2017年第3期。

胡税根、徐元帅：《中国政府公共服务标准化建设价值研究》，《甘肃行政学院学报》2009年第5期。

淮建军、刘新梅：《公共服务研究：文献综述》，《中国行政管理》2007年第7期。

黄迈等：《农民工等人员返乡创业的政策匹配》，《改革》2016年第

10 期。

纪杰：《公共资源交易防腐机制新探索——以重庆市 J 区为例》，《中国行政管理》2013 年第 7 期。

江必新：《论行政规制基本理论问题》，《法学》2012 年第 12 期。

江必新、李沫：《论社会治理创新》，《新疆师范大学学报》2014 年第 2 期。

姜晓萍、吴菁：《国内外基本公共服务均等化研究述评》，《上海行政学院学报》2012 年第 5 期。

姜异康、袁曙宏等（国家行政学院课题组）：《国外公共服务体系建设与我国建设服务型政府》，《中国行政管理》2011 年第 2 期。

金太军、施从美：《论政府的网上责任》，《政治学研究》2001 年第 2 期。

康凯：《国外文化产业发展的经验及其启示》，《党政论坛》2013 年第 7 期。

蓝志勇、胡税根：《中国政府绩效评估理论与实践》，《政治学研究》2008 年第 3 期。

李建华：《论德治与法治的协同》，《湖湘论坛》2017 年第 5 期。

李劲：《东北绿色发展背景下行政指导功能研究》，《社会科学辑刊》2017 年第 3 期。

李军鹏：《国外公共服务改革的做法与启示》，《行政管理改革》2010 年第 10 期。

李菅：《公众参与制度化的社会治理创新的突破口》，《领导科学》2018 年第 35 期。

林坚、付雅洁、马俊青、叶子君：《2016 年土地科学研究重点进展评述及 2017 年展望——土地资源、利用与规划分报告》，《中国土地科学》2017 年第 3 期。

罗俊：《互联网时代传播格局的重构及其新挑战》，《学术论坛》2018 年第 4 期。

罗重谱：《改革开放以来依法治国基本方略的演进轨迹》，《改革》2014 年第 8 期。

马书琴、梁欣：《"互联网＋"时代我国公共图书馆服务体系创新发展战略研究》,《情报科学》2018 年第 4 期。

潘新美、何彬:《行政诉讼对街头官僚执法的监督功能:基于交警执法的个案研究》,《中国行政管理》2017 年第 9 期。

彭勃、张振洋:《公共政策失败问题研究——基于利益平衡和政策支持度的分析》,《国家行政学院学报》2015 年第 5 期。

彭爽、刘丹:《宏观调控、微观管制与房地产市场稳定》,《经济学家》2017 年第 6 期。

曲纵翔:《信任、合作与政策变迁——一个实现政策终结的逻辑阐述》,《学海》2018 年第 5 期。

尚虎平:《政府绩效评估中"结果导向"的操作性偏误与矫治》,《政治学研究》2015 年第 3 期。

尚虎平、张怡梦:《我国政府绩效问责:实现"绩效型政府"与"责任型政府"的统一》,《南京社会科学》2015 年第 9 期。

沈荣华:《公共服务市场化反思》,《苏州大学学报》(哲学社会科学版) 2016 年第 1 期。

宋皓:《共享经济的民商法规制研究——以共享汽车为例》,《人民论坛·学术前沿》2018 年第 1 期。

宋世明:《美国政府公共服务市场化的基本经验教训》,《国家行政学院学报》2016 年第 4 期。

苏剑:《共享经济:动因、问题和前景》,《新疆师范大学学报》2018 年第 2 期。

孙萍、邓小川:《从行政指导视角论我国信访救济的完善》,《东北大学学报》(社会科学版) 2018 年第 1 期。

田国强、陈旭东:《制度的本质、变迁与选择——赫维茨制度经济思想诠释及其现实意义》,《学术月刊》2018 年第 1 期。

田玉萍:《政府推进绩效管理的着力点》,《中国行政管理》2018 年第 2 期。

汪玉凯:《中国政府信息化与电子政务》,《新视野》2002 年第 2 期。

王炳权:《扭曲的权力观是滋生腐败的心理诱因》,《人民论坛》2018 年第 24 期。

王建敏：《法治与德治相结合推进国家治理现代化》，《当代世界与社会主义》2017年第1期。

王敬波：《相对集中行政处罚权改革研究》，《中国法学》2015年第4期。

王浦劬：《政府向社会力量购买公共服务的改革意蕴论析》，《吉林大学社会科学学报》2015年第4期。

王学俭、李婷：《新媒体条件下道德教育的审思》，《湖北社会科学》2017年第8期。

王雁红：《公共服务合同外包的运作模式及其比较：基于三个典型案例的经验研究》，《行政论坛》2016年第5期。

魏礼群：《重在经济增长数量、质量和效益相统一》，《求是》2009年第8期。

魏丽艳、丁煜：《基于凭单制的公共就业培训准市场模式研究》，《厦门大学学报》2015年第3期。

温俊萍：《政府购买公共就业服务机制研究》，《中国行政管理》2010年第10期。

温来成：《目前我国城乡社区公共品供给方式的现实选择》，《中国行政管理》2010年第10期。

吴进娥：《国家监察委员会制度效应简析——基于刑事诉讼结构视角》，《湖南农业大学学报》（社会科学版）2017年第3期。

夏志强、王建军：《论社区公共服务的有效供给》，《社会科学研究》2012年第2期。

向德平、苏海：《"社会治理"的理论内涵和实践路径》，《新疆师范大学学报》2014年第6期。

肖周燕：《政府调控、市场机制与城市发展》，《中国人口·资源与环境》2016年第6期。

徐澜波：《规范意义的"宏观调控"概念与内涵辨析》，《政治与法律》2014年第2期。

徐天柱：《公共资源市场化配置监管模式创新及制度构建》，《行政论坛》2014年第2期。

徐彤武：《当代全球卫生安全与中国的对策》，《国际政治研究》2017年第

3 期。

薛澜、张强、钟开斌：《危机管理：转型期中国面临的挑战》，《中国软科学》2003 年第 4 期。

杨超：《我国道德治理的现实背景及实施原则》，《道德与文明》2018 年第 5 期。

杨宏山、李娉：《中美公共政策扩散路径的比较分析》，《学海》2018 年第 5 期。

俞可平：《全球治理引论》，《马克思主义与现实》2002 年第 1 期。

郁建兴、秦上人：《论基本公共服务的标准化》，《中国行政管理》2015 年第 4 期。

张成福：《责任政府论》，《中国人民大学学报》2000 年第 2 期。

张杰英：《杜绝不合理的"选择性执法"》，《人民论坛》2018 年第 29 期。

张劲松、杨书房：《论区域公共资源管理的政府多元治理》，《学习论坛》2012 年第 1 期。

张立荣、姜庆志：《国内外服务型政府和公共服务体系建设研究述评》，《政治学研究》2013 年第 1 期。

张锐昕：《电子政府概念的演进：从虚拟政府到智慧政府》，《上海行政学院学报》2016 年第 6 期。

张序：《公共服务供给的理论基础：体系梳理与框架构建》，《四川大学学报》（哲学社会科学版）2015 年第 4 期。

张燕：《公共安全治理与政府责任》，《行政管理改革》2015 年第 1 期。

张业亮：《美国的全球卫生安全政策——以大湄公河次区域为例的国际政治分析》，《美国研究》2014 年第 3 期。

张勇：《宏观调控：中国社会主义经济学的重要概念》，《甘肃社会科学》2017 年第 6 期。

张再生、李祥飞：《公共部门人力资源管理的理论与实践前沿问题探讨》，《中国行政管理》2012 年第 9 期。

征汉文：《深化我国市场与政府关系改革的新启示——由使市场在资源配置中起决定性作用引发的思考》，《现代经济探讨》2016 年第 1 期。

郑方辉、廖鹏洲：《政府绩效管理：目标、定位与顶层设计》，《中国行政管理》2013 年第 5 期。

郑杭生、洪大用：《中国转型期的社会安全隐患与对策》，《中国人民大学学报》2004 年第 2 期。

周仁标：《论社会稳定与地方治理》，《安徽师范大学学报》（人文社会科学版）2017 年第 5 期。

周昕、高俊峰、潘逸尘：《网络舆情场内信息受众观点的"三体"可视化框架构建》，《情报科学》2018 年第 11 期。

周学荣：《英国公共服务改革及其启示》，《国家行政学院学报》2010 年第 6 期。

朱正威、董新宇、杜晓艳等：《服务型政府视角下的行政指导——基于淮安市工商行政管理的实践分析》，《西安交通大学学报》（社会科学版）2012 年第 4 期。

卓越、陈招娣：《加强公共资源管理的四维视角》，《中国行政管理》2017 年第 1 期。

卓越、李富贵：《政府工具新探》，《中国行政管理》2018 年第 1 期。

卓越、徐国冲：《绩效标准：政府绩效管理的新工具》，《中国行政管理》2010 年第 4 期。

卓越、张世阳、兰丽娟：《公共服务标准化顶层设计的战略思考》，《中国行政管理》2014 年第 2 期。